社会主义市场经济在中国

贾 康 等著

立信会计出版社
LIXIN ACCOUNTING PUBLISHING HOUSE

图书在版编目(CIP)数据

社会主义市场经济在中国 / 贾康等著. -- 上海：立信会计出版社,2023.12
ISBN 978-7-5429-7537-9

Ⅰ.①社… Ⅱ.①贾… Ⅲ.①中国经济—社会主义市场经济—研究 Ⅳ.①F123.9

中国国家版本馆 CIP 数据核字(2023)第 250117 号

策划编辑　窦瀚修　张巧玲
责任编辑　胡　越
美术编辑　北京任燕飞工作室

社会主义市场经济在中国
SHEHUI ZHUYI SHICHANG JINGJI ZAI ZHONGGUO

出版发行	立信会计出版社			
地　　址	上海市中山西路 2230 号	邮政编码	200235	
电　　话	(021)64411389	传　　真	(021)64411325	
网　　址	www.lixinph.com	电子邮箱	lixinph2019@126.com	
网上书店	http://lixin.jd.com	http://lxkjcbs.tmall.com		
经　　销	各地新华书店			
印　　刷	常熟市人民印刷有限公司			
开　　本	710 毫米×1000 毫米	1/16		
印　　张	20.75	插　　页	1	
字　　数	330 千字			
版　　次	2023 年 12 月第 1 版			
印　　次	2023 年 12 月第 1 次			
书　　号	ISBN 978-7-5429-7537-9/F			
定　　价	88.00 元			

如有印订差错,请与本社联系调换

序 言

筚路蓝缕,慎终追远,创新发展

在中国古代,人们其实已对市场经济的作用有所探讨和认识。《周易·系辞》里说神农氏时,"日中为市,致天下之民,聚天下之货,交易而退,各得其所"。史学家司马迁在《史记》里,描述了上古至汉初市场带来的经济繁盛景象,并以史学家的视角观察和总结市场规律。在《史记·货殖列传》里,司马迁提出农、工、商、虞分工合作的重要,"农不出则乏其食,工不出则乏其事,商不出则三宝绝,虞不出则财匮少。财匮少而山泽不辟矣。此四者,民所衣食之原(源)也。原(源)大则饶,原(源)小则鲜"。司马迁认为,这是社会经济、人俗发展的必然之势,如掌握这样的市场认知,"上则富国,下则富家"。他实已提出,治理国家必须尊重这样的市场规律,"故善者因之,其次利道之,其次教诲之,其次整齐之,最下者与之争"。他指出:"人各任其能,竭其力,以得所欲。故物贱之征贵,贵之征贱,各勤其业,乐其事,若水之趋下,日夜无休时,不召而自来,不求而民出之。岂非道之所符,而自然之验邪?"在他眼中,这种市场自然秩序的运作,又岂是政府的政令所能引导的?"农而食之,虞而出之,工而成之,商而通之。此宁有政教发征期会哉?"这是司马迁对中国上古市场经济状况的描述和基本认识,也是其著史理念——"通古今之变,成一家之言"的生动体现。可以说,这是人类历史上最早的市场经济理论探讨。

汉武帝时,匈奴寇边和多重社会危机改变了汉初无为而治的政策,转向"有为",经济政策由自由放任的"禁弛"走向国家统制,财政也转向"计委量入"的兴利。其中最主要的是盐铁酒官营。此前由于盐铁自由经营,一些冶铁煮盐的商人依靠天然资源成为巨富,但国家获利很少。汉武帝采取官营垄断政策,使政府增加了一项庞大的财源。汉武帝的功业在政府所获巨大财力的支持下走向极盛——对外解除了百余年来匈奴对边境的威胁、对内社会经济得到一定发展。但是也孕育了严重的危机,由于官家聚财过度,民生多艰,农民起义不断发生。汉武帝在晚年已经有所反思,几次想改变政策方向。他曾说:"汉家庶事草创,加四夷侵凌中国,朕不变更制度,后世无法。不出师征伐,天下不安。为此者不得不劳民,若后世有如朕所为,是袭亡秦之迹也。太子敦重好静,必能安天下,不使朕忧。欲求守文之主,安有贤于太子者乎?"他希望在自己完成抗击匈奴等任务后,继承人能够重回汉初"休养生息"的政策。

在汉武帝去世后,汉昭帝始元六年(公元前81年),汉朝政府组织了一次就盐铁官营等国家财政政策讨论的重要会议(史称盐铁会议)。讨论的双方中,一方是汉武帝时期财政政策的主要执行者桑弘羊,另一方是地方的儒家学者贤良、文学。桑弘羊主张政府干预的积极财政政策,而贤良、文学更多主张自由放任的政策,反对政府干预。桑弘羊全面介绍了汉武帝实施的盐铁专卖、均输法、统一货币铸造权等财政政策的意义,他认为,增强国家财力不是与民争利,而是加强军备、保护国家和人民安全的需要,是建立储积、防备灾荒的需要,也是通过"损有余,补不足",让人民财富更均平,使社会更稳定的需要。贤良、文学则主张贵义贱利、重本抑末、黜奢崇俭,全面否定专卖制度。他们指责盐铁专卖、均输法、酒榷是"与民争利",主张自由放任,藏富于民。他们主张重农抑商,并认为,财政困难的原因是政府支用无度,过于奢靡。他们也指出了盐铁专卖和均输的弊端:一方面,盐铁专卖之后,质量差,价格高,生产的农具不适用;另一方面,均输平准,导致官商勾结,欺诈百姓,囤积居奇,哄抬物价,伤害百姓。他们坚决反对政府干预的政策,认为这样做不仅不能实现"损有余,补不足",反而会造成贫富差距更加扩大。

从我们今天的视野来看,《盐铁论》系西汉恒宽根据盐铁会议记录整理撰写的对话体史书,其实质是辩论政府与市场的关系,以及政府理财的机制。桑弘羊的管制经济思路支撑了汉武帝偏好的富国强兵战略,为其功业提供了财政机制与物质基础,但实际上却又与其好大喜功的政治行为相契合,从而遏制工商业长远发展,事实上其后引发了财政危机,到汉武帝末年已经无可开之财源,不得不改弦易辙,与民休息,给人们的生产以更多空间。但桑弘羊的思想观点和政策设计与实践,在承认"国家干预"必要性的认识框架下,确实有一定的借鉴价值和意义。贤良、文学代表了人类财政和经济思想史中推崇自由放任、主张政府无为而治的观念根深蒂固的一派,对应于实际生活,自有对冲政治专制与官府专横的取向与效应,但也易造成理想主义和流于空谈。需说明,当时贤良、文学虽然也提倡重农抑商,但是他们主张的自由放任政策,客观上是有利于工商业和农业发展的。贤良、文学也提出了政策的变通性,可在战时实行管制经济的政策,但是要在适当时候制定退出机制,恢复与民休息的政策。

此后,相关争论从没有停止,一直延续下来。《盐铁论》的编撰者桓宽虽然本着儒家立场对桑弘羊多有贬抑,但是也在最后的《杂论》篇中对桑弘羊有所赞誉,"桑大夫据当世,合时变,推道术,尚权利,辟略小辩,虽非正法,然巨儒宿学恧然,不能自解,可谓博物通士矣"。司马迁在《史记》中虽然不为桑弘羊立传,但也在《平准书》中称赞他任大司农时"民不益赋而天下饶"。班固虽在《汉书》中贬低桑弘羊,但也认为桑弘羊的"运筹"为汉朝"兴造功业"。北魏贾思勰在《齐民要术》里称赞桑弘羊的均输法是"益国利民,不朽之术"。宋朝理财家王安石说:"摧制兼并,均济贫乏,变通天下之财,后世唯桑弘羊。"明朝学者李贽在《藏书·富国名臣》中为桑弘羊立传,认为"其人不可少",称均输法是"国家大业,制四海安边足用之本,不可废也"。近代孙中山在其《建国方略》里说:"桑弘羊起而行均输、平准之法,尽笼天下之货,卖贵买贱,以均民用,而利国家,若弘羊者,可谓知钱之为用者也。"

反对桑弘羊的人也很多,如宋朝苏轼称桑弘羊"法术不正,民受其病","如蛆蝇粪秽也,言之则污口舌,书之则污简牍"。司马光认为,桑弘羊"不加赋而国用足,不过设法阴夺民利,其害甚于加赋"。明朝齐东野人诗云:"天地生财只此数,不在民间即官库。民间官库一齐穷,定是好兴土木故;好兴土木亦何为?只是夸强与逞富。前工未了后功催,东绩才成西又务。"清朝学者宗稷辰称桑弘羊"取利而不顾本者也",他认为,"剥汉自桑弘羊始"。古代治乱循环的周期律也包含着国家财政政策的循环,每个朝代初期都会有一个注重休养生息的自由放任阶段,随着各种社会矛盾的积聚,国家会开始更多介入经济。

放眼全球,政府与市场的关系在世界各国发展过程中不断被讨论。被公认为古典经济学开山人物的亚当·斯密,在其标志经济学里程碑的伟大著作《国富论》中,高度肯定并深刻剖析了市场机制在生产力发展中的资源配置优化功能,引出了影响极其深远的"看不见的手"这一表述简洁、生动却又蕴含极其深刻、历久弥新的命题。美国第三任总统、《独立宣言》的主要起草者托马斯·杰斐逊力主农业立国,他认为,美国土地肥沃,正适合发展农业,并主张通过自由贸易政策来降低关税,便利工业品进口和农业品出口。但美国第一任财政部部长亚历山大·汉密尔顿坚持以工商立国,他提出《关于制造业的报告》,认为必须突破"自由放任的陈规",通过关税保护、奖金激励、技术引进、信贷倾斜等措施,加大政府扶持力度。直到1875年,美国第十八任总统尤里西斯·辛普森·格兰特还在说,两百年后,当他们享受完保护主义能带来的所有好处后,他们再来接受贸易自由。在后发国家发展过程中,主张贸易保护主义和国家主导工业化的贸易保护主义受到很多关注。虽然市场经济取向被历史证明,无论是在资本主义国家,还是社会主义国家,都终成为发展方向。但是由于各国的历史背景、地理空间、发展阶段、政治环境、路径依赖、地缘政治等各种因素的不同,也表现出不同特征。彼特·A.霍尔等学者写的《资本主义的多样性》显示,西方诸国虽然同样是市场经济国家,却在各国采取了不同的政治经济制度,而且法律制度、组织方式、教育体系等也大相径庭。

20世纪前叶的中国,政府与市场的相关讨论就已经展开。20世纪30年代,国内就出现了发展计划经济的思想,国民政府也提出了统制经济的主张,并付诸实践。在抗日战争时期,国民政府更依战时体制特征,通过"四行二局"控制金融系统,通过资源委员会控制大后方几乎所有的工矿业。而这一时期,中国共产党提出了新民主主义主张,革命根据地在一定程度上包容自由贸易和自由竞争,承认多种经济成分存在。1949年新中国成立初期,国家对不同性质的经济采取差别化管理:对国营企业和国家基本建设实行了指令性计划管理;对非公经济采取了指导性计划管理,引导其生产尽量符合国家发展与民生改善之需要。

一般认为,中国社会主义计划经济体制确立于1956年。而恰好是这一年,毛泽东等党的领袖们就已经开始反思苏联模式的计划经济。毛泽东听取了几十个部委的汇报,写了《论十大关系》,提出要处理好各个重要方面的关系,发挥好多方积极性。1956年12月7日,毛泽东在中南海与全国工商联和民主建国会成员座谈时指出:"现在我国的自由市场,基本性质仍是资本主义的,虽然已经没有资本家。它与国家市场成双成对……因为社会有需要,就发展起来。要使它成为地上,合法化,可以雇工……我怀疑俄国新经济政策结束得早了,只搞了两年退却就转为进攻,到现在社会物资还不充足……可以搞国营,也可以搞私营。可以消灭了资本主义,又搞资本主义。现在国营、合营企业不能满足社会需要,如果有原料,国家投资又有困难,社会有需要,私人可以开厂。定息时间要相当长,急于国有化,不利于生产。"①1957年4月,刘少奇在中共上海市委召开的党员干部大会上,明确提出要利用自由市场,"一方面自由市场可以补充当前我们社会主义经济的不足,另一方面它可以帮助我们在经济上搞多样性和灵活性"。他提出要在

---

① 中共中央文献研究室:《毛泽东年谱(1949—1976)》,中央文献出版社,2013年版,第47页。

"一定限度内允许个人的经济活动"。①

正是由于中国高层领袖们的这些认识,中国的计划经济体制在发展之初和苏联的计划经济已有很大不同,无论是集贸市场,还是各种"地区黑市",还有"调剂物资""协议价格",都在一定程度上存在着。以后的十多年间,中央也数次向下放权,但是在计划经济体制框架下,行政性放权总是会出现"一放就乱,一收就死"的怪圈。在改革开放之前的传统体制,总的指导思想,仍囿于"阶级斗争加计划经济"。实践的结果不利于解放生产力和体现社会主义优越性。

改革开放后,在1992年党的十四大前相当长的时间里,中国其实处于探索和开拓从计划经济体制向市场经济体制的转轨过渡之中。中国采取的渐进式改革办法,在实践和主导观念上,逐步突破了计划经济体制桎梏。1981年,党的十一届六中全会提出:"必须在公有制基础上实行计划经济,同时发挥市场调节的辅助作用。"1982年,党的十二大提出:"正确贯彻计划经济为主、市场调节为辅的原则,是经济体制改革中的一个根本性问题。"1984年,党的十二届三中全会突破性地提出:"明确认识社会主义计划经济必须自觉依据和运用价值规律,是在公有制基础上的有计划的商品经济。"1987年,党的十三大提出:"社会主义有计划商品经济的体制应该是计划与市场内在统一的体制……新的经济运行机制,总体上来说应当是'国家调节市场,市场引导企业'的机制。"1992年,邓小平南方谈话一语中的地说清了资本主义也有计划,社会主义也有市场,即计划和市场的多一点少一点,不是"姓资姓社"的根本社会制度问题,而只是资源配置运行机制层面的问题。

随后,党的十四大继邓小平南方谈话带来的认识突破后,确立了我国经济体制改革的目标,即"建立社会主义市场经济体制",其后,我们对市场经

---

① 中共中央文献研究室、中华全国供销合作总社:《刘少奇论合作社经济》,中国财政经济出版社,1987年版,第1911-1193页。

济的认识还在逐步深入。党的十四大和十五大都提出要"使市场在国家宏观调控下对资源配置起基础性作用"。2002年,党的十六大提出"在更大程度上发挥市场在资源配置中的基础性作用"。2007年,党的十七大提出"从制度上更好发挥市场在资源配置中的基础作用"。2012年,党的十八大提出"更大程度、更广范围发挥市场在资源配置中的基础性作用"。2013年,党的十八届三中全会明确地提出"使市场在资源配置中起决定性作用,更好发挥政府作用",树立了建设中国特色社会主义市场经济的"市场决定论",并配之以守正出奇思路的"政府作用论"。我们党对政府和市场关系的认识在不断深化,社会主义市场经济体制的发展完善在改革攻坚中不断迈上新的台阶。2017年,党的十九大继续强调"市场在资源配置中起决定性作用,更好发挥政府作用"。2022年,党的二十大提出"坚持和完善社会主义基本经济制度,毫不动摇巩固和发展公有制经济,毫不动摇鼓励、支持、引导非公有制经济发展,充分发挥市场在资源配置中的决定性作用,更好发挥政府作用"。

当前,中国已经形成了世界最大人口规模的统一市场,是新兴市场经济体的"领头雁""带头羊",具有无可比拟的发展潜力和成长空间。

对于中国通过努力、创新、实践摸索出适合本国国情的这种发展模式,高盛公司前顾问乔舒亚·库珀·雷默针对"华盛顿共识"将这一模式称为"北京共识",试图揭示发展中国家在世界立足的三个原理,从定位创新价值到将国内生产总值与人民生活质量挂钩,再到多渠道快速实现更多的变化和创新,这无形中传达出对中国经济发展的信心,但其在基础理论层面的支撑因素还明显不足,并且未能有效回应伴随中国"黄金发展期"而来的"矛盾凸显"特征的普遍关切。与之相关的中国模式的概念与内容之争,在国内外都相当热闹,也显然与制度供给选择性的"区别对待"和制度安排、体制转轨方面的种种热点、难点问题密切关联。

本书旨在全面回顾中国市场经济体制从萌芽到确立及不断于创新中发展完善的全过程,并展望中国市场经济未来的发展图景。全书由两条主线、三大阶段构成。其中两条主线：一条是中国共产党对计划和市场关系的认识不断深化，一步步建构起社会主义市场经济体制的基本框架；另一条是市场经济自身的发展，市场的力量牵动着社会的方方面面，显示出巨大的生命力。三大阶段：第一个是1992年前对市场经济的探索阶段；第二个是1992年小平同志南方谈话后建构社会主义市场经济体制阶段；第三个是党的十八届三中全会后深化改革、加快完善现代市场经济体系阶段。全书力求用鲜活语言、生动事例，展现中国在构建中国特色社会主义市场经济过程中"不争论"的政治智慧、渐进式改革中实现超常规发展的中国路径，直面改革进程中的一个个难关，深入剖析一步步攻坚克难的智慧与勇气。

在写作风格上，我们打破研究论文模式，以通俗活泼的文风来展现内容，努力将专业的思考作最通俗的表现，突出主线，并突出主线中的关节点，突出关节点上的重大事件。例如，在描述市场经济体制萌芽时，本书将视野放到新中国成立初，回溯党的领袖早期对市场经济的认识和思考，寻找在计划体制下市场经济的潜力因子，并推展到改革开放新时期一步步打造市场经济新体制波澜壮阔的历程。

本书由贾康确定全书框架，史卫、刘薇、苏京春分别承担第一、第二、第三篇的初稿写作，史卫初纂，最后由贾康总纂。

立信会计出版社的领导和编辑同志为本书的出版给予了重要的支持与帮助，付出了辛苦劳动，谨此鸣谢！

贾康　史卫　刘薇　苏京春
2023年10月1日

目 录

第一篇 市场的躁动

第一章 新中国成立初期的"市场经济" ········· 3
  毛泽东设想"中国型"的新民主主义经济体制 ········· 3
  公私兼顾、劳资两利、城乡互助、内外交流 ········· 8
  当时的中国需要更多的"红色资本家" ········· 10
  "市场经济"的一定发展与"利用、限制、改造" ········· 14

第二章 计划经济时代对"市场"的探索 ········· 20
  走向计划经济:"一五"开新局 ········· 20
  挫折引出的认识:"需要有一个发展商品生产的阶段" ········· 24
  经济学家的困惑和思考 ········· 28
  集市贸易在裂变中传承 ········· 33

第三章 新时期不断演进的改革目标 ········· 38
  "市场经济"的概念在高层被再次提起 ········· 38
  邓小平:社会主义也可以搞市场经济 ········· 41
  陈云:笼子和鸟 ········· 44

　　　　计划经济为主、市场调节为辅 …………………………… 47
　　　　有计划的商品经济 ……………………………………… 51
　　　　国家调节市场，市场引导企业 …………………………… 55

第四章　农村改革、多种经济成分的发展与市场的躁动 ……… 59
　　　　农村包围城市 …………………………………………… 59
　　　　小商品市场遍地开花 …………………………………… 64
　　　　特区杀出一条"血路"来 ………………………………… 68
　　　　连接国际大市场 ………………………………………… 71

第五章　"草根创业者"和"共和国长子"都入市场冲浪 ……… 77
　　　　到市场搏浪 ……………………………………………… 77
　　　　国营企业直面市场 ……………………………………… 84
　　　　学习管理市场 …………………………………………… 89

第二篇　春天的故事

第六章　"社会主义市场经济"横空出世 ……………………… 97
　　　　"价格闯关"失利后的大论战 …………………………… 97
　　　　1992年春天 …………………………………………… 108
　　　　将"社会主义市场经济"写入党的十四大报告 ………… 113
　　　　党的十四届三中全会吹响改革号角 …………………… 117

第七章　市场改变中国 ………………………………………… 124
　　　　改革大潮中的进城务工人员 …………………………… 124
　　　　"下海，下海" …………………………………………… 126
　　　　"下岗潮"中求新局 ……………………………………… 130
　　　　农乡换新颜 ……………………………………………… 133
　　　　网络新市场 ……………………………………………… 136

第八章	为市场经济创造良好的制度环境	139
	改革的突破口——分税制	139
	不得不改的金融体制	143
	投融资体制的适时调整	149
	建立新的社会福利和社会保障体系	153
	营造公平公正的法律环境	155

第九章	建构资本市场	160
	"要坚决地试"	160
	证券交易所的成立	164
	要素资本化的过程	169

第十章	建构现代企业制度	173
	国有资产管理体制的改革探索	173
	现代企业制度的建设	177
	混合所有制企业	181

第十一章	市场经济的另一面	186
	国民收入分配格局的演变	186
	股市的风险	190
	建立食品安全保障体系	193
	对环境污染问题的遏制	197
	总体布局以求实现可持续发展	199

第三篇　市场经济重燃中国梦

第十二章	市场的作用：从"基础性"到"决定性"	203
	改革再出发，进入新时代	204
	走向"决定性"	207

　　　　构建现代市场体系 213
　　　　勾勒全面深化改革路线图 217

第十三章　开放倒逼体制改革，引致"新动能、新机制" 221
　　　　上海自贸试验区：入世的"笔法" 221
　　　　企业"负面清单"：以有所不为换大有所为 225
　　　　政府"权力清单"与"责任清单" 227
　　　　简政放权减少审批 229

第十四章　理论探索中的创新与"论战" 233
　　　　供给侧结构性改革为主线 233
　　　　应运而生的新供给经济学 239
　　　　再上"莫干山" 243
　　　　守正出奇的PPP创新探索 247

第十五章　宏观经济：认识、适应、引领"新常态" 252
　　　　新常态：多方关注、多维解读 252
　　　　创新引领新常态，质量升级版的"中高速" 256
　　　　水大鱼大 258
　　　　不期而至的中美关系变局 260
　　　　在世界市场冲浪的中国企业家 263
　　　　"一带一路"成为推动人类命运共同体建设发展的新动力
　　　　　　... 267

第十六章　社会主要矛盾的历史性变化 269
　　　　黄金增长期与矛盾凸显期 269
　　　　党的十九大重要判断 270
　　　　"中等收入陷阱"的考验 273
　　　　房地产业将何去何从 274

如何建设美丽中国 ………………………………………… 281

第十七章 通往中国梦的新"两步走" ……………………………… 290
从"三位一体"到"五位一体" …………………………… 290
新"两步走" ………………………………………………… 292
百年未有之大变局和人类文明发展的主潮流 …………… 296
中国梦照进社会主义市场经济之路 ……………………… 297
以全面配套改革，冲过"历史三峡" ……………………… 300
疫情冲击下的发展与改革之路 …………………………… 302
数字经济的勃兴与整改 …………………………………… 305
二十大的权威指导：坚持深化改革开放，构建高水平社会
　　主义市场经济体制 …………………………………… 310

结　语　完善社会主义市场经济，走向中华民族伟大复兴 ………… 313

第一篇

市场的躁动

第一章
新中国成立初期的"市场经济"

新中国成立之初,国民经济是一个几近崩溃的烂摊子,内战中许多区域的农村经济遭到严重摧残;城市经济基本陷于瘫痪,民族工商业奄奄一息;恶性通货膨胀持续加剧,物价飞涨,市场混乱。新中国的领导人面临"进城"之后的一场严峻"考试"。按照构想,在新民主主义阶段的经济体制下,国家这只"有形的手"开始调控市场,但市场中多种经济成分并存,国家仍需利用市场规律,整顿市场秩序,刺激鼓励私营工商业的发展,并扶助农村经济,繁荣整个市场,提高人民的生活质量。

毛泽东设想"中国型"的新民主主义经济体制

以毛泽东为代表的共产党人在勾画新中国蓝图时,设想在进入社会主义计划经济之前,应先有一个新民主主义的建设阶段,就是先通过采取市场经济的一些做法,实现从农业国到工业国的转化,这有些类似列宁在苏联成立之初推行的新经济政策,意在为其后进入社会主义阶段准备必要条件。

其实早在建党之初,中国共产党就提出了"两阶段"设想,并在中国共产党第二次全国代表大会上获得通过,即最高纲领是实现社会主义、共产主义,而此前还要经历一个"打倒军阀、推翻国际帝国主义的压迫、统一中国使它成为真正的民主共和国"的阶段,这是中国在当时贫穷落后的现实条件下走向社会主义、共产主义不可超越的一个阶段。陈独秀将其解读为"两次革命论",即共产党先帮助资产阶级搞民主革命,在中国发展资本主义;然后再搞社会主义革命,推翻资产阶级,实行社会主义。

1936年,毛泽东在陕北会见美国记者埃德加·斯诺时谈到,资本主义民主革命的胜利实现,是将来建立社会主义社会的先决条件。毛泽东也谈了自己的成长经历,甚至还谈到父亲做小生意,攒钱买地的故事:

> 这时,父亲还是一个中农,他开始做贩卖粮食的生意,并赚了一点钱。在他成为富农之后,他大部分时间多半花在这个生意上。他雇了一个长工,并把自己的儿子们都放在田里做工。我在六岁时便开始耕种的工作了。父亲的生意并不是开店营业的。他不过把贫农的谷购买过来,运到城市商人那里,以较高的价格出卖。①

父亲的经历给了少年毛泽东最初的经济学教育,让他对市场的利弊有了最直观的认识。在刚认识几个字的时候,父亲就开始让他学习打算盘和记家账。少年毛泽东白天上学,晚间回家还要计算账目。稍大一些,父亲又把他送到一个米店做学徒。18岁的毛泽东在同学鼓励下,一度想做一个经济学家,他认为,当时国家最迫切需要的就是能够有益于国家发展的经济学家。他先后报考了商业中学和高等商业公立学校,还在图书馆阅读了大量西方学术书籍,其中包括亚当·斯密的《原富》②。这为毛泽东打下了最初的经济学基础,而后来投身革命历程中在根据地的建设实践和大量调研,更使毛泽东对中国经济有了自己的看法。毛泽东不仅和埃德加·斯诺谈到中国在进入社会主义建设之前应该有个资本主义民主革命的建设时期,甚至还谈到中国经济融入世界市场的必要:"四亿五千万人民生产和消费的力量,不是一件能完全由中国人来管的事情,而必须要许多国家来参加。我们几万万的人民,一旦获得真正的解放,把他们巨大的潜在的生产力用在各方面创造性的活动上,能够帮助改善全世界经济,和提高全世

---

① 选自埃德加·斯诺著的《毛泽东自传》。
② 即亚当·斯密的《国富论》,当时严复译本书名作《原富》。

界文化的水准。"①

这个时候,毛泽东正在进一步思考中国未来发展的理论问题,埃德加·斯诺在书中也多次提到毛泽东当时正在广泛搜集和阅读各学科的书籍。访谈中的回忆,无疑也是毛泽东思考的一部分。此后不久,毛泽东发表了一系列的文章,正式提出了新民主主义理论。

1939年12月,毛泽东发表《中国革命和中国共产党》,第一次提出新民主主义的总路线,指出"在革命胜利之后,因为肃清了资本主义发展道路上的障碍物,资本主义经济在中国社会中会有一个相当程度的发展"。

1940年1月,毛泽东发表《新民主主义论》,第一次系统论述了新民主主义理论,指出要建设新民主主义的经济,提出"并不没收其他资本主义的私有财产,并不禁止'不能操纵国民生计'的资本主义生产的发展"。1945年,在中国共产党第七次全国代表大会上,他作了《论联合政府》的政治报告,再次表达新民主主义经济的政策主张,宣示要"保障广大人民能够自由发展其在共同生活中的个性,能够自由发展那些不是'操纵国民生计'而是有益于国民生计的私人资本主义经济,保障一切正当的私有财产"。1947年12月,毛泽东在《目前形势和我们的任务》的报告中指出:"由于中国经济的落后性,广大的上层小资产阶级和中等资产阶级所代表的资本主义经济,即使革命在全国胜利以后,在一个长时期内,还是必须允许它们的存在;并且按照国民经济的分工,还需要它们中一切有益于国民经济的部分有一个发展;它们在整个国民经济中,还是不可缺少的一部分。"

而与此同时,在重庆的蒋介石也在助手的帮助下,发表了《中国之命运》《中国经济学说》等著作,提出了国民党的所谓建国蓝图。在书中,蒋介石既反自由主义,又反共产主义,还从国家主义思想出发,强调国家对经济的干预和把控,主张国家主导经济,建立计划经济体制。蒋介石写道:"经济以计划为必要。经济以人性为本,故一面必须'养人之欲,给人之求';一面又须发挥理性与思虑的作用,对人民的欲求,予以分限。所以经济建设必有计划,而计划必有其根本的精神……中国的经济的道理,不取放任自由,不取

---

① 埃德加·斯诺:《西行漫记》,董乐山译,生活·读书·新知三联书店,1979年版,第77页。

阶级斗争,而要以计划经济,使'资本国家化,享受大众化',实现'民享'的理想,达到富强康乐的境域。"

面对抗日战争之后的建设,国共两党其实提出了不同的思路侧重和主张,勾画出了两幅蓝图。联系国家总体建设发展的大思路,用毛泽东的话说就是有"两条路""两种命运"摆在了中国人民面前:国民党的经济专制和共产党的经济多样化发展。早在1937年,国民党五届三中全会通过了蒋介石提出的《中国经济建设方案》,此后国民党又制定了《战后工业建设纲领》(1943)、《第一期经济建设原则》(1944)、《工业建设纲领实施原则案》(1945)以及一系列对市场和物价全面管控的政策措施,致力从中央到地方全面推行计划经济。抗日战争期间,国民政府利用工矿调整委员会、资源委员会、兵工署和战时生产局等官僚资本机构,大力兴办国营企业,加强了对金融、商业和工矿企业的垄断,并通过所控制的银行,加紧对民营企业的渗透,抑制了民族工业的发展。抗日战争胜利后,国民政府通过接收大批敌伪工矿企业,使国营企业和官僚资本企业急剧发展起来,形成了大量全国性和地方性的垄断企业。国营工业在全部新式工矿业资本总额中所占的比重,1935年为24%左右,1944年提高到50.5%,1946年更提高到70%~80%。与此相应的是民营企业的大量萎缩和倒闭。仅1946年6月至10月,上海就有1600多家工厂倒闭。到1949年4月,上海千余家机器工厂中,开工的不到百家。① 中国民族资本家代表荣德生愤而向政府上书,"若论国家经济,统治者富有四海,只须掌握政权,人民安居乐业,民生优裕,赋税自足……能用民力,不必国营,国用自足。不能使用民力,虽一切皆归官办,亦是无用。因官从民出,事不切己,徒然增加浪费而已"②。

1946年6月14日,《新华日报》发表社论,批评国民政府的经济措施,不仅未能帮助国内工商业的发展,而且其官僚资本垄断等政策"给予民族工业以打击,造成民族工业极其严重的危机",导致了"物价波动,通货膨胀,交通阻塞",指出"只有像我们中国共产党人在广大解放区所采取的发展私人资本主义经济的措施,才会给我们中国资本主义的发展开辟一条新道路"。

---

① 吴申元:《中国近代经济史》,上海人民出版社,2003年版,第111页。
② 吴晓波:《历代经济变革得失》,浙江大学出版社,2013年版,第169页。

广大的边区，在发展公营企业的同时，并不排斥私营企业，而是为它们创造更多的发展条件。陕甘宁边区政府对于小规模的个体工业生产，在技术、资金、原料、税制、运销上都给予种种便利，使它从小到大，逐步发展。以纺织业来说，1943年公营企业年产大布23 968匹，公私合作企业年产大布6 000匹，私营企业年产大布65 334匹。① 在抗日根据地工作过的财政部财政科学研究所原副所长赵秀山，曾多次提及当时太行抗日根据地发展经济的情况。1942年邓小平主政太行，通过减税等措施鼓励民营资本发展，鲜明提出要实行"贫的变富、富的更富"的政策，制定一系列法令政策，提倡"贸易自由"，给予老百姓生产、经营、销售、定价的自由权。到抗战结束时，太行抗日根据地经济发展已经取得了相当成就，市场繁荣，人民的收入普遍提高，同期物价却在下降。太行抗日根据地的市场通达和物价稳定多次受到毛泽东和党中央的称赞。

在抗战胜利后，美国记者走访了共产党领导下的张家口市，不仅旧的商号纷纷复业，而且有新的商号开张，商行达2 700多家，比战前还增加了30多家。美国记者宝丁在访问张家口后说："张市为八路军解放后，虽只两个月，而社会秩序已很安定……许多工厂都很快地复工了，真引起我的钦佩。"美国记者博乐在根据地进行了五个月的采访，观察到"私人生产企业不但存在，而且受到政府的鼓励"，"外来的中外资金极为解放区所欢迎"，"除对敌伪的产业外，并无没收任何财产的企图"。博乐写道，"在解放区从事工商业的资本家也很热心。我和许多商人、地主、制造商谈天，发觉他们热心是有理由的，因为共产党人虽然坦白地以改善工人生活为目标，但同时，他们也给地主和制造商以利益"。

毛泽东在大会上讲道，在革命胜利以后一个相当长的时期内，还需要尽可能地利用城乡资本主义的积极性，以利于国民经济的向前发展。在这个时期内，一切不是于国民经济有害而是于国民经济有利的城乡资本主义成分，都应当允许其存在和发展。国内的自由竞争和自由贸易，不但是不可避免的，而且是经济上必要的。但是在中国自由竞争和自由贸易的存在和发

---

① 许涤新：《中国经济的道路》，生活书店，1946年版，第63页。

展,不是如同资本主义国家那样不受限制、任其泛滥的,也不是如同东欧各新民主主义国家那样被限制和缩小非常大,而是中国型的。他强调,要将"国民经济的组织性与计划性必须严格地限制在可能的与必要的限度以内"。[①]

1949年3月23日,毛泽东率领中央机关离开西柏坡向北平进发。他风趣地对同行的周恩来说,这是"进京赶考","我们决不当李自成!"

公私兼顾、劳资两利、城乡互助、内外交流

新民主主义经济思想吸引了很多经济学界和工商界人士的注意,使他们重新认识了中国共产党。

经济学家马寅初深受英美自由经济主义思想影响,始终致力于用自由竞争的市场经济体制重构中国经济体制。他对苏联的计划体制一直抱有警惕之心,还多次发表文章,反对用暴力手段"消灭资本",认为摧毁市场的革命不可取。

1939年5月,周恩来和王若飞曾在重庆拜访马寅初。周恩来赞扬了马寅初的一些经济主张后,向他详细地介绍了中国共产党的新民主主义论。周恩来以他无与伦比的个人魅力和深邃雄辩的理论见解,使马寅初折服,他打消了对共产党的疑虑,并渐渐向共产党靠拢。1942年马寅初60大寿之际,周恩来领衔为当时因言获罪被国民党囚禁于集中营的马寅初撰贺联:"桃李增华,坐帐无鹤;琴书无伴,支床有龟",使马寅初十分感激。1944年,马寅初撰写了篇名为《中国工业化与民主是不可分割的》的文章,被国民党机关报《中央日报》拒登,周恩来知道后马上派人去马寅初处取来稿件,全文刊登在《新华日报》上。1945年,毛泽东赴重庆谈判,还亲自会见了马寅初,国统区经济的混乱景象也让马寅初越来越失望。他撰文呼吁"打倒经济专制",强烈反对"国民政府在最高经济委员会之下设各种委员会及公司","欲图包办一切,由丝、棉、毛、麻以至粮食、煤油、造纸、木

[①] 毛泽东:《在中国共产党第七届中央委员会第二次全体会议上的报告》,《毛泽东选集(第4卷)》,人民出版社,1994年版,第1431页。

材,凡是衣、食、住、行的无不包办"。① 他参加到学生游行的队伍中,走到队伍的最前列,振臂高呼:"打倒官僚资本!"同学们称其是一"马"当先。1949年2月,马寅初应中共邀请,和陈叔通等人从中国香港北上,参加中共组织的新政治协商会议。

1949年6月15日至19日,新政治协商会议筹备会第一次全体会议在北平召开,会议选举马寅初为常务委员,参与起草《中国人民政治协商会议共同纲领》(以下简称《共同纲领》)的经济政策。9月21日至30日,全国政协第一届全体会议在中南海怀仁堂隆重举行,全国各党派、团体、无党派民主人士及特别邀请代表共622人参加大会。9月29日,大会一致通过了《共同纲领》,它是全国人民大团结的坚固政治基础,是中国历史上一个极具重要意义的文献。它所确立的各项原则成为其后制定《中华人民共和国宪法》的基础,作为新中国成立初期具有临时宪法性质的国家根本大法,具有重要的历史地位。

《共同纲领》宣告:"保护工人、农民、小资产阶级和民族资产阶级的经济利益及其私有财产,发展新民主主义的人民经济,稳步地变农业国为工业国";"中华人民共和国经济建设的根本方针,是以公私兼顾、劳资两利、城乡互助、内外交流的政策,达到发展生产、繁荣经济之目的";"凡有利于国计民生的私营经济事业,人民政府应鼓励其经营的积极性,并扶助其发展";"保护一切合法的公私贸易"。

在马寅初看来,他毕生追求的政治民主化和经济市场化目标,都在其中得到了体现。此后,在工作和讲演中,他处处以《共同纲领》为指针,提出要像爱护自己的眼睛一样爱护《共同纲领》。他四处宣讲,提示大家要注意到《共同纲领》中提到的"促进整个经济发展"中的"整个"这两个字,提出:"我们要利用公私兼顾、劳资两利、城乡互助、内外交流这四种手段来达到发展生产、繁荣经济的二个目的。而容纳民族资本在五种经济之内,也正是为了要增加国家财富。"②

在中华人民共和国成立之后,马寅初更积极宣传新民主主义经济政策,

---

① 马寅初:《打倒经济专政》,《马寅初选集》,天津人民出版社,1988年版,第226页。
② 马寅初:《打倒经济专政》,《马寅初选集》,天津人民出版社,1988年版,第313页。

并发表了《工商业者消除顾虑,为建设新中国而奋斗》《共同纲领中之经济政策》《人民政协召开的经过》《新民主主义的经济》《革命政府的经济政策与反动政府的经济政策之比较》等文章,宣传新民主主义的经济政策,在国内外引起了很大反响。

当时的中国需要更多的"红色资本家"

京津解放后,很多资本家对共产党的政策和领导者的能力心中无底,犹豫观望,直接影响了经济的恢复和发展。据统计,天津当时私营企业开工率不足30%,致使工商业瘫痪,工人生活无着。1949年4月10日至5月7日,刘少奇受党中央的委托,到天津调研。在近一个月的时间里,刘少奇下基层,搞调查,摸情况,不辞劳苦深入进行工作。他针对发现的一系列"左"的错误做法和资本家普遍存在的怕清算、怕共产、怕说剥削的畏惧心理,同干部、工人、职员、资本家分别进行多次耐心的座谈,并作了多次报告。这一系列讲话都是即席发言,事先未做准备。刘少奇离津后,中共天津市委组织人员根据当时的记录整理汇编存档,共22篇,约15万字,这就是刘少奇著名的"天津讲话"。刘少奇"天津讲话"主要是宣传党的七届二中全会关于建设新民主主义国家的精神,阐明了发展生产、繁荣经济、公私兼顾、劳资两利的方针。刘少奇在讲话中详细分析了当时的国民经济状况,肯定"资本主义在一定程度上的发展有其进步性",指出"私营经济在整个国民经济中是最大量的,国家手中的生产品远远不能满足国家和人民的需要。大量的生产品,特别是供给市场的生产品还操在私人资本家手中。私营经济在目前整个国民经济中,是一个不可缺少的部分,它的适当发展对于国民经济是有利的"。他强调要"正确看待资本家的剥削",对资本家剥削这一历史现象作了辩证分析,提出资本主义发展对增加就业、发展生产都有着积极作用,他指出:"马克思在一百年以前,就认为资本家对发展生产、组织生产是有历史功绩的……我国民族资产阶级有功有过,今天是功大于过。但我们也要限制它。""今天中国资本主义是在年轻时代,正是发挥它的历史作用、积极作用和建立功劳的时候"。① 当时的《人民日报》也作了报道,指出刘少奇在天津的讲话透彻地阐明了中国共产党和人民政府关于发展生产的政策,使资本家消除或减少了顾虑,提高了经营情绪;也使工人提高了政治觉悟和政策水平,对恢复与发展生产起了推动作用。当年聆听过刘少奇"天津讲话"的干部回忆说,"他的讲话对当时纠正我们的'左'倾错误思想起了很大的作用,使我们懂得进入城市首要的是发展生产,这样天津经济发展起来,城市秩序恢复起来,我们的政权才能巩固,否则不知要乱成什么样子"。

刘少奇在去天津调研前,抽空和夫人回了一趟娘家。刘少奇夫人王光美出生于天津富商之家,其父王治昌是天津工商界领袖,当时正寓居北平。刘少奇趁着回娘家之机,向他们了解了天津工商界的情况。王光美的哥哥王光英当时担任着天津近代化学厂和天津利生针织厂两家企业的厂长,据他回忆,当时为了接待刘少奇,他特意换上了最好的西服,还打了领带。而刘少奇穿着裁得不太合体的解放区生产的黑色粗呢制服,戴着当时工人中很流行的鸭舌帽,脚上是一双布鞋。刘少奇的简朴让王光英对自己的衣着感到有点不自在。王光英按照老规矩为刘少奇准备了一件礼物,是一条驼灰两色交织的方格薄毛围巾。刘少奇接受了,但要求以后不要再这样了。这条围巾此后刘少奇一直戴着。王光英向刘少奇介绍了当时天津工商界人士由于还不太了解共产党的政策,有的还听信反动宣传害怕买卖被没收,害怕自己被批斗,所以人人自危,没有心思做买卖,更谈不上发展生产,市场极为混乱,物价上涨、原料匮乏、生产停顿、工人失业……刘少奇听后,建议王光英回天津后多联系工商界人士,做点工作,宣传党的政策。但王光英表示要抛掉"资本家"这顶帽子,要参加革命,做技术工作。刘少奇听后,对他讲:"共产党员、干部,我们党内有许许多多,但是能在工商界起作用的却不多。你如果穿着工商界衣服,屁股能坐在共产党、工人阶级一边,那就很好嘛!也可以为党工作嘛!"王光英听了刘少奇的建议,留在了工商界,做了很多工作,20 世纪 80 年代改革开放后,更发挥了积极作用。对于刘少奇的这番谈

---

① 刘少奇:《在天津市干部会上的讲话》,《刘少奇论新中国经济建设》,中央文献出版社,1993 年版,第 108 页。

话,社会上曾经流传了另一个版本,说刘少奇当时曾说,共产党员我们很多,现在新中国需要更多的"红色资本家"。但王光英后来回忆,刘少奇当时并没有说到"红色资本家"这样的概念。①

后来又有不少资料提到是周恩来最早用到"红色资本家"这个词的。1957年,苏联最高苏维埃主席伏罗希洛夫访问中国,王光英和几位工商界人士陪同周恩来总理在天津接待贵宾。宴会上,王光英在周总理的示意下向伏罗希洛夫敬酒,伏罗希洛夫高兴地举杯一饮而尽,指着王光英对在场的人说:"中国经过长期的流血革命,现在闯出了一条不用流血和平改造资本家的经验道路,这是有世界意义的。"说完他热烈地拥抱了王光英,周恩来在旁风趣地说:"您拥抱的是一位'红色资本家'。"②"红色资本家"的称号便由此流传开来。

但当时在现场采访的新华社记者方凌在2000年撰文指出"红色资本家"的称号出自毛泽东,他在现场亲耳听到周恩来向伏罗希洛夫介绍王光英的情况时说,王光英在解放后很积极,主动要求把自己的化工厂无偿地献给国家,做一个自食其力的劳动者。周恩来感到这涉及党对民族资产阶级和资本主义工商业的政策问题,很重要,于是向毛主席作了报告。周恩来转述毛泽东的话:"那怎么可以呢?社会主义时期也还要有'红色资本家'嘛,他们还可以在民族资产阶级中做工作,在整个社会主义建设中起作用嘛。"③

还有资料显示在这之前,陈毅已经称荣毅仁为"红色资本家"。

1949年5月27日上海解放,陈毅出任上海市市长。6月2日,陈毅在上海外滩中国银行大楼4层邀请上海工商界人士进行座谈,一句"共产党鼓励工商业者在新上海的建设中起积极作用",让很多上海资本家心中的石头落了地,拥有9间纱厂和12间面粉厂的荣毅仁开完会出来就宣布"明天就开工"。之后,陈毅亲自登门拜访荣毅仁,表示要与荣毅仁交朋友,开启了上海荣氏家族和共产党亲密合作的历史。这些做法,在人心还不稳的上海迅速

---

① 王光英、刘源等:《真理的光焰永不熄灭》,《你所不知道的刘少奇》,河南人民出版社,2000年版,第66页。
② 吴志菲:《"红色资本家"王光英的本色人生》,《党史文苑》2005年第1期。
③ 方凌:《"红色资本家"到底是谁说的》,《炎黄春秋》2000年第6期。

传开,有人称,这是"共产党团结工商界的一次感人动作"。1954年,荣毅仁带头拉开申新纺织与政府公私合营的大幕,由此,荣家发展了半个世纪的产业,变为国家所有。当年,申新集团成立,荣毅仁被任命为总经理。陈毅市长称赞荣毅仁率先接受改造,称誉他为"红色资本家"。1956年,已经出任国务院副总理的陈毅还专门返回上海,以上海市前市长身份,为他助选上海市副市长。荣氏家族在改革开放中依然发挥了特别积极的作用,为打开对外开放窗口贡献重要力量,荣毅仁更是在1993年当选为中华人民共和国国家副主席。

"红色资本家"到底是谁最先说的其实并不重要,这一称呼本身所释放出的政策含义更为重要。除了"红色资本家"这样的称呼,还有领导人愿意称"工商业家""产业界人士"来回避"资本家"的称呼,陈毅则喜欢说"工商界的朋友们"。

1956年11月,我国派出了新中国成立后的第一个全国人民代表大会代表团前往苏联和东欧等社会主义国家访问。代表团中就包括了5名工商界代表,他们是胡子昂、周叔弢、乐松生、李国伟、郭棣活。胡子昂是重庆华西兴业等企业的老板,周叔弢是天津华新纱厂、启新洋灰公司等企业的老板,乐松生是北京同仁堂的老板,他们都是当时著名的民族资本家代表。这些"红色资本家"代表能够参加最高国家权力机关的代表团出国访问,而且还被委以重任,胡子昂更是代表团副团长,引起了所到社会主义国家的广泛关注和极大兴趣。彭真向这些国家领导人介绍时,称他们为"接受了改造,走社会主义道路的资本家,不仅在语言上,而且在行动上有所表现"。① 在访问中,代表团与苏联和东欧社会主义国家党和政府的领导人进行了亲切的交谈,参观了不少工厂、农庄、商店、学校,游览了各地的名胜古迹。每到一处,都受到了热烈的欢迎和隆重的接待。在苏联,这几位工商界代表还几次应邀在工人们举行的欢迎会上讲话。党和国家给予这些工商界代表人士充分的信任,派他们参加国务活动,令他们终生难忘。郭棣活称这次出访是自己"毕生难忘的光荣,也是从来没有梦想到的事"。

---

① 边东子:《人民副市长不负重托"红色资本家"名扬中外》,《首都建设报》2010年9月13日。

"市场经济"的一定发展与"利用、限制、改造"

1949年4月14日的《天津日报》用头版头条刊出了天津市委贯彻劳资两利的方针，表示要消除资方顾虑，使资方能够获得利益。国营企业还主动帮助私营企业发展。国营花纱布公司通过供给原料、协助推销产品的办法，使1 007户织染业户恢复了生机。国营贸易公司在收货前先预付80%的货款，缓解了私营企业的资金困难。四家已经倒闭的制蛋厂重新开工，还增加了新工人。1949年7月4日，《人民日报》以《进一次贯彻劳资两利方针，津私营工业逐步发展》为题，报道了天津私营工业的恢复情况。文章指出："天津有利于国计民生的私营工业逐渐恢复和发展。这是天津市进一步贯彻执行公私兼顾、劳资两利、发展生产、繁荣经济的总方针之后的显著变化"。接着用一系列的数据展示了天津私营企业的发展，"从4月23日至5月底，即有490家申请营业登记。在日寇投降后即歇业的中国橡胶厂，在1947年因亏本停工的光华染厂和在新中国成立前歇业的中国火柴厂等已开工复业。过去停工的65家小织布工厂至5月底就有50家复工。和记、天丰、克明等三个料器厂和振华纸版公司等都在积极地待备复工。此外，东亚毛织公司正在筹备分厂，包头纸浆厂亦在积极筹备成立中。原有的如卷烟、火柴、面粉等工厂增加了近200名工人。橡胶业、织染业、五金冶炼业、机器业、电木业、卷烟业中不少工厂都在增添机器，扩大营业。在产量方面，许多工厂也都有增加。5月，三民织布厂由解放前月产三四百匹，增加到610匹。永明化学厂由解放前月产盐酸400坛，增加到600坛。同心电石厂由解放前的日产50斤，增加到日产900多斤。在销货方面也有增加。橡胶业如钰华工厂订出期货12 000副车胎；震中、东昌两厂各订出10 000双胶鞋。五金冶制业如聚福昌铁锅厂4月每旬平均销8吨，5月上旬即销到12吨多"。事实说明，政策对了，经济恢复的速度是惊人的。据1950年1月《天津日报》报道，1949年年底工业生产效率比同年3月提高了440%。

刘少奇的"天津讲话"，不仅对天津的经济恢复产生了重大影响，而且影响了全国。中央办公厅秘书处迅速将刘少奇"天津讲话"印发至华北、西北、华东、东北各中央局，使各级党组织更加明确党的七届二中全会关于工作重点转移后的新民主主义经济政策。1949年8月9日,北平军管会主任叶剑英在各界代表会议上讲到刘少奇"天津讲话"是"向资本家明确地解释了'四面八方'的政策,在解除私人资本家的思想顾虑上起了很大的作用"。1954年,邓小平讲到刘少奇的"天津讲话"在当时渡江南下解放全中国的时候对防止"左"的错误起了很大很好的作用。邓小平说:"我们刚进城,最怕的是'左',而当时又确实已经发生了'左'的倾向。在这种情况下,中央采取坚决的态度来纠正和防止'左'的倾向,是完全正确的。"①

根据上海、天津、北京、武汉、广州、重庆、西安、沈阳八大城市的统计,从1950年1月到1951年12月的两年中,私营工商业数量实增了92 000多户,增加了27%。特别是私营工业,总产值增加了70%左右。就全国情况看,到1951年,全国私营工业户数增加了11%,生产总值增加了39%,私营商业户数增加了11.9%,零售总额增加了36.6%。民族资本家在这一年获得的利润超过在国民党统治下22年中的任何一年。

新民主主义政策在实践中取得了很大成就,为新中国成立初期经济的恢复和发展发挥了重要作用,多方努力使财政经济局面仅用3年时间就全面好转。

新民主主义思想是中国共产党在长期的根据地经济建设实践中总结发展起来的,是马克思主义和当时中国的基本国情相结合的产物。早在根据地时期,中国共产党人就认识到发展经济的重要性,认识到市场经济对经济发展的重要性。1948年4月25日,邓小平在河南鲁山召开的豫陕鄂前委和后委联席会议上作了《跃进中原的胜利形势与今后的政策策略》的报告,在此报告中,邓小平同志指出,"像鲁山街上这个小市场,如果倒闭了,起码有一万人失掉生计,马上向你伸手要饭吃。我们这个区有三万人靠种植烟草生活,如果纸烟厂垮了,不能出口,这三万人马上没有饭吃,没有衣穿。究竟是打倒了资本家,还是打倒了老百姓?我看这不是打倒了资本家,而是打掉了人民的生计。官僚资本是指的四大家族那个集团,不是官僚加资本,不然县长开个店也得没收了。如果我们在工商业问题上搞得不好,解放区的经

---

① 邓小平:《邓小平文选(第二卷)》,人民出版社,1994年版,第205-206页。

济无法建设,人民的生活要受影响,那时国民党不叫我们走,我们也得走,革命就要失败。所以要解决好工商业政策问题。私人工商业是新民主主义经济不可缺少的一部分,我们要扶助它发展"。在这段论述中,邓小平深刻阐述了市场在新民主主义经济发展中的重要作用,以及在市场经济条件下的劳资关系的问题。同时,他还在此报告中阐述了如何正确看待资本剥削劳动的问题,"资本家做生意,当然要赚钱,而且要有剥削,但是一个商号倒闭了,或者我们把它没收了,要影响到比资本家剥削所得多得多的人民的生计。我们要看看自己的脚究竟站在哪里,怎样做才是更好地为群众。说不让资本家剥削,听起来是革命思想,一算账就知道这不是革命思想,并可使革命遭受失败"。这些论述已包含了对于市场机制意义作用的深刻认识并孕育了社会主义社会也可以搞市场经济的思想萌芽。

在当时,新中国的领导人不仅看到了市场机制促进竞争提高生产效率的积极作用,也认识到市场机制的消极作用。1950年,当时主管财经工作的陈云曾就天津私商压低售价与国营商店竞争的现象指出,上述现象在公私商业同时存在的条件下,是不可避免的,这对双方是长期存在的一个问题。物价稳定后,公私商业发生竞争,亦是正常情况,这对国民经济和国营贸易基本上均无坏处,其解决办法,主要则在提起国营贸易公司的警觉,大力改善经营,减低经营成本,从经营上和私商作竞争,强调不可采取政治手段,强迫私商提价和国营贸易公司价格一样。①

陈云父母早逝,由舅舅抚养长大。舅舅先是开裁缝铺,由于没有什么生意,只好改开小酒店,但在兵荒马乱的日子里,什么生意都不好做。虽然生活艰难,但裁缝铺和小酒店也是一种买卖关系的经营活动,在小酒店打杂的陈云很小就对商品、货币、市场关系和经营活动有了最初的感性认识。舅舅一度还把陈云送到青浦县立乙种商业学校读书,虽然时间不长,但也让陈云学会了记账算账,对市场经济的一些感性认识上升为一些条理性认识。陈

---

① 原文:"天津市私营百货业部分商人用低于国营贸易公司的价格出售货物,同以前银根抽紧时期急于抛售存货的情况不一样,是为招揽顾客、扩展营业、薄利多销,这在公私商业同时存在的条件下是不可避免的,竞争是正常情况。但国营贸易公司对此应引起警觉,大力改善经营,降低成本,从经济上与之竞争,不可采用政治手段强迫私商提价。"中共中央文献研究室:《陈云年谱(中卷)》,中央文献出版社,2015年版,第87页。

云还学会了打一手好算盘,多年后陈云在主持边区财经工作会计培训班时还为大家展示了打算盘的技术。1919年,陈云到上海商务印书馆发行所做学徒。而这时的商务印书馆正是中国传播西方科学知识的中心,陈云在工作之余努力自学,不仅学习到很多西方经济学知识,也接触到了马克思主义学说,认真阅读了《马克思主义浅说》《资本制度浅说》。上海这个资本家云集的地方让陈云接触到了资本主义商品生产的经济过程,直观感受到市场经济中的众生相,其中上海的商业和金融业给陈云留下了极深印象。1949年,陈云初掌新中国财经兵符,就遇到四次全国性的物价大波动。陈云亲赴上海,主持上海财经会议,布置应对之策。这次全局性接触和处理市场、物价、货币之间的关系,也是共产党高层领导第一次经历市场的考验。在陈云的领导下,相关部门充分利用市场规律,调动全国物资,赢得了这场经济战争的胜利。当时,陈云除了加强市场管理,主要就是通过物资调配,改变供求关系来平衡物价。用陈云的话说就是"两白一黑"政策,"两白"是指大米、纱布,"一黑"是指煤炭,这三样商品一下就抓住了市场的龙头。最初政府物资运到的时候,商人还在大量"吃货",但没有想到政府能组织运来这么多物资,商人的资金是有限的,很快就吃不消了,而政府的物资还在源源不断运进来,价格天天下跌,跌到商人受不了的时候,只能开始"吐货",物价很快就平稳下来。毛泽东评价其意义不下于一场"淮海战役"。在陈云领导下的中央财政经济委员会聚集着一大批红色经济学家,如马寅初、薛暮桥、南汉宸、宋劭文、冀朝鼎、钱之光等,还有一批"红色资本家",如陈叔通、简玉阶、侯德榜、胡子昂、周叔弢、宋棐卿等。这些人不仅有着丰富的市场经济学知识,而且也有着丰富的市场经济实战经验。

四次物价大战,在一定程度上打击了投机资本。此后,随着调整工商业政策的实施,私营工商业还在持续发展。据1952年统计,中国私营商业有坐商187万户,人员437万;摊贩222万户,人员253万;行商30万户,从业人员33万,共有720多万职工和大小老板。① 随着私有经济的发展,一些新的问题暴露出来,主要是一些商人投机取巧,唯利是图,肆无忌惮地行贿、偷税

---

① 曾山:《关于党在过渡时期总路线中对资本主义工商业利用、限制、改造问题的若干意见》,《中国资本主义工商业的社会主义改造(中央卷上)》,中共党史出版社,1993年版,第477页。

漏税、盗骗国家财产、偷工减料、盗窃国家经济情报,俗称"五毒"。据1950年第1期营业税纳税后的抽样统计,在上海351家纳税户中,有偷税漏税行为的占99%;在天津1807家纳税户中,有偷税漏税行为的占82%。当时抗美援朝战争正如火如荼地进行,而志愿军向私营工商业者采购的军用物资竟然出现了不少伪劣商品。如上海联合牛肉庄张新根和徐福记牛肉庄徐苗新等承接了为国营益民公司代购军用罐头的牛肉的任务。他们不仅串通益民公司经办人员趁机索取高价,还在牛肉中掺进一半以上水牛肉和马肉,还掺入发了霉的臭牛肉和死牛肉,先后代购牛肉89万斤①,盗骗国家款项20万~30万元。还有武汉福华药棉厂的李寅廷承制志愿军军用急救包,领取好棉花1万斤,全部换成废棉,其中还有1 000斤烂棉花,这批急救包中有12万只没有经过消毒,带有化脓菌、破伤风菌、坏疽菌,导致不少志愿军战士非战斗性伤亡。

1951年12月1日,中共中央作出《关于实行精兵简政、增产节约、反对贪污、反对浪费和反对官僚主义的决定》,在党政机关工作人员中开展"三反"运动。很多私营工商业者开始还以为是共产党的自家事,与他们无关。但随着"三反"运动在全国的深入展开,很快火就烧到私营工商业者身上。在"三反"运动中发现不少私营企业主通过向党政干部行贿谋取利益,一些私营企业主的不法行为也先后暴露出来。1952年1月26日,中共中央发出了《关于在城市中限期展开大规模的坚决彻底的"五反"斗争的指示》,要求在私营工商业者中开展"反行贿、反偷税漏税、反盗骗国家财产、反偷工减料、反盗窃国家经济情报"的斗争。由于运动开展之初,对形势估计得过于严重,使这次运动开展得异常深刻激烈,几乎牵连到全国每一个私营工商业者。运动按地区按部门层层下达指标,并不断加码,甚至出现使用逼供等手段,迫使私营工商业者交代问题。"三反""五反"运动虽然打击了不少私营工商业者的"五毒"行为,但也有扩大打击面,影响经济正常运行等问题,生产关系很快出现了公进私退的局面。运动中暴露出的一些私营工商业者的"五毒"行为也促使毛泽东等中共领袖开始考虑提前结束新民主主义,改变

---

① 1斤=500克。

对私营经济的政策,消灭资产阶级,快速进入社会主义。

　　1949年3月的党的七届二中全会决议提出,"对于占现代工业经济第二位的私人资本主义经济,必须采取利用和限制的政策。就是说,要利用它的积极性,以利于国民经济的恢复和发展,但必须限制它的消极方面,将其纳入国家经济政策和经济计划的轨道"。正式提出了新民主主义对私人资本主义经济的政策是利用和限制。到了"三反""五反"运动后,毛泽东提出了"改造"的政策。在1953年6月15日召开的中央政治局会议上,李维汉作了报告,题目是《关于利用、限制和改组资本主义工商业的若干问题》。毛泽东将题目中的"改组"改为"改造"。经政治局会议讨论,正式确定将对资本主义工商业"利用、限制"的政策改为"利用、限制、改造"。也正是在这次会议上,毛泽东提出了过渡时期总路线是"要在十年到十五年或者更多一些时间内(后改为"要在一个相当长的时间内"),基本上完成国家工业化对农业、手工业者、资本主义工商业的社会主义改造",明确提出了改造资本主义工商业的目标。1954年通过的《中华人民共和国宪法》,从国家根本大法的高度,提出了"利用、限制、改造"的政策:"国家对资本主义工商业采取利用、限制和改造的政策。国家通过国家行政机关的管理、国营经济的领导和工人群众的监督,利用资本主义工商业的有利于国计民生的积极作用,限制它们的不利于国计民生的消极作用,鼓励和指导它们转变为各种不同形式的国家资本主义经济,逐步以全民所有制代替资本家所有制。"明确提出"改造"的目标是"逐步以全民所有制代替资本家所有制"。

第二章
计划经济时代对"市场"的探索

1953年6月15日的中共中央政治局会议上,毛泽东提出了过渡时期总路线。在批判"确立新民主主义社会秩序"的观点时,毛泽东认为"过渡时期每天都在变动,每天都在发生社会主义因素","很难确立"。提前步入社会主义之后,出现了各种急于求成的现象,甚至出现了"跑步进入共产主义"的口号。

其后二十余年的反复探索中,国民经济也不可避免地出现了危机因素,遇到了各种困难,引起了中央领导人的思考。商品经济和市场经济的路径也被一些经济学家重新提起。在"一大二公"的趋向下,市场经济的空间虽然被压缩到集贸市场和对外贸易等有限领域,但这些经济因素,甚至是"黑市",还是通过市场机制连接起广大城乡和外部市场,为其后的中国经济体制改革保留了市场经济的火种。

走向计划经济:"一五"开新局

1949年9月,在中国人民政治协商会议第一届全体会议期间,当有代表向毛泽东提问新民主主义要实行多长时间才向社会主义过渡时,毛泽东回答说:"大概二三十年吧。"[①]1949年7月4日,毛泽东在中央团校第一期毕业

---

① 龚育之:《新民主主义、过渡时期、社会主义初级阶段》,《中共党史研究》1988年第1期。

典礼上也曾讲过:"二十年后我们工业发展到一定程度,看其情况即进入社会主义。"①刘少奇说:"经过三年五年的准备,十年十五年的建设,在实现国家工业化、在创造和准备了充分的物质条件以后,再采取社会主义的实际步骤,实行资本主义工业国有化,实行农业集体化,和平地转到社会主义。"②马寅初也提到:"假定新民主主义是20年,国营企业占到5/6时,新民主主义转到社会主义的条件已成熟。"③

新民主主义要经历20年左右的时间再向社会主义过渡,应是当时中共领袖们的共识。在起草《共同纲领》时,毛泽东、周恩来和刘少奇等中共领袖甚至都不同意把"社会主义"写入《共同纲领》。在回答有些代表提出的把中国社会主义的前途写进《共同纲领》中去的要求时,刘少奇回答:"有些代表提议,我们认为是不妥当的。因为要在中国采取相当严重的社会主义步骤,还是相当长久的将来的事情,如果在《共同纲领》上写上这一目标,就很容易混淆我们在今天要采取的实际步骤。"④毛泽东也明确表示:"纲领中只说现阶段的任务,如果再说得远一点就变得空洞了。"周恩来也解释说:"新民主主义一定要向社会主义发展,这个前途是肯定的,毫无疑问的,但应该经过解释、宣传,特别是实践来证明给全国人民看,只有全国人民在自己的实践中认识到这是唯一的最好的前途,才会真正地承认它,并愿意全心全意为它而奋斗。所以现在暂时不写出来,不是否定它,而是更加郑重地看待它。"⑤

但是接下来的发展,很快超越了开国领袖们的设想。一百多年来,中华民族饱受帝国主义欺凌,梦想着赶超帝国主义,实现伟大的民族复兴,中国共产党从成立开始,就将社会主义理想和民族复兴的梦想联系在一起。通过社会主义的计划经济实现国家的工业化,不仅很多中国共产党人持此看法,而且在社会上也有相当多赞同者。就是国民党,虽未认同社会主义道

---

① 顾龙生:《毛泽东经济年谱》,中共中央党校出版社,1993年版,第267页。
② 中共中央文献研究室:《刘少奇论新中国经济建设》,中央文献出版社,1993年版,第8页。
③ 马寅初:《马寅初选集》,天津人民出版社,1988年版,第314页。
④ 刘少奇:《刘少奇选集(上卷)》,人民出版社,1981年版,第435页。
⑤ 中共中央文献研究室:《建国以来重要文献选编(第一册)》,中央文献出版社,1992年版,第16-17页。

路,但也曾设想搞计划经济,还创建了大量官营企业,制定了很多经济发展计划。还有很多经济学家也认为要实现赶超就得搞计划经济,就要学苏联,发达了以后再搞自由市场经济。曾信服西方自由市场经济的马寅初在1929年后也有了明显转变,他在1935年出版了《中国经济改造》,论述了"吾国何以必须采用统制经济"的七大理由,认为"中国欲以自由竞争政策发展其实业,势已不能。然则中国经济之出路,只有统制经济之一途"。①

实际上,在新民主主义经济的设想中已经包括计划经济的成分,既承认自由竞争和自由贸易存在的必要性,同时也强调这种自由要受国家必要的限制。刘少奇在1948年就提到,只有"根据实际的可能和必要来适当地逐步地加以计划和组织,才能推动整个国民经济按照我们和人民所需要的方向尽可能迅速地向前发展"。②《共同纲领》虽然避免提到社会主义目标,但是已经提到计划经济的方向,第三十三条提出"中央人民政府应争取早日制定恢复和发展全国公私经济各主要部门的总计划",国内贸易的自由应"在国家统一的经济计划内实行"。而且对各种经济成分也划分了社会主义和资本主义的属性,属于社会主义性质的国营企业负有领导、引导的责任,鼓励私人资本向国家资本主义方向发展。

实行社会主义计划经济,一直是共产党人的一个理想。在新政协会议上,刘少奇就直接指出,"毫无疑问,中国将来的前途,是要走到社会主义和共产主义去的"。③ 只是因为当时经济还很落后,农业和手工业占了90%,现代工业只有10%,需要借用市场机制促进经济的发展。而1949年后经济发展的状况,使领导人感觉到可以加快发展。土地改革在全国范围内完成,财经形势全面好转,特别是国营经济的迅速发展,使推行计划经济很快成为一种新的考虑。新中国成立后没收了大量官僚资本,迅速壮大了新中国国营企业的规模。据统计,当时官僚资本占到全国工业资本的66%左右,占全国工矿、交通运输业固定资产的80%。国民党政府资源委员会拥有的219个工矿企业,掌握全国90%的钢铁产量、33%的煤炭产量、67%的发电量、45%

---

① 马寅初:《马寅初全集(第8卷)》,浙江人民出版社,1999年版,第174-177页。
② 刘少奇:《刘少奇论新中国经济建设》,中央文献出版社,1993年版,第43页。
③ 刘少奇:《加强全国人民的革命大团结》,《人民日报》1949年9月22日。

的水泥产量,以及全部的石油和有色金属的生产。官僚资本控制着全国的金融机构和铁路、公路、邮电、航空运输以及44%的轮船吨位,还有十几个垄断性的贸易公司。再加上解放区的国营企业和解放后新建的国营企业,其经济总量已经在各种经济成分中占绝对优势,而国营经济本身是在国家行政力量领导和支持下发展的,很自然地逐步引向计划经济的轨道。因为解放初物资短缺而需求紧迫,中央在1951年1月4日决定对主要农产品实行有计划的统购统销。至1953年,先后实现了棉花、粮食、油料等农产品的统购统销。这些都被认为是为实现全面的计划经济创造了条件。

1951年2月18日,毛泽东在中共中央政治局扩大会议上提出"三年准备,十年计划经济建设"的规划。1952年9月,毛泽东提出要在十年到十五年内基本上完成社会主义改造,不是十年以后才开始向社会主义过渡。1952年11月15日,中央人民政府委员会第19次会议通过决议增设独立于中央人民政府政务院的中央人民政府国家计划委员会,由中央人民政府副主席高岗兼任国家计划委员会主席。1953年1月1日,《人民日报》社论宣告:"我国开始执行国家建设的第一个五年计划"。

虽然计划经济的基本框架已经形成,但在最初还是强调要发挥价格等市场机制的积极作用。1953年年初,毛泽东曾指出,"在农业方面,除国营农场外,还不可能施行统一的有计划的生产,不能对农民施以过多的干涉;还只能用价格政策以及必要和可行的经济工作和政治工作去指导农业生产,并使之和工业相协调而纳入国家经济计划之中"。[①] 1953年4月,《中共中央关于应当重视手工业的指示》提到,"对于手工业者,也应如同对待小生产者的农民一样,采取十分慎重的态度,主要是靠价格政策,市场产销关系,辅以必要可行的政治工作和经济工作教育指导他们,影响他们,慢慢引导他们纳入国家计划经济的轨道,而不可任意地制定计划,强制他们发展哪一行或闭歇哪一行,增产多少或减产多少"。

1954年2月,中共中央七届四中全会通过"过渡时期的总路线",提前进行社会主义改造。过渡时期总路线提出:"实现国家的社会主义工业化的中

[①] 顾龙生:《毛泽东经济年谱》,中共中央党校出版社,1993年版,第317-318页。

心环节是发展国家的重工业,以建立国家工业化和国防现代化的基础"。毛泽东在修改《关于党在过渡时期总路线的学习和宣传提纲》时,在"总路线的实质,就是使生产资料的社会主义所有制成为我国国家和社会的唯一的经济基础"的后面加上了"我们所以必须这样做,是因为只有完成了由生产资料的私人所有制到社会主义所有制的过渡才有利于生产力的迅速向前发展,才有利于在技术上起一个革命,把在我国绝大部分社会经济中使用简单的落后的工具去工作的情况,改变为使用各类机器直至最先进的机器去工作的情况,藉以达到大规模地出产多种工业和农业产品,满足人们日益增长的需要,提高人民生活水平,确有把握地增强国防力量反对帝国主义的侵略,以及最后巩固人民政权,防止反革命复辟这些目的"。①

1956 年,中国共产党提前完成工业、手工业和农业的社会主义改造,实现了向社会主义过渡,开始进入社会主义社会,中国的社会主义经济体制初步形成。当时对资本主义工商业进行的社会主义改造是通过多种形式的国家资本主义,采取赎买的方式进行的,也就是让资本家从他所经营的企业中获得一部分利润。在全行业公私合营以前,资本家所得可占全部盈余的25%左右;在全行业公私合营以后,发给他们固定的股息,一般是年息5%,共发了10年。

挫折引出的认识:"需要有一个发展商品生产的阶段"

如何建设社会主义,在马克思那里还只是一个粗线条的思路设想,其在研究中的主要精力集中于分析资本主义生产方式,揭示其为社会主义取代的历史必然性。在马克思看来,资本主义的基本矛盾是生产社会化与资本主义生产资料私有制之间的矛盾。这种私有制决定了一方面单个企业的内部生产存在有组织的严格的计划,而另一方面在整个社会范围内,企业之间相互竞逐呈现出整个社会生产的无政府混乱状况。正是这样的矛盾,导致资本主义国家经济危机频繁发生。恩格斯认为,随着资本主义私有制的消

---

① 中共中央文献研究室:《建国以来重要文献选编(第一册)》,中央文献出版社,1993 年版,第 405 页。

灭,社会主义公有制的建立,"从此按照预定计划进行的社会生产就成为可能的了"。①

俄罗斯在十月革命后,面对如何建设社会主义的问题曾产生很多争论。有"俄国马克思主义之父"之称的普列汉诺夫认为,按照马克思的理论,社会主义应该是在生产力高度发达、生产高度社会化的最发达资本主义的基础上实现,历史不能跳越其必要发展阶段,对社会主义的急于求成,会使经济遭到惨重的失败。列宁则指出,俄国的革命可以在帝国主义链条的薄弱环节率先建设社会主义,但他也指出,与各先进国家相比俄国人开始伟大的无产阶级革命是比较容易的,但是把它继续到获得最后胜利,即完全建成社会主义社会,就比较困难了。俄国的革命是开头容易,继续困难;而西方的革命是开头困难,继续容易。

当时俄罗斯还没有时间很好地考虑发展道路,就遇到外国干涉。战时的紧张和需求迫使刚执政的布尔什维克党把全部国家资产最大限度地集中到国家手中,立即实行全面国有化,进入计划经济。这本来是一种战时紧急状态下的临时措施,但"战时共产主义"的计划经济体制却被一部分人认为是社会主义的理想模式。布哈林和普列奥布拉任斯基将这一体制写入了通俗读物《共产主义ABC》,被翻译成20余国文字,影响甚大。

1992年春邓小平视察南方时,曾经提到他的入门读物是《共产党宣言》和《共产主义ABC》。《共产主义ABC》是一本宣传共产主义基本理论和主张的通俗读物,这本中译本不到十万字的小册子,影响了很多青年共产党员。毛泽东、朱德、刘少奇、张闻天、任弼时、李一氓、粟裕、宋时轮、左权、萧克、夏明翰、周文雍、邓发、彭真、彭德怀、恽代英、林育南、薛暮桥等早期共产党人,他们都曾提到受过此书影响。《共产主义ABC》明确指出无产阶级取得政权后,首先就要争夺大资本,实现国有化;其次要根据一个总的国家计划把所有的经济活动统一起来。

但是列宁很快认识到"直接用无产阶级国家下法令的办法在一个小农国家里按共产主义原则来调整国家的生产和分配"的做法是行不通的,于是

---

① 恩格斯:《社会主义从空想到科学的发展》,《马克思恩格斯选集(第三卷)》,人民出版社,1972年版,第433页。

提出了"新经济政策",在社会主义经济控制国家经济命脉的条件下,"转而采取市场的经济形式",恢复市场制度。① 但在列宁去世后,争论还在继续,《共产主义ABC》的作者布哈林坚持"新经济政策"和保留市场经济,而斯大林却坚持以计划经济推行工业化。斯大林主持完成的《政治经济学教科书》明确指出,"国民经济有计划(按比例)发展的规律是社会主义的另一项重要经济规律。它要求用计划来指导经济,对国民经济进行指导是社会主义国家的经济组织职能的最重要特征"。

中国的社会主义怎么建设和发展,也是中国共产党面临的全新课题。当时所能学习的对象只有苏联模式。1953年,毛泽东号召全党全国掀起一阵学习苏联的新高潮。当时还测算了苏联在实现工业化的进程中,完成每一步的时间表。毛泽东在1959年11月的一次谈话中也提到,"由于我们没有管理全国经济的经验,所以第一个五年计划的建设,不能不基本上照抄苏联的办法"。② 1956年,毛泽东看到斯大林1946年在一次演说里讲到,苏联在1921年产钢400多万吨,1940年增加到1 800万吨,20年中增加了近1 400万吨。让毛泽东想到"苏联和中国都是社会主义国家,我们是不是可以搞得快点多点,是不是可以用一种更多更快更好更省的办法建设社会主义"。③

其后的"大跃进"和人民公社运动,表现出急于求成的心态,"浮夸风""共产风"开始泛滥起来,严重违背客观规律。1958年8月的北戴河会议决定1958年钢产量为1 070万吨,比1957年翻一番。在"以钢为纲,全面跃进"的口号下,全国开展空前规模的大炼钢铁运动。1958年4月2日,中共中央发出了《关于继续加强对残存的私营工业、个体手工业和小商小贩进行社会主义改造的指示》,决定对城镇个体工商业者采取更加严厉的限制和改造措施。

这样的日子没过多久,到了1958年年底和1959年年初,粮食就出现了

---

① 列宁:《致格·马·科尔日扎诺夫斯基》,《列宁全集(第52卷)》,人民出版社,1988年版,第40页。
②③ 毛泽东:《读苏联〈政治经济学教科书〉的谈话》,《毛泽东文集(第八卷)》,人民出版社,1999年版,第117页。

严重紧缺。1959年春节刚过,人均每天吃不到半斤粮食。全国农业生产受到沉重的打击,农民生活发生严重的困难。

1961年4月10日,国务院副总理兼秘书长习仲勋受毛泽东、周恩来、邓小平委托率队到河南长葛调查,他带领中央工作组在长葛住了135天,深入基层做广泛调查,向中央与河南省委连续写出11份调查报告,系统地提出了解散公共食堂、保护农村劳动力、实行多劳多得分配制度、顺应市场规律、包产到户经营等多方面的意见和建议。习仲勋在调查中发现,农村实行的这种计划经济行不通,而顺应市场能够解决当时的困局。他提出,政府应把伸出的手缩回来,按照市场规律办事。1961年8月7日,习仲勋代表中央工作小组给党中央和邓小平写的《长葛县和尚桥镇市场情况的调查》中,明确提出顺应市场经济的要求,"不能只简单地用行政手段处理做买卖的问题。要学会用经济方法来组织和领导市场"。"对市场价格的管理,不能采取简单的限价办法,也不能放任自流。主要靠经济活动的方法,如积极组织货源,增加商品上市量;国营商店、供销社参加集市贸易等。在行政管理上最好是利用税收杠杆来调节,对于应当限制的,课以重税。这样,既可以增加财政收入,又不影响活跃市场"。[1] 习仲勋提出这些意见,在当时是要冒很大风险的。

在"大跃进"和人民公社运动出现偏差后,毛泽东等中央领导人也开始重新思考计划与市场的关系。1958年11月的第一次郑州会议上毛泽东提出,"我国是商品生产很不发达的国家,比印度、巴西还落后",所以"需要有一个发展商品生产的阶段"。"现在要利用商品生产、商品交换和价值法则,作为有用的工具,为社会主义服务"。[2] 在会议开始时,毛泽东还专门向参会的九个省委第一书记询问了各地商品交换情况。毛泽东提到1958年10月召开的西安会议上有人提到要取消商业,他认为,每一个人民公社除生产粮食,必须大量生产经济作物,能够赚钱的,能够交换的,有农产品,有工业品,总之是生产商品。在会议期间,毛泽东反复讲商品生产不能与资本主义混

---

[1] 孙斌、于茂世:《习仲勋1961"长葛调查"》,《大河报》2014年4月10日。
[2] 毛泽东:《关于社会主义商品生产问题》,《毛泽东文集(第七卷)》,人民出版社,1999年版,第435-436页。

为一谈,指出在社会主义社会还要搞商品生产。为了集思广益,1958年11月13日,毛泽东发电报给刘少奇和邓小平,建议讨论现阶段要商品好还是不要商品好。随后,刘少奇主持中共中央政治局会议讨论了斯大林的《苏联社会主义经济问题》。在取得共识的基础上,同年在武昌召开了党的八届六中全会,会议通过了《关于人民公社若干问题的决议》。《决议》指出,人民公社的商品生产和商品交换,必须有一个很大发展。在纠"左"过程中,这个决议的正确性得到了人们的公认。1962年,刘少奇主持经济调整工作时提出了"三自一包"和"四大自由"政策。"三自"即自留地、自由市场、自负盈亏,"一包"即包产到户。"四大自由"即土地租佃和买卖自由、借贷自由、贸易自由。

经济学家的困惑和思考

1956年,受国内经济形势和苏共二十大的影响,中共中央开始反思斯大林模式问题。在苏共二十大召开的当天,毛泽东开始听取各部门汇报,研究中国发展问题。这次反思的结果是4月25日发表了《论十大关系》。在这个报告中,毛泽东强调了关注提高人民群众福利和进一步发扬民主的问题。毛泽东提出"一定要努力把党内党外、国内国外一切积极的因素,直接的、间接的积极因素,全部调动起来"。也是在这期间,他提出了"百花齐放,百家争鸣"的方针,号召大家提意见,"敢于说话,敢于批判,敢于争论"。这些讲话激发了广大知识分子的热情,将自己的思考勇敢地表达出来。

《经济研究》1957年第3期发表了顾准的《试论社会主义制度下的商品生产和价值规律》一文,对计划经济进行反思,提出社会主义的生产也可以由市场规律自发调节,让价格自发涨落,即用真正的市场规律来调节生产的重要观点。在文中,他直接写道,"社会主义体系的全部细节是马克思、恩格斯所没有全部预见,也不可能全部预见的"。他利用货币作为分配工具论证了经济核算的必要性与经济核算的方法,指出纵然在单一的全民所有制中也同样需要利用商品、价值、货币等经济范畴,也同样需要有市场。他把市场经济看作社会主义经济制度的必由之路。

斯大林的《政治经济学简明教程》和《苏联社会主义经济问题》在当时影响很大，可以说构筑了当时中国经济学界的理论基石，占有了决定性的统治地位。这两部著作把计划经济同价值规律对立起来，认为计划经济是受国民经济有计划（按比例）发展规律支配的，价值规律仅被用来作为经济核算工具。而顾准不仅对此理论质疑，还结合苏联当时的经济状况，认真分析苏联实行的计划经济模式，从中发现其模式缺少价值规律的作用，致使苏联建国后的近40年里农业、轻工业呈停滞状态，认为这样的结果正是因为苏联废除了市场经济制度。而当时的中国，正沉浸于"三大改造"成功实现、计划经济体制初建的兴奋中。在这样的时候，表达这样的意见是需要极大勇气的。而顾准此时，还处于戴罪之身，就更加显得了不起了。多年后，前国务委员兼财政部部长的张劲夫在纪念顾准的文章里写道，"在当时的时代背景下能提出这样重要的看法是相当难能可贵的"。[①] 1984年10月20日，党的十二届三中全会通过《中共中央关于经济体制改革的决定》时，邓小平曾十分感慨地说："过去我们不可能写出这样的文件，没有前几年的实践不可能写出这样的文件。写出来，也很不容易通过，会被看作'异端'。"

顾准于1915年出生在上海一个小商人家庭，由于父亲经营不善，致使家道中落，母亲不得不外出做些洗衣打杂的零工以贴补家用。可以说，顾准很小就感受到了市场经济的无情。12岁的顾准因家境贫寒，无力继续读书，只能进入上海立信会计师事务所当起了练习生。在这里，他通过自学，竟成为一代会计名家，充分显示了专业才华和研究能力，出版了多部会计专著，其中《银行会计》作为国内第一本银行会计教材，被各所大学广泛采用，顾准也被多所大学聘为会计教授。顾准也是在这里接触到了马克思主义思想，其后加入了中国共产党，先后担任过上海职业界救国会党团书记、江苏省职委宣传部部长、江苏省委副书记等职。1940年他前往苏南抗日根据地，参与根据地的财政工作。1943年他赴延安中央党校学习，受到了陈云的赏识。1946年回到苏皖边区后，先后担任中共华中分局财委委员兼淮阴利丰棉业公司总经理、苏中区行政公署货管处处长、山东省财政厅厅长等职。他不仅

[①] 张劲夫：《关于顾准的一件重要史实》，《顾准追思录》，中央编译出版社，2015年版，第24页。

担任财经领导工作,还实际参与了经济工作。1949年5月,上海解放后,他任上海市财政局局长兼税务局局长、上海市财经委员会副主任和华东军政委员会财政部副部长,为新中国成立后上海的财税工作作出了很大贡献,特别是在上海稳定市场的"财经战役"中发挥了重要作用。

顾准有着深厚的资历,但是他却始终不改思想家的本色,在工作中,勤于思考,敢于表达自己意见。1952年后由于反对运动式征税,受到撤销党内外一切职务的处分。但顾准并没有消极,而是更积极从事经济研究工作,关心国家经济建设。1956年毛泽东"论十大关系"讲话发表后,顾准马上写下了两万多字的学习心得,提出应当把等价交换政策看作遵循价值规律这一客观规律办事等看法,接着用了近一年时间,写出了《试论社会主义制度下的商品生产和价值规律》这篇宏文。

当时能理解顾准思想的人很少,科学院经济研究所所长孙冶方就是一个。孙冶方大顾准七岁,比顾准早十年入党,也是通过自学成为著名的红色经济学家,同样曾在十里洋场见识过市场经济的众生相。孙冶方和顾准相识,也是在上海。王元化曾回忆他们之间的关系:抗战初期在隶属江苏省委的文委领导下工作,顾准是他的领导,那时文委书记是孙冶方,顾准是文委负责人之一,他以自己曾在他们两人领导下从事文化工作而感到自豪。顾准和孙冶方又先后在苏南根据地、解放后的上海共事。1956年,两个老朋友又先后调到了中国科学院经济研究所,孙冶方任所长,顾准任研究员。顾准在写作《试论社会主义制度下的商品生产和价值规律》期间,经常和孙冶方讨论,他的思想也深深影响了孙冶方。

1983年2月,孙冶方在病床上向两位学生(也就是著名的经济学家吴敬琏和张卓元)交代后事:将来替他整理出版文集时,一定要把刊登在1956年第六期《经济研究》上的《把计划和统计放在价值规律的基础上》一文中的后记原文附上,不能遗漏。原来,他在后记中写了四段话,其中第二段是这样写的:"还在今年初夏,吴绛枫(即顾准的笔名)同志就提出价值规律在社会主义经济中的作用问题,来同我研究,并且把马克思在《资本论》第二卷的那一段关于价值决定的引证指证给我看。我在那时虽然感觉到那是一个很重要的理论问题,可是因为即将要出国去苏联考察统计工作而未能对这个问题作深入学习。此外,那时在自己认识中,也没有意识到这一个理论性问题与统计工作有如此直接的联系。"受顾准的影响,孙冶方提出了价值规律是社会主义经济发展基础的观点。他认为价值规律的作用,在资本主义、社会主义以及将来的共产主义都是存在的。并在此基础上,对计划经济的弊端进行了批评。但是孙冶方有所保留,没有像顾准那样旗帜鲜明地提出让市场规律自发调节生产,而是再三说明他讲的"价格规律"是"第二号价值规律",而不是那种听任价格自发调节的市场规律。

在顾准被下放农村后,孙冶方依然坚持相关研究,还和当时的国家计委副主任薛暮桥、中宣部科学处处长于光远联名发起双周讨论会,邀请在北京的经济学家和经济工作者参加,围绕商品经济和价值规律等问题进行讨论。

毛泽东在1959年3月讲到"价值法则,等价交换,这是客观规律,客观法则,违反它,要碰得头破血流"[1],这给孙冶方很大的鼓励。4月在上海和平饭店主办的"商品生产和价值规律讨论会",包括薛暮桥、孙冶方、于光远、蒋学模、王亚南在内的共245位经济学家和经济工作者参会,提交了54篇论文、23篇调查报告,集中讨论了社会主义制度下商品生产和价值规律等问题。年轻的吴敬琏、张卓元做会议记录。

当时经济研究所还有一位的特殊的研究员,就是曾任中共中央总书记的张闻天,以"右倾机会主义分子"的戴罪之身被安排在经济研究所担任特约研究员。在讨论期间,张闻天还到江苏、上海、浙江、湖南等地调研,了解第一手的资料,回京后向中央写报告,建议中央有计划地扩大集市贸易,使之成为全国市场的一个组成部分,允许农民完成交售任务后自由出卖粮棉农副产品,允许个体商贩扩大商品流通地域。

当时在经济研究所工作的青年经济学家吴敬琏还写文章批判过孙冶方,如《经济研究》1964年第12期发表的《社会主义生产目的不容歪曲》等,但是后来也在顾准的影响下发生了转变。顾准被打成右派下放农村后,还是坚持独立思考。1962年"脱帽"回经济所工作后,顾准依然坚持倡导市场

---

[1] 毛泽东:《毛泽东在中央政治局扩大会议上的讲话记录》(1959年3月5日),《毛泽东传(1949—1976)(下册)》,中央文献出版社,2003年版,第921页。

经济,在多次学术讨论会上,反复阐述市场经济体制对社会主义的重要性。吴敬琏被深深震撼了。在"十年浩劫"中,吴敬琏在干校跟着顾准一起读书、讨论。即使在干校,顾准还是坚持穿着早年上海绅士的西装背心、背带西装裤,戴着一副玳瑁眼镜,每天坚持读书、思考和写作。吴敬琏深深理解了顾准,顾准的思想也深深影响了吴敬琏,在此后的岁月里,吴敬琏始终坚持市场取向的研究。1974年深秋,弥留之际的顾准对病床前的吴敬琏说,"中国的神武景气终将到来",要他坚持研究,"待时守机"以报效国家。改革开放后,吴敬琏始终坚持市场取向的改革主张,通过分析和比较计划和市场两种资源配置方式的交易成本,论证了我国建立社会主义市场经济的合理性与必然性,被誉为"吴市场"。吴敬琏一再指出,"顾准是中国经济学界提出社会主义条件下实行市场经济的第一人"。①

  在当时的经济学界,还有很多学者在默默地观察和思索着。曾经立志从事社会主义经济理论和中国现实经济研究的厉以宁,这时也因"右派"身份而不得不在北京大学经济系图书资料室里阅读、翻译西方经济学著作。他阅读哈耶克和米塞斯,关注西方学者与波兰经济学家兰格之间围绕社会主义经济的论战。他在诗词中表达了他的困惑:"高炉余火映红霞,农舍停炊社即家,岂止城中遭苦雨,溪头荠菜不开花。""雀跃千家,欢腾万户,前年此日敲锣鼓。牛羊鸡鸭尽归公,三餐粥菜同锅煮。税赋依然,向谁诉苦,榆槐皮剥皆枯树。人间行路已艰难,天堂分外难行路。"他尝试通过对外国经济史的研究,来反思中国当时的农业危机,先后发表了《1933年以前美国政府反农业危机政策的演变》(《北京大学学报》1962年第3期),《美国罗斯福新政时期的反农业危机措施》(《北京大学学报》1963年第5期)等论文。在对西方经济学和经济史著作的阅读和现实的关怀中,他开始对传统的社会主义政治经济学产生了怀疑,对经济的认识也从单纯的学术与理论认识开始上升至政治的、伦理的、国家利益的高度。他开始认识到,经济学研究不可能是纯粹的学术研究,只有将经济学理论与政治学、伦理学结合起来,才能得出有益于创新与发展的理论。

---

① 吴敬琏:《中国需要这样的思想家》,《顾准追思录》,中央编译出版社,2015年版,第172页。

集市贸易在裂变中传承

集市贸易在我国有着4 000年以上的历史，是为了满足人们在生活和生产中互通有无的需要而自发形成的。早在先秦时期，就有"市井""日中为市"之说。相传最初是自发产生于人们经常打水的水井旁交易而得"市井"之名，随着集市的扩大，而形成城镇，并不断扩大。在古代，集市就已经遍布全国，遍地开花。北方称为"集"，长江流域称为"市"，华南地区称为"墟"，西南地区称为"场"或"街"。一经产生，就再未中断过。即使在被称为"自然经济"的中古时期，集市贸易依然在人们生活中扮演着重大角色。《齐民要术》中记载了大量农民生产农副产品到集市换钱的案例。隋唐实行坊市制度，而各种草市、墟市在城市周边应运而生，很快就冲破了坊市体制的局限，一大批新型城市因之兴起，打造了唐宋新经济。在4 000年的历史中，集市始终表现出强劲的生命力。

中华人民共和国成立初期，为了尽快恢复经济，中央人民政府于1950年11月提出了"组织恢复与发展城乡内外物资交流，大力开拓土特产品销路，稳定物价，发展生产，繁荣经济"的贸易方针，城乡集市出现一片欣欣向荣的景象。这也适应了当时农民互通有无和向城市人民供应少量农产品的需要。在集市上，各种商品价格随着市场供求关系自发调节。

1953年，国家对粮油等实行统购统销，对农村集市产生重大影响。虽然进行了大规模的社会主义改造，但对集市贸易还是留有口子。《人民日报》于1954年4月11日发表的题为《活跃初级市场，加强城市物资交流》的社论指出，"在原有的商业网发生变化以后，国营商业和合作社商业还不能把城乡交流的全部任务担当起来，不少地区的商业和合作社部门，还没有及时组织与安排可能和必要的市场交换与社会调剂，我们在商业的领导方面，仍然存在很大的盲目性……这也是造成目前初级市场不活跃和直接影响城乡物资交流的重要原因之一"。"为了活跃初级市场，促进城乡物资交流，当前首要的任务，就是积极进行农村粮食调剂工作。这就需要在集镇中设立由国家管理的粮食市场，使农民和消费者在场内按政策法令直接交易；同时，对于农民在粮食市场外彼此互通有无为目的而交易粮食的，只要不是卖给粮食商贩,也不应禁止……为了沟通城乡物资,组织私商的力量也是必要的和可能的,私人商贩在目前还是一个较大的力量,完全否认他们在过渡时期的作用是不对的,不利于国家经济生活的正常发展。"

1956年10月24日,国务院发布《关于放宽农村市场管理问题的指示》,规定部分农副产品在国家收购任务完成后,收购以外的鸡、鸭、鹅、鲜蛋及不属统一收购的中药材可以进入自由市场。1959年9月23日,中共中央、国务院发布《关于组织农村集市贸易的指示》,强调"农村集市贸易是社会主义统一市场的一个组成部分"。对集贸市场的原则、商品范围、市场价格、集市形式、参加对象、管理制度等做了规定。对于市场价格,规定对于国家统购物资剩余部分严格按照国家牌价,其余物资需服从市场物价管理,对一些零星细小的商品可由交易双方自行议价。1960年11月3日,中共中央发出的《关于农村人民公社当前政策问题的紧急指示信》里指出,"在农村里,应该有领导地有组织地组织集市贸易,便利公社、生产队、生产小队和社员交换和调剂自己生产的商品,活跃农村经济。除了粮食、棉花、油料等主要农产品只许卖给国家收购机关外,其他农产品和副产品,在完成规定的交售任务以后,都可以拿到集市上进行交易……必须在切实做好政治思想工作的基础上,坚决做到活而不乱、管而不死,既要有利于活跃农村经济,又要有利于完成国家的购销计划"。

这一段时期以来,虽然国家对集贸市场的口子一直开着,但是相关争论一直没有停止。在1958年第一次郑州会议上,毛泽东阐述了当时仍有发展商品生产和生产交换的必要,批评"有些号称马克思主义的经济学家表现得更'左',主张现在就消灭商品生产,实行产品调拨",认为"只有发展商品生产和商品交换,才能有效地发展社会主义经济"。毛泽东还指出"京津沪郊区农村之所以比较富裕,是因为这些地方商品生产和商品交换比较发达"。①

当时对集市贸易的非议,还有认为其价格过高的。有人指出当时猪肉的市场价格比国营牌价高出433.3%,鸡蛋高出300%。1961年习仲勋在长

---

① 毛泽东:《读苏联〈政治经济学教科书〉的谈话》,《毛泽东文集(第八卷)》,人民出版社,1999年版,第117页。

葛调查中也遇到这个问题,习仲勋带领中央工作组调查后指出,市场价格过高主要是因为求过于供,有些是市场物价管理得过死造成的。他认为"市场价格是随着商品的多少而起落的,只要产品上市量大增,价格就会自然降落"。他指出,"一斤重的家兔市场开放初期 4 元左右,现在每只 0.7 元。韭菜由每斤 0.2 元下降到 0.1 元,甜瓜由 0.6 元降到 0.2 元,不少商品已接近或低于国家牌价水平"。① 而他这一结论也被集市贸易此后的发展所证实。1962 年年底 14 个大中城市统计,集市贸易市场价格比 1961 年平均下降了 54%。

习仲勋在调查中,还注意到当时存在的黑市贸易。他指出如果管得过死,"照样有人买卖,只是转入黑市交易了"。1962 年,中国科学院经济研究所特约研究员张闻天在江苏、上海、浙江、湖南四个省(市)的城镇、农村进行了 3 个月的实地调研,在给中央报告中也提到了"黑市价格","国家在计划市场上按计划价格供应的工业品(包括食品工业的产品)在集市上都有黑市价格(自由价格)。在那里甚至国家的各种票证和购货证也都有黑市价格。这些黑市价格都比国家计划价格高得很多"。② 张闻天将黑市价格称为"自由价格",认为黑市形成的原因是"国家对集市贸易管理太严、限制太死,使他们不能自由卖出他们的农副产品并买入他们所需要的物资",提出"许多人为的限制并不能取消黑市,却反而助长了黑市物价的上涨,给投机商人以更多机会。而在限制较少的集市,上市物资就比较多些,物价就比较低些,投机倒把也比较少些"。他指出,"农民对国家开放集市贸易是满意的,因为他们可以高价卖出他们的农副产品,同时也可以买进(虽然也是高价)一部分国家所不能供应的生产资料和生活资料"。③

1956 年后,集市贸易有所放开,曾出现了一段较好的发展时光。"大跃进"和人民公社运动之后到 1961 年,全国农村集市发展到 41 000 多个,集市贸易成交总额占社会商品零售总额的 7.2%。1962 年 9 月 27 日,中共中央《关于商业工作问题的决定》还专门对其存在的客观必然性作了说明:"在农业经济还是集体所有制,在农村还保存着社员自留地和家庭副业的情况下,

---

① 孙斌、于茂世:《习仲勋 1961"长葛调查"》,《大河报》2014 年 4 月 10 日。
②③ 张曙光:《张闻天在经济所》,《炎黄春秋》2015 年第 3 期。

集市贸易是农民之间互通有无、调剂余缺的场所,是不以人们意志为转移的客观需要。如果认为,对于集市贸易,可以想开就开,想关就关,这是不对的。"《李鹏回忆录》提到,"那时大家生活都很困难,我作为高级技术人员,国家给了一些优待,所以生活条件比一般工人要好一些。小琳出生后,营养品的需求量增加了,食品需求也增加了,我当时骑着自行车到郊区的市场上买了一些蔬菜、鸡蛋、小米等副食品,给大琳补充营养"。① 这也反映了供求双方都有对于集市贸易的需求。

1963年"四清"运动开始"割资本主义的尾巴"。意思是当时已经进入社会主义,但是还留有资本主义的尾巴,要把这些留有的资本主义尾巴割掉。集市贸易首当其冲,农民的自留地,私人喂养猪、牛、羊、鸡去集贸市场买卖,进城从事补锅、修车、缝纫、修鞋等,都成了"资本主义尾巴"。接下来的10年,"兴无灭资""斗私批修"的口号铺天盖地而来,集市贸易更被视作"滋生资产阶级的土壤"。但是现实需求在那里,公开的集市贸易萎缩的同时,一些"黑市交易""低下贩运"代之兴起,屡禁不止。20世纪60年代末到70年代初,农村出现大量劳动力"外流"去打散工,也有农户以自己的产品进城交换。大队干部从严防死守、办学习班,到收取"外流管理费"。农民的"地下市场"的行为冲击着传统的计划经济体制,这必然冲开缺口。

无论形势多么紧张,集市贸易都不曾中断。根据《中国市场年鉴》,1966—1976年,农村集市数始终维持在30 000个上下,商品成交额维持在100亿元左右。这些市场经济的火种,在改革开放初期开启了"农村包围城市"式的进程。

除了在农村与城乡结合部保留着集贸市场,当时的中国也还保留着各个连接外部市场的窗口。如1957年创办的广交会,即中国出口商品交易会,至今已经举办了一百余届,中间无论遇到什么样的风波,一直都没有中断。这个跟资本主义国家进行商品交换的桥头堡,一直照常运行,被认为是一大奇迹。它连通了中国与世界的贸易,对接两种体制的脉络,被称为"政治裹挟下的商业火种"。它在改革开放后成为"中国制造"走向世界的有力平台,

---

① 李鹏:《李鹏回忆录(1928—1983)》,中国电力出版社,2014年版,第291页。

成就了珠三角地区的"先行先试"奇迹。

中华人民共和国成立后,以港澳为窗口,开辟了通达外部市场经济的桥梁。解放初期,针对帝国主义封锁,中央决定中国人民解放军止步罗湖桥,1949年发生九龙关起义,新中国还是主动留下了外部世界的窗口,以利冲破帝国主义重重封锁,通过外贸将粮食、药品、机械器材、汽油等战略物资运进新中国。一批爱国商人加入这个队伍中,不仅在特殊时期搭起来连接外部市场的通道,而且在日后的改革开放中继续发挥更大的作用。

第三章

新时期不断演进的改革目标

1976年10月中国迎来了粉碎"四人帮"的重大胜利,其后在拨乱反正进程中开启了改革开放的新时期。

1979年11月26日上午,邓小平在会见美国不列颠百科全书出版公司副总裁弗兰克·吉布尼时指出,"说市场经济只存在于资本主义社会,只有资本主义的市场经济,这肯定是不正确的。社会主义为什么不可以搞市场经济,这个不能说是资本主义。我们是计划经济为主,也结合市场经济,但这是社会主义的市场经济"。[①] 对于改革的市场经济取向,邓小平心中早有定见,但在当时各方面的条件还不成熟,只能采取渐进改革推进。"摸着石头过河"的政治智慧,缓冲了各种阻力,给出了试错创新的空间,在指令性计划体制之外逐渐培养起一个市场经济。虽然经历了一个较长的过程,但相对平稳地实现了从计划经济体制向市场经济体制的转型。

"市场经济"的概念在高层被再次提起

1969年10月,邓小平被下放到江西省新建县拖拉机修造厂参加劳动。在这里,他感受着工人阶级的质朴,也了解了他们生活的艰难。

这时,陈云在南昌,被安置在一个化工石油机械厂劳动,他比邓小平早

[①] 中共中央文献研究室:《邓小平年谱(一九七五—一九九七)》,中央文献出版社,2004年版,第580-581页。

一年回到北京。陈云一回到北京,就积极组织研究国外经济形势,主持对外贸易工作。陈云提出"对资本主义要很好地研究"。为研究资本主义,研究世界市场价格、国际金融和货币,陈云提出要组建相关研究机构,培养研究人才。

1973年,邓小平复出,回到北京。年轻时就在法国见识过现代工业文明的邓小平,面对满目疮痍的经济现实,忧心忡忡,提出全面整顿经济。在无法治本的情况下,他尽力治标,努力把国民经济搞上去。

1976年,当中国人重新审视世界时,惊奇地发现世界经济在这几十年间已经有了很大发展。不仅西方国家通过科技革命,推动了社会生产力的空前发展,实现了经济的飞速发展,就是东欧社会主义国家也开始对计划经济进行了反思和改革。波兰成立经济改革委员会,减少中央指令性计划,扩大企业自主权。匈牙利成立中央经济政策委员会,在生产资料社会主义所有制基础上,把国民经济有计划的中央管理同商品关系及市场积极作用有机地联系起来,给予经济单位更多权利,国家主要以税收、补贴、工资、信贷、价格等方面的政策进行间接干预和调控。捷克斯洛伐克共产党中央通过了《关于改善国民经济计划管理的主要方针》,决定减少计划指标,扩大企业权限,改革价格政策,实行物质利益原则等。罗马尼亚共产党逐步实行国民经济计划和领导工作新体制,加强经济手段的作用和扩大企业及地方的自主权。民主德国共产党制定了《国民经济计划与管理的新经济体制准则》,减少指令性计划指标,扩大企业自主权,广泛运用经济杠杆。阿尔巴尼亚共产党也采取了有限下放经济管理权的措施。这些改革使这些国家的国民收入有显著增长,人民生活得到一定改善。

此时,中国领导人的注意力开始转向如何"迅速地把国民经济搞上去",将经济发展提到政策核心。从1977年开始,国家陆续派出多个代表团到欧洲、日本、中国港澳等地考察访问。1978年6月下旬,华国锋在听取谷牧访问欧洲五国汇报后,感叹道:"原来认为距离2000年只剩下22年,很快就过去了,一考察,日本搞现代化只有十三年,德国、丹麦也是十几年,我们可以赶上去。"① 华国锋表现了对引进外资和技术设备的热情和支持,提出"一定

---

① 《康世恩传》编写组:《康世恩传》,当代中国出版社,1998年版,第349页。

要学习外国的好经验,其中包括学习科学技术,学习经营管理经验,开展广泛的经济合作"。一起参加汇报会的叶剑英、李先念等同志也都表示:"是下决心采取措施实行的时候了。"

1978年7月至9月,国务院连续召开务虚①会议,主题是研究如何加快中国四个现代化建设的速度问题。务虚会跨时2个月零5天,期间举办了23次会议。会议形式灵活、气氛宽松,大家自由发言,畅所欲言。讨论中,大家都很兴奋,调子越来越高。已复出的邓小平提出在几年内要争取引进800亿美元的资金,李先念提出要组织国民经济的新的大跃进。陈云向主持会议的李先念提出,会议最好再多开几天,多听听反面意见,并表达了他的担忧。他的这一态度实为后来进行3年经济调整工作的铺垫——在结构调整中,更多地关注了人民生活的改善。

这次会议虽名为务虚,不做决定,但意义重大,为全党工作重点的转移和改革开放,作了理论和舆论上的准备。华国锋在会上提出"思想再解放一点,胆子再大一点,方法再多一点,步子再快一点"。参会人员也真正做到畅所欲言,对新中国成立以来的经验教训和未来经济发展,都从各个方面谈论到了。还有不少谈话,直接冲击了一些长期以来的禁区。许多经济学家批评了要求消灭商品货币关系的"左"倾观点,提出应更多地发挥价值规律的作用。孙冶方重提"千规律,万规律,价值规律第一条";薛暮桥提出应当为长途贩运平反,要利用市场活跃流通,等等。

李先念代表中共中央和国务院对会议作的总结报告中,强调实事求是和遵循客观规律对发展经济的重要性,指出"要实现现代化,必须勇敢地改造一切不适应生产力发展的生产关系和不适应经济基础要求的上层建筑,放手发挥经济手段和经济组织的作用",并提出了"计划经济与市场经济相结合"的观点。

李先念提出的这个主张是得到当时中央很多同志认可的。李先念在1979年2月22日听取人民银行汇报时,就提及他曾同陈云谈过计划与市场

---

① "务虚"是毛泽东创造的新名词,指通过漫谈,对现有官方理论不能解释的事物重新释义,借以统一宣传口径,并非学术性的理论研讨。

的问题。陈云同意"在计划经济前提下,搞点市场经济作为补充。计划经济和市场经济结合,以计划经济为主,市场经济是个补充,不是小补充,是大补充","国内要竞争一下"。① 邓力群在 1979 年 8 月 27 日为国家经委企业管理班讲话时也提到,"李先念同志在今年四月的中央工作会议上,根据陈云同志的意见,提出了计划调节和市场调节相结合,以计划调节为主,同时充分重视市场调节的作用。"

邓小平:社会主义也可以搞市场经济

1974 年 4 月 6 日至 19 日,邓小平率中国政府代表团前往美国纽约出席联合国大会第六届特别会议。归国途中,邓小平取道法国巴黎,特意在巴黎待了两日。这离他 1926 年从巴黎返国已经过去了近半个世纪。他想去当年住过的旅馆看看,那是位于意大利广场的一家小旅馆,他和周恩来就是在那里从事革命工作的。但是经大使馆的工作人员帮助查访,这家小旅馆已不复存在。邓小平又请使馆工作人员帮助到巴黎街头购买咖啡、法式牛角面包和奶酪。回国后,亲自将牛角面包、奶酪分份,派人送给当年同在法国勤工俭学和参加革命活动的周恩来、李富春、聂荣臻、蔡畅等人。第二年 5 月 12 日,邓小平正式出访法国,参观了农场和工厂。邓小平在感叹法国五十年间的惊人变化的同时,也忧心中国的落后。

1977 年 7 月,邓小平第三次复出。一开始他并没有就经济体制做太多发言。这一时期,他的重心在政治思想领域的拨乱反正。在党的十届三中全会通过恢复邓小平原任的党政军领导职务的决议后,邓小平即在会上发表讲话,指出要完整地、准确地理解毛泽东思想。他提出毛泽东倡导的作风中最根本的东西是群众路线和实事求是。8 月至 9 月,邓小平多次召开座谈会,强调不抓科学、教育,四个现代化就没有希望,积极推动科技和教育战线的拨乱反正。

8 月 4 日,在一个科学与教育工作座谈会上,大家提到现在教育质量堪

---

① 中共中央文献研究室:《陈云年谱(1905—1995)(下卷)》,中央文献出版社,2000 年版,第 236 页。

忧,进行了激烈讨论。武汉大学的查全性教授激动地站起来请求改变当时的大学招生办法,恢复高考。查全性的提议得到大家的共鸣,也引起了邓小平的注意。邓小平插话问大家对这件事有什么意见。吴文俊、王大珩等科学家都表示赞同查全性的意见。邓小平略一沉吟,说道:"既然大家要求,那就改过来,今年就恢复高考。"①查全性后来回忆说,邓小平全程参会,很少插话,认真地听代表们发言,关键处现场拍板,一锤定音。于是经过紧张准备,当年冬天就举行了全国高考,改变了千万人的命运,也改变了国家的命运。七七级大学生是在十年累积下的考生中以 1/25 的比例考取高校而于 1978 年年初进入大学校门的,其后 1978 年调整为常规的夏季考试秋季入学,并延续至今。恢复高考为国家培养了各行各业的大批人才,很多著名经济学家和市场经济精英就是当时通过高考走入大学校园,以后为中国市场经济的理论建设和实践作出了很大贡献。

其后一个时期,邓小平支持了真理标准的讨论,提倡实事求是和实践是检验真理的唯一标准。实行平反冤假错案,落实知识分子政策。

1978 年 12 月,邓小平为中央工作会议闭幕讲话所准备的手写提纲中,有"下放权力,自主权与国家计划的矛盾,主要从价值法则、供求关系来调节"这一条②。后来在正式讲话中,他删除了这一条。显然他作为政治家在权衡之后,此时还不想过早触及这个话题。邓小平当时对中国应当向何处去已有清晰的认识,坚信中国需要更深层的大变革,但还是必须采取渐进的办法,一步步来。但他还是不经意间透露出了他的想法。早在 1977 年 11 月 17 日,邓小平在广州听取中共广东省委负责人韦国清、王首道等汇报时,鼓励广州发展经济,提出有些问题需要中央解决,有些问题广东可以自己解决。要对外开放,发展旅游业。他提出以前比较好的政策,如按劳分配等都应该恢复。谈话中,他还嘲笑了"说什么养几只鸭子还是社会主义,多养几只就是资本主义"的一些规定。在平反冤假错案中,他也在积极地调整各种社会关系,如将小商小贩和小手工业者从原工商业者中区分出来,明确他们

---

① 卢平川、陈俊旺:《专访倡议恢复高考第一人:邓小平当场拍板赞成》,《楚天都市报》2007 年 1 月 31 日。
② 中共中央文献研究室:《邓小平思想年谱》,中央文献出版社,1998 年版,第 98 页。

社会主义劳动者的身份；摘掉农村地主和富农分子的帽子，给予公社社员待遇。这些措施都在为逐步松动计划经济做政治和舆论上的准备。邓小平1978年12月13日在中央工作会议闭幕会上做的正式讲话，提出要允许一部分地区、一部分企业、一部分工人农民"收入先多一些，生活先好起来"，也在当时引起很大震动。

邓小平第一次就市场经济与计划经济发言是在1979年11月26日。

这天上午，邓小平会见了美国不列颠百科全书出版公司副总裁弗兰克·吉布尼和加拿大麦吉尔大学东亚研究所主任林达光等。在谈话中，邓小平提出社会主义也可以搞市场经济的思想。他指出：

> 实现现代化确实是一场新的大革命。我们革命的目的就是解放生产力，发展生产力。离开了生产力的发展、国家的富强、人民生活的改善，革命就是空的。外资是资本主义经济，在中国占有它的地位，但是外资所占的份额也是有限的，改变不了中国的社会制度。社会主义特征是搞集体富裕，它不产生剥削阶级。说市场经济只存在于资本主义社会，只有资本主义的市场经济，这肯定是不正确的。社会主义为什么不可以搞市场经济，这个不能说是资本主义。我们是计划经济为主，也结合市场经济，但这是社会主义的市场经济。虽然方法上基本上和资本主义社会的相似，但也有不同，是全民所有制之间的关系，当然也有同集体所有制之间的关系，也有同外国资本主义的关系，但是归根到底是社会主义的，是社会主义社会的。市场经济不能说只是资本主义的。市场经济，在封建社会时期就有了萌芽。社会主义也可以搞市场经济。同样地，学习资本主义国家的某些好东西，包括经营管理方法，也不等于实行资本主义。这是社会主义利用这种方法来发展社会生产力，把这当作方法，不会影响整个社会主义，不会重新回到资本主义。[1]

邓小平后来在会见外宾时还多次谈到这个问题，并且强调社会主义和

---

[1] 中共中央文献研究室：《邓小平年谱（一九七五——一九九七）》，中央文献出版社，2004年版，第580-581页。

市场经济之间不存在根本矛盾,采用一些市场经济的办法不会改变社会主义制度的性质。他指出,"多年的实践证明,在某种意义上说,只搞计划经济会束缚生产力的发展。把计划经济和市场经济结合起来,就更能解放生产力,加速经济发展"。①

在当时,很多支持引入市场经济因素的意见,都还停留在过去的认识和表述上。一部分停留在新民主主义时期,认为新民主主义提前结束是不适当的,应该延续新民主主义政策。还有一部分停留在计划经济初期,认为在计划经济初期的设想中就包含了在部分领域允许部分市场因素的存在,"一五计划"就是成功的典范,可惜种种历史原因打断了市场经济的进程。这些认识的局限性都在于将市场经济作为资本主义的,非社会主义的,至多只是临时性阶段性的需要,最终是要被消灭的。虽然也提"市场经济",但更多只是把它作为"市场调节"的代用语。而邓小平第一次突破了姓"社"还是姓"资"的局限,认为市场和计划是手段和运行机制层次上的区分,社会主义与市场经济不存在根本矛盾,社会主义也可以搞市场经济。

陈云:笼子和鸟

陈云经常被称为"中国计划经济第一人""计划经济大师"。作为新中国财经最高负责人,陈云亲自设计并组织实施了中国计划经济体制。

陈云在红军时期就曾负责管理军需生产,抗战时期主持过陕甘宁边区财经工作,解放战争时期主持东北财经委工作,表现出卓越的财经管理才能。1949年5月受命进京筹建中央财经委员会,主管全国财经工作。1950年接替任弼时担任书记处书记,时称"五大书记",与毛、刘、周、朱并称,仍分管财经工作。当时有新中国"财头"之称,1951年参加中共第一次全国宣传工作会议时,陈云在自我介绍时,谦虚地说:"我这个财头是个外行。"②他在任内,发掘和培养了新中国大批财经管理人才,在财经领域具有

---

① 中共中央文献研究室:《邓小平年谱(一九七五—一九九七)》,中央文献出版社,2004年版,第1090页。
② 曹应旺:《开国财头陈云》,上海人民出版社,2005年版,第6页。

极高的威望。陈云提倡的"不唯上、不唯书、只唯实,交换、比较、反复"十五字工作方法,在财经领域影响深远。

实际上,陈云在最初设计统购统销制度和计划经济体制时,并没有完全将市场的门封闭,而是留有小口子。在党的八大时,陈云在发言中就提出了"社会主义市场"的概念,陈云说:"在工商业生产经营方面,国家和集体经营是主体,一定数量的个体经营是补充;在生产的计划性方面,工业生产按国家计划进行是主体,根据市场变化而在国家计划许可范围内的自由生产是补充;在市场方面,国家市场是主体,国家领导下的自由市场是补充。"[①]陈云设想的是"将决策权转给生产经营者自己掌握"。可以说从20世纪50年代开始,陈云就已经有了"计划经济为主,市场调节为辅"的思想了,并一直坚持着。此后,经过20多年的曲折,正反两面经验的积累,他这一思想就更加明确了。

党的十一届三中全会后,邓小平和当时主持财政工作的国务院副总理李先念商量,提议国务院成立一个财经委员会,请陈云担任主任,主持全国财经工作。李先念立即表示同意,主动提出愿意给陈云当副手。邓小平此时更多是从政治层面考虑经济问题,而在具体财经工作上,更多依仗陈云的深厚经验和稳健作风。陈云在此中国经济转型的关键时刻,再一次亲临第一线指挥。新成立的国务院财经委由12人组成,除陈云任主任、李先念任副主任,还有姚依林、余秋里、王震、谷牧、薄一波、王任重、陈国栋、康世恩、张劲夫、金明,他们成为新时期中国最高的经济决策班底。

陈云出任国务院财经委主任后的第一件事就是领导经济调整,要将有限的资源用到解决城乡人民生活中多年积累下来的问题上,切实做好综合平衡,以便为迅速发展奠定稳固的基础。陈云强调,不能再重走20世纪五六十年代勒紧裤带搞建设的老路了,必须下决心解决长期以来的生活欠账。他指出,当时农民普遍贫困;城市职工长期没有涨工资,生活困难,住房紧张;还有2000万人要安置就业,其中大中技各级学校毕业生和复员军人105万,知识青年320万人,插队知识青年700万人,城镇闲散劳动力230万

[①] 中共中央办公厅:《中国共产党第八次全国代表大会文献》,人民出版社,1957年版,第336页。

人,这些都是多年积累下来的欠账,必须解决。他提出,要集中力量把农业搞上去,提高农副产品收购价格,以利农民休养生息;提高城市职工工资,稳定城市物价,解决他们生活困难;调整轻重工业比例,改变优先发展重工业的战略,加快发展轻纺工业,重工业也要尽可能地生产生活用品;广开就业门路。这些措施对缓解社会矛盾,维护社会稳定,恢复党和政府的威信起了积极作用,调动了广大人民群众的积极性,为经济体制改革营造了良好的环境。

与此同时,陈云着手调整经济体制。1979年春,陈云起草《计划与市场问题》的研究提纲,梳理自己在这个问题上的思考。他从追溯计划经济的思想渊源入手,分析了计划经济的缺点,在此基础上进一步讨论了在社会主义经济制度下,计划经济与市场调节的关系。他写道,"60年来,无论苏联或中国计划工作制度中出现的主要缺点,只有'有计划按比例'这一条,没有在社会主义制度下还必须有市场调节这一条"。他指出:整个社会主义时期必须有计划经济和市场经济这两种经济,"在今后经济的调整和体制的改革中,实际上计划与市场这两种经济比例的调整将占很大的比重。不一定计划经济部分愈增加,市场经济部分所占绝对数额就愈缩小,可能是都相应地增加"。[①] 这份研究提纲披露后,对中国经济体制改革思路的形成,产生了重要的影响。

陈云在党的十一届六中全会前后,就"计划经济为主,市场调节为辅"的问题多次发表谈话。1982年1月25日,他邀请姚依林、宋平等人座谈,正式提出"计划经济为主,市场调节为辅"这一公式。1982年1月29日,孙冶方邀请刘国光、桂世镛、吴敬琏、王珏、徐雪寒、李人俊等同志座谈,学习讨论陈云关于"坚持计划经济为主,市场调节为辅"问题的讲话。

1982年12月2日,陈云出席五届全国人大五次会议,同上海代表团部分代表谈话时,又把"计划与市场"的关系比喻为"笼子"与"鸟"的关系。陈云说:"搞活经济是在计划指导下搞活,不是离开计划的指导搞活。这就像鸟和笼子的关系一样,鸟不能捏在手里,捏在手里会死,要让它飞,但只能让

[①] 陈云:《计划与市场问题》,《陈云文选(第三卷)》,人民出版社,1986年版,第244-247页。

它在笼子里飞。没有笼子，它就飞跑了。如果说鸟是搞活经济的话，那么，笼子就是国家计划。"①

陈云的这些思想，在当时的历史条件下，对解放思想，推动经济体制改革，重视市场因素，冲破高度集中的计划经济束缚，起了积极作用。此后，党和政府在实践中不断加深对市场经济的认识，在陈云认识的基础上又不断地向前发展。

计划经济为主、市场调节为辅

1978年7月6日至9月11日，国务院务虚会持续了两个月零五天。

1978年11月10日至12月15日中共中央工作会议开了36天。经过长时间的酝酿和准备，1978年12月18日，举世瞩目的中国共产党第十一届中央委员会第三次全体会议在北京京西宾馆开幕。经过五天的讨论，12月22日，大会闭幕，并通过了《中国共产党第十一届中央委员会第三次全体会议公报》（以下简称《公报》），作出把全党工作重点转移到社会主义现代化建设上来的战略决策，并且初步提出了经济管理体制改革问题。《公报》指出：

> 实践证明，保持必要的社会政治安定，按照客观经济规律办事，我们的国民经济就高速度地、稳定地向前发展，反之，国民经济就发展缓慢甚至停滞倒退。现在，我们实现了安定团结的政治局面，恢复和坚持了长时期行之有效的各项经济政策，又根据新的历史条件和实践经验，采取一系列新的重大的经济措施，对经济管理体制和经营管理方法着手认真的改革，在自力更生的基础上积极发展同世界各国平等互利的经济合作，努力采用世界先进技术和先进设备，并大力加强实现现代化所必需的科学和教育工作。因此，我国经济建设必将重新高速度地、稳定地向前发展，这是毫无疑义的。
>
> 现在我国经济管理体制的一个严重缺点是权力过于集中，应该有

---

① 陈云：《实现党的十二大制定的战略目标的若干问题》，《陈云文选（第三卷）》，人民出版社，1986年版，第320页。

领导地大胆下放,让地方和工农业企业在国家统一计划的指导下有更多的经营管理自主权;应该着手大力精简各级经济行政机构,把它们的大部分职权转交给企业性的专业公司或联合公司;应该坚决实行按经济规律办事,重视价值规律的作用,注意把思想政治工作和经济手段结合起来,充分调动干部和劳动者的生产积极性;应该在党的一元化领导之下,认真解决党政企不分、以党代政、以政代企的现象,实行分级分工分人负责,加强管理机构和管理人员的权限和责任,减少会议公文,提高工作效率,认真实行考核、奖惩、升降等制度。采取这些措施,才能充分发挥中央部门、地方、企业和劳动者个人四个方面的主动性、积极性、创造性,使社会主义经济的各个部门各个环节普遍地蓬蓬勃勃地发展起来。

在提到农村改革的时候,《公报》特别强调,"社员自留地、家庭副业和集市贸易是社会主义经济的必要补充部分,任何人不得乱加干涉",并表示要进一步提高农产品收购价格,缩小工农业产品交换的差价。

党的十一届三中全会是我国经济体制改革中具有深远意义的重大转折点,里程碑式地确立了解放思想、实事求是、改革开放,以经济建设为中心的基本路线,对中国经济体制存在的弊病及改革方向作出了清楚的判断,为中国经济社会以现代化为导向的转轨树立了正确的指导思想。

《公报》发表时,薛暮桥正在杭州组织写作《中国社会主义经济问题研究》,他在回忆录中描述了他在杭州看到《公报》时的兴奋心情。这本书他已经写了24年。1955年,时任中共中央宣传部部长的陆定一安排薛暮桥、于光远、孙冶方各写一本政治经济学教科书,描述社会主义经济体制。抗战时期薛暮桥为新四军教导总队编写适应中国国情的《政治经济学》培训教材,只用了3个月,这本书却写了24年。这24年间,中国经济体制起起伏伏,经过剧烈变动,书也始终无法完成。但24年间积累了丰富的经验教训,特别是后来极"左"的思想弥漫横行,给国家和人民带来了巨大伤害,也激励薛暮桥一定要把书写出来,认真探索社会主义经济体制。其间,书名也从《政治经济学(社会主义部分)》改为《中国社会主义经济问题研究》。1972年,薛暮桥回到北京,他继续抓紧写作。此前他已前后写了四稿,在干校劳动时也没有停止思考和写作。这本书于 1979 年年底由人民出版社出版时,已经是第七稿了,薛暮桥也已经 75 岁。此书一出版,就洛阳纸贵,3 年发行了 1 000 多万册,创造了中国出版史上的一个奇迹。不久,薛暮桥就接到命令,筹建国务院经济研究中心,组织研究经济体制改革问题。

早在 1975 年,邓小平组织国务院日常工作,开始全面整顿时,就组建了国务院政治研究室,负责搜集资料、政策研究、撰写文件,由胡乔木、胡绳、于光远、邓力群等人领导,在全面整顿中发挥了重要作用。党的十一届三中全会之后,国家经济建设进入新阶段,也遇到很多新问题,需要广泛地吸取意见,使国家重大经济决策更加科学,原来的座谈会形式已经不能满足这样的需求。中共中央财经领导小组和国务院决定委托薛暮桥负责筹建一个由经济专家和学者组成的非行政性的经济决策咨询机构。于是,国务院经济研究中心于 1980 年 7 月正式成立,由薛暮桥任总干事,马洪、廖季立任副总干事,孙冶方、许涤新、钱俊瑞、梅行、刘国光任干事;此后,又调入了陆百甫、马宾、徐雪寒、吴俊扬、季崇威、吴敬琏、佐牧等;同时设立国务院体制改革办公室,由薛暮桥任顾问,与经济研究中心一套人马两块牌子,直属国务院。经济研究中心还把国务院有关部委在京的经济研究院所共 18 个单位连接起来,建立了一个与学术界有广泛联系的决策咨询机制,为知识界在重大经济决策中参与意见提供了一个制度性渠道。1985 年后,薛桥暮由于年事日高,改任名誉主任,由马洪任主任。此后,党中央和国务院还成立多个这样的政策咨询机构,并且大胆吸收青年学者参加,既拓宽了解学界和基层声音的渠道,又为日后的市场经济体制改革培养了人才,如国务院经济体制改革研究小组(后改为体制改革委员会)的楼继伟、周小川、郭树清等;中央书记处农村政策研究室(后为国务院农村发展研究中心)的王岐山、林毅夫、周其仁等。

国务院经济研究中心成立不到 1 年,就拿出一份《关于经济体制改革的初步意见》(以下简称《初步意见》),这是提交高层会议讨论的总体性改革设想。《初步意见》提出:

我国经济体制改革的原则和方向应当是：在坚持生产资料公有制占优势的条件下，按照发展商品经济和促进社会化大生产的要求，自觉地运用经济规律，打破行政框框和自然经济思想的束缚，把高度集中的国家决策体系，改为国家、经济单位和劳动者个人相结合的决策体系；把单一的计划调节，改为在计划指导下，充分发挥市场调节的作用；把主要依靠党政机构、行政办法管理经济，改为主要依靠经济组织、经济办法和经济法规管理经济，调动各个方面的积极性，合理地组织各种经济活动，以最少的劳动消耗取得最大的经济效果，加速社会主义现代化建设。

《初步意见》提出了十个方面体制改革的设想，做出了"三步走"的战略规划。《初步意见》指出，"这种体制，吸取了国外的经验，但不同于苏联集中型体制，不同于南斯拉夫分散型的体制，也不同于匈牙利的体制，是从我国实际情况出发的"。《初步意见》出台后，中央领导决定提交当时召开的省市自治区党委第一书记会议讨论，薛暮桥在会上作了说明："在我们起草这个文件的时候，深深感到所谓经济体制改革的问题，是社会主义建设的根本方向。将来起草的经济管理体制改革规划，是一部'经济宪法'。"

《初步意见》，特别是其中关于商品经济的说法和潜在的市场取向，引发了很大的争议。因为当时中央的工作重心还是在如何进一步贯彻经济调整，对于经济体制改革问题，倾向于继续以陈云1979年的意见为指导方针。1980年10月中共中央书记处编辑出版了《陈云同志文稿选编》，为当时的调整工作提供理论支持。

1981年6月，党的十一届六中全会《关于建国以来党的若干历史问题的决议》中提到，"必须在公有制基础上实行计划经济，同时发挥市场调节的辅助作用"。

1981年11月，五届全国人大四次会议通过的政府工作报告中再次强调，"我国经济体制改革的基本方向应当是：在坚持实行社会主义计划经济的前提下，发挥市场调节的辅助作用"。

1981年12月，在各省市自治区第一书记座谈会上，陈云再次将自己在党的八大上的讲话和1979年的设想,概括为"计划经济为主,市场调节为辅"的原则,这个概念很快得到党内很多人认同,广为传播。

1982年9月,党的十二大通过的报告《全面开创社会主义现代化建设的新局面》提出,"正确贯彻计划经济为主、市场调节为辅的原则,是经济体制改革中的一个根本性问题。我们要正确划分指令性计划、指导性计划和市场调节各自的范围和界限,在保持物价基本稳定的前提下有步骤地改革价格体系和价格管理办法,改革劳动制度和工资制度,建立起符合我国情况的经济管理体制,以保证国民经济的健康发展"。

1982年12月4日,《中华人民共和国宪法》在五届全国人大五次会议上正式通过并颁布。将"计划经济为主,市场调节为辅"的认识正式写入了《宪法》,"国家在社会主义公有制基础上实行计划经济。国家通过经济计划的综合平衡和市场调节的辅助作用,保证国民经济按比例地协调发展"。

"计划经济为主,市场调节为辅"的正式提出,是我国经济体制改革初期的一步重要推进,它在计划经济体制上打开了一个缺口,强调要发挥市场调节的作用,为改革起步开拓了道路。

有计划的商品经济

薛暮桥主持起草的《关于经济体制改革的初步意见》,不仅顺应中央的提法,强调"在计划指导下,充分发挥市场调节的作用",还在对我国经济阶段的判断上,明确提出了"商品经济"的概念。薛暮桥指出,"我们提出我国现阶段的社会主义经济是生产资料公有制占优势,多种经济成分并存的商品经济"。他还指出,"社会主义商品经济'不能没有国家计划,不能不受国家计划指导'。但计划管理只要保持了财政收支、信贷收支、物资供求、外汇收支的平衡,就不会出大乱子。其他方面的管理可以放松一点。逐步减少指令性计划,代之以指导性的计划。指导性计划不强制企业严格遵守,可以按照企业自身的能力和市场需要灵活调节"。对于改革的原则和方向,薛暮桥指出应当是"按照发展商品经济的要求,自觉运用价值规律,把单一的计划调节改为在计划指导下,充分发挥市场调节作用"。

他仍提"计划经济",但是已经通过对计划管理方法的分解,提出不能把计划经济同利用行政手段等同起来,把计划调节同指令性计划等同起来。计划调节既可以利用行政手段,更重要的是要用经济手段,利用财政税收、银行信贷、价格等经济杠杆来调节。他已经预料到会有争论,他指出这是"对三十年占统治地位的教条主义思想的挑战,这种认识对不对,应当广泛讨论,如果是对,这是对马克思社会主义学说的一个新发展"。

对于这样的提法,中央领导人都没有明确表态。邓小平听说后表示它可以"披头散发"和大家见面,征求意见。李先念主持国务院财经会议进行讨论,会议从7点开到8点45分,大家都不谈正题,东拉西扯,顾左右而言他。于是李先念说:"这个稿子我看了两遍也没有看懂。""他们是中国共产党党员,我相信他们是对党负责任的。所以,我建议,这个文件还是先发下去试行。"①胡耀邦说:"不修改了,拿去印吧。"②

"商品经济"的概念形式上回避了围绕市场经济与社会主义的争论,还可以找到理论根据:列宁曾明确肯定无产阶级取得政权后还要发挥商品货币关系的作用;斯大林论证了在社会主义制度下存在商品生产的必要性,毛泽东也多次表示过在社会主义时期仍存在商品生产。而在当时的语境中,有人认为商品经济就是市场经济,有人认为市场经济是商品经济发展到一定阶段的产物,有人认为商品经济是共产主义的"产品经济"的前一个阶段。这样,商品经济成了各种主张都可接受的一个概念,但在不同的主张中有着不同的解读。

当时认为在薛暮桥领导的国务院经济研究中心周围,形成了一个改革学派,主要代表人物包括薛暮桥、杜润生、于光远、马洪、廖季立等。吴敬琏认为,他们从新中国成立以来正反两方面的经验中取得了教训,又比较系统地汲取东欧原社会主义国家改革经济学的成果,因而能够在批评苏联式的计划经济模式和推进改革中作出自己的贡献。

当时各种争论已经出现,对商品经济的批评也越来越多。中共中央书记处研究室于1981年整理了一份《当前关于计划调节与市场调节的几种观

---

① 徐景安:《我所经历的经济体制改革决策过程》,《百年潮》2008年第2期。
② 薛暮桥:《薛暮桥回忆录》,天津人民出版社,1996年版,第356页。

点》，将各种争论分为四类：第一类是坚持计划经济；第二类不那么坚持计划经济；第三类是不太坚定地赞成商品经济；第四类是主张发展商品经济。薛暮桥等因认为社会主义经济应当是商品经济，强调市场调节，被划到第四类。在当时的争论中，都主张改革，都主张引入市场调节，都认为当时最主要的任务是调整，其实分歧主要集中在对改革目标的取向上，是市场取向还是计划取向。

经过几年改革，到20世纪80年代中期，集体经济、私营经济、个体经济和外资企业都得到迅速发展，在国民经济中占有的份额有了很大增长，极大促进了市场竞争格局的形成。显然，党的十二大通过的"计划经济为主、市场经济为辅"的提法，越来越难以适应改革的现实需要。这时，很多人提出应当承认社会主义经济是商品经济，应该重新认识《初步意见》。1984年7月，国务院经济研究中心的马洪和社科院的周叔莲、张卓元等研究人员写了一篇《关于社会主义制度下我国商品经济的再探索》，报送中央和国务院领导同志。该文批评把计划经济同商品经济对立起来的认识，认为应当重新肯定在1982年被否定的"社会主义经济是有计划的商品经济"的提法。这篇文章得到一些老同志的赞同。① 王震还夸奖文章写得好，说我们不能只说老祖宗说过的话，应该有创造性。② 理论界建议恢复有计划的商品经济的提法，开始得到中央的正面回应，得到了党的十二届三中全会文件起草小组的认同。

1984年10月20日，党的十二届三中全会在北京召开。会议通过了《中共中央关于经济体制改革的决定》（以下简称《决定》）这一重要文件，提出了社会主义有计划商品经济理论。《决定》指出：

> 改革计划体制，首先要突破把计划经济同商品经济对立起来的传统观念，明确认识社会主义计划经济必须自觉依据和运用价值规律，是在公有制基础上的有计划的商品经济。商品经济的充分发展，是社会经济发展的不可逾越的阶段，是实现我国经济现代化的必要条件。同

---

① 薛暮桥：《薛暮桥回忆录》，天津人民出版社，1996年版，第308页。
② 柳红：《八〇年代：中国经济学人的光荣与梦想》，广西师范大学出版社，2010年版，第197页。

时指出,增强企业活力是经济体制改革的中心环节,要依照所有权同经营权适当分离的原则,扩大国有企业的自主权;要使企业真正成为相对独立的经济实体,成为自主经营、自负盈亏的社会主义商品生产者和经营者,具有自我改造和自我发展的能力,成为具有一定权利义务的法人。

《决定》对新的经济体制的基本点作出了如下的概括:

第一,就总体说,我国实行的是计划经济,即有计划的商品经济,而不是那种完全由市场调节的市场经济;第二,完全由市场调节的生产和交换,主要是部分农副产品、日用小商品和服务修理行业的劳务活动,它们在国民经济中起辅助的但不可缺少的作用;第三,实行计划经济不等于指令性计划为主,指令性计划和指导性计划都是计划经济的具体形式;第四,指导性计划主要依靠运用经济杠杆的作用来实现,指令性计划则是必须执行的,但也必须运用价值规律。按照以上要点改革的计划体制,就要有步骤地适当缩小指令性计划的范围,适当扩大指导性计划的范围。对关系国计民生的重要产品中需要由国家调拨分配的部分,对关系全局的重大经济活动,实行指令性计划;对其他大量产品和经济活动,根据不同情况,分别实行指导性计划或完全由市场调节。计划工作的重点要转到中期和长期计划上来,适当简化年度计划,并相应改革计划方法,充分重视经济信息和预测,提高计划的科学性。

《决定》根据马克思主义基本原理同中国具体实际相结合的原则,阐明了加快以城市为重点的整个经济体制改革的必要性、紧迫性,规定了改革的方向、性质、任务和各项基本方针政策,是对"有计划的商品经济"的全面阐释,被邓小平称为是一部"马克思主义的新政治经济学"。陈云在会上作了书面发言,指出《决定》中"对计划体制改革的基本点所作的四点概括,完全符合我国目前的实际情况。现在,我国的经济规模比20世纪50年代大得多,也复杂得多。20世纪50年代适用的一些做法,很多现在已不再适用。"

"如果现在再照搬20世纪50年代的做法,是不行的"①,并指出今后体制改革"必须边实践,边探索,边总结经验"。

《决定》的最大突破就是提出了"有计划的商品经济"理论,"有计划的"成了"商品经济"的定语。

1985年11月11日上午,邓小平会见美国前国务卿亨利·基辛格。在谈到中国改革问题时,亨利·基辛格说:"像中国这样大规模的改革是任何人都没有尝试过的,世界上还没有别的国家尝试过把计划经济和市场经济结合起来。这是一个有历史意义的事件,因为你们的尝试是一个全新的试验。如果你们成功了,就将从哲学上同时向计划经济国家和市场经济国家提出问题。"邓小平说:"不说是个伟大的试验,但确实是个重大的试验。我们的经验是,要发展社会主义社会生产力,必须改革,这是唯一的道路。中华民族不是低能的民族,这一点是肯定的。但最终证明中国人行不行,还要看这十亿人口怎么做。中国落后许多年了,近几年可以看到一些兴旺的气象。"②

国家调节市场,市场引导企业

1985年9月,中国共产党召开全国代表大会。中国共产党的历史上,在党的全国代表大会之外,为解决重大问题而召开全国代表会议只有1955年、1985年两次。1955年召开全国代表大会的一个重大目的是通过《关于发展国民经济第一个五年计划的报告》,这是中国进入计划经济时代的标志性事件。1985年召开全国代表大会的目的之一,是通过《中共中央关于制定国民经济和社会发展第七个五年计划的建议》(以下简称《建议》),这标志着中国开始淡出计划经济时代。《建议》说明指出,"它是十二届三中全会关于经济体制改革决定的具体化。《建议》中没有列很多数字,只讲了关系经济和社

---

① 陈云:《在党的十二届三中全会上的书面发言》,《陈云文选(第三卷)》,人民出版社,1986年版,第337页。
② 中共中央文献研究室:《邓小平年谱(一九七五——一九九七)》,中央文献出版社,2004年版,第1094页。

会发展全局与方向的一些重要指标。着重研究发展战略和方针政策,是计划工作的一个重大转变,是这个文件的特征"。陈云在这次会上作了发言,虽然也讲到"计划经济为主,市场调节为辅"还没有过时,但已经把它限定在全国性工作上。他指出"计划包括指令性计划和指导性计划。两种计划方法不同,但都要有计划地运用各种经济调节手段。指导性计划并不等于市场调节。市场调节,即不作计划,只根据市场供求的变化进行生产,即带有盲目性的调节。"他强调"计划是宏观控制的主要依据"。[1]

这次党代会在党的十二大《决定》的基础上,对市场经济理论又有所推进。《决定》还把市场大体限制在商品市场的范围内,而把要素市场排除在外,而1985年的党代会则强调要发展商品、资金、劳务、技术四大市场,使人们对商品经济的理解更接近于市场配置经济资源的概念,并提出了"逐步完善市场体系"的口号。

1982年党的十二大时,邓小平就提出要走"自己的路,建设有中国特色的社会主义"。1983年1月12日上午,邓小平在同胡耀邦等中央领导同志谈计划问题时指出,"各项工作都要有助于建设有中国特色的社会主义,都要以是否有助于人民的富裕幸福,是否有助于国家的兴旺发达,作为衡量做得对或不对的标准"。[2] 1984年6月30日上午,邓小平会见前来参加第二次中日民间人士会议的日本代表团时,阐述了建设有中国特色社会主义道路的构想。[3] 1984年10月20日,在党的十二届三中全会通过《中共中央关于经济体制改革的决定》后,邓小平指出,"改革的基本任务是建立起具有中国特色的充满生机和活力的社会主义经济体制"。他还指出,"改革计划体制,首先要突破把计划经济和商品经济对立起来的传统观念,明确认识社会主义计划经济必须自觉依据和运用价值规律,是在公有制基础上的有计划的商品经济。商品经济的充分发展,是社会经济发展的不可逾越的阶段,是实

---

[1] 陈云:《在中国共产党全国代表大会上的讲话》,《陈云文选(第三卷)》,人民出版社,1986年版,第350页。
[2] 邓小平:《各项工作都要有助于建设有中国特色的社会主义》,《邓小平文选(第三卷)》,人民出版社,1993年版,第250页。
[3] 邓小平:《建设有中国特色的社会主义》,《邓小平文选(第三卷)》,人民出版社,1993年版,第500页。

现我国经济现代化的必要条件"。

在党的十三大召开前,邓小平关于中国特色社会主义的理论基本酝酿成熟,在起草党的十三大报告时,邓小平已经决定系统提出这一理论,在经济体制改革方面要有新的突破。1986年12月8日,媒体发表了国务院经济研究中心副总干事廖季立的《试论计划管理体制改革》,论述了"国家调控市场,市场导向企业"的体制模式。1987年3月20日,高尚全在中央党校作了《探索和创立有中国特色的社会主义经济体制》的报告,提出计划与市场结合的目标模式应该是"国家调控市场,市场引导企业"。

1987年2月6日,邓小平同中央领导同志谈到党的十三大的筹备和十三大报告的起草等问题时,提出"不要再讲以计划经济为主了"。他指出:

> 为什么一谈市场就说是资本主义,只有计划才是社会主义呢?计划和市场都是方法嘛。只要对发展生产力有好处,就可以利用。它为社会主义服务,就是社会主义的;为资本主义服务,就是资本主义的。好像一谈计划就是社会主义,这也是不对的,日本就有一个企划厅嘛,美国也有计划嘛。我们以前是学苏联的,搞计划经济。后来又讲计划经济为主,现在不要再讲这个了。①

1987年10月25日,中国共产党第十三次全国代表大会在北京召开。大会通过了《沿着有中国特色的社会主义道路前进》的报告。报告指出当代中国正处于社会主义初级阶段,规定了党在初级阶段的基本路线:"领导和团结全国各族人民,以经济建设为中心,坚持四项基本原则,坚持改革开放,自力更生,艰苦创业,为把我国建设成为富强、民主、文明的社会主义现代化国家而奋斗"。

报告对计划和市场的关系,做了新的定位,就是"国家调节市场,市场引导企业"。对这个新的定位,报告作了相关阐述:

---

① 邓小平:《计划和市场都是发展生产力的方法》,《邓小平文选(第三卷)》,人民出版社,1993年版,第203页。

社会主义有计划商品经济的体制，应该是计划与市场内在统一的体制。在这个问题上，需要明确几个基本观念：第一，社会主义商品经济同资本主义商品经济的本质区别，在于所有制基础不同。建立在公有制基础上的社会主义商品经济为在全社会自觉保持国民经济的协调发展提供了可能，我们的任务就是要善于运用计划调节和市场调节这两种形式和手段，把这种可能变为现实。社会主义商品经济的发展离不开市场的发育和完善，利用市场调节决不等于搞资本主义。第二，必须把计划工作建立在商品交换和价值规律的基础上。以指令性计划为主的直接管理方式，不能适应社会主义商品经济发展的要求。不能把计划调节和指令性计划等同起来。应当通过国家和企业之间、企业与企业之间按照等价交换原则签订订货合同等多种办法，逐步缩小指令性计划的范围。国家对企业的管理应逐步转向以间接管理为主。第三，计划和市场的作用范围都是覆盖全社会的。新的经济运行机制，总体上来说应当是"国家调节市场，市场引导企业"的机制。国家运用经济手段、法律手段和必要的行政手段，调节市场供求关系，创造适宜的经济和社会环境，以此引导企业正确地进行经营决策。

这是对社会主义有计划的商品经济命题带有突破性质的重要解释和补充，不仅不再提谁主谁辅，而且没有提及"计划经济"这个概念，只是将计划作为一种调节手段，并明确表示要逐步缩小指令性计划范围，强调国家对企业的管理以间接管理为主。可以说，党的十三大报告基本确立了改革的市场取向，中国经济体制改革终于一步步走出告别计划经济的新节奏。

第四章

农村改革、多种经济成分的发展与市场的躁动

进入改革开放新时期,被激活的市场迸发出无限的生命力,从农村到城市,从特区对接到国际市场的进出口贸易,很快改变了物资短缺现象,社会财富迅速涌现出来。产品市场、劳动力市场、资本市场、外汇市场、土地市场相继出现,市场这只无形的手,迅速改变着人民的生活和生产方式。很快,在农村就完全不存在计划经济了,而在城市,计划经济的空间也日益缩小,一个计划外的世界悄然而迅速地耸立于中华大地,创造出举世瞩目的经济奇迹。

农村包围城市

中国的改革首先是从农村开始的。

1975年,邓小平明确提出了要进行全面整顿的任务,他认为实现"四个现代化",关键是农业的现代化,更费劲的也是农业现代化,如果农业搞得不好,会拉国家的后腿。后来由于"四人帮"的阻挠,全面整顿半途而废,农业整顿还没有来得及展开。但在1978年开始的改革开放中,农业自发地成了改革的先锋。

1978年12月的一个晚上,寒风凛凛。安徽省凤阳县梨园公社小岗生产

队的一间破草房里,除了两个单身汉严国昌、关友德出门讨饭未归,小岗生产队其余18户的户主被严宏昌组织起来聚在一起开会。在闪烁的煤油灯下,18位面黄肌瘦的农民在一纸"秘密契约"上按下鲜红的手印。契约的核心内容是四个字——分田包干,当时契约上写着:如以后能干,每户保证完成每户的全年上交和公粮;不(再)向国家伸手要钱、要粮。如不成,我们干部坐牢杀头也甘心,大家(社员)也保证把我们的小孩养活到18岁。

生存是人的本能。当时的农民生活已经陷入极度困难。据人民公社管理局统计,1978年全国农民每年平均从集体分配到的收入仅有74.67元,其中两亿农民的年平均收入低于50元。1.12亿农民每天只能挣到0.11元,另1.9亿农民每天能挣0.13元,2.7亿农民每天能挣0.14元。还有相当多的农民辛辛苦苦一年,不仅挣不到钱,还倒欠生产队的钱。1978年新华社记者沈祖润等到安徽省定远县、凤阳县等地采访,看到的情况令他们心酸。凤阳县前五生产队,10户人家有4户没有大门,3户没有桌子,68人中有40多人没有棉裤。当过志愿军的史成德,7个孩子,10口人,只有3只缺口碗。当时一段凤阳花鼓词唱道:"泥巴房,泥巴床,泥巴囤里没有粮;一日三餐喝稀汤,正月出门去逃荒。"

李克强于1976—1978年在凤阳县大庙公社大庙大队担任党支部书记。2014年两会期间,已经担任国务院总理的李克强在全国政协经济、农业界别联组会上,提及"改革确实是最大的红利"时,曾回忆自己在凤阳插队和当大队支书的经历:当时他每天起得很早、睡得很晚,把生产队每个人的生产任务,如这个人插秧、那个人挑担子,都安排得无一遗漏。但即便如此,村里人还是吃不饱,生产队缺粮严重的时候,他甚至需要拿大队的公章,给村里的妇女儿童开"逃春荒"的证明。

穷则思变,农民自己为自己想到了打破计划经济体制分田包干这条路。当年安徽省遭遇百年罕见的旱灾,土地受灾面积达6 000多万亩[①],农民生活陷入困境。为了救灾,时任安徽省委第一书记的万里,心急如焚。他甚至想出借地给农民自救的办法,即借给每个农民3分地种菜。同时鼓励农民开发

---

① 1亩约等于666.67平方米。

第四章　农村改革、多种经济成分的发展与市场的躁动 | 061

荒岗湖滩等集体无法耕种的土地，谁种谁收。他还没有敢想到分田承包，当知道下面农民自发搞包产到户，万里坚决支持这一行动，并在全省推广。这一做法在当时引起了很大争议，不少人认为这是挖社会主义墙脚，拉历史车轮倒退，提出到底姓"社"还是姓"资"。万里对生产队长严宏昌说："我们打江山，就是让中国人民过上好日子。"万里在凤阳等地调研时强调"我们的政策，就是要使人民富裕起来。"他反复讲，"只要'三增加'就是好办法。"①

万里主动承担起了责任，在多个场合表态，"我不提倡，可是错了我负责，有问题我检讨。""如果有什么错误，应由省委首先是我来承担。"从凤阳回到省委，万里立即主持召开省委常委会研究推广包产到户责任制问题，还主持制定了《关于当前农村经济政策几个问题的规定》，提出要尊重生产队的自主权，允许农民搞正当的家庭副业，减轻农民负担，开放集市贸易，使广大农民得以休养生息，恢复和发展农业生产。面对一些指责，万里回答称："我是秋后算账派，一切等秋后再说，不管什么办法，能增产就是好办法。"②万里还亲自到肥西县山南镇和干部、社员座谈，鼓励他们"不用害怕，你们的试点是省委定的，是我点头的。一定要搞好生产，争取丰收"。万里还趁参加五届全国人大二次会议的机会，向邓小平、陈云等领导人寻求支持。邓小平答复："不要争论，你就这么干下去就完了，就实事求是干下去。"陈云更加明确，他说："我双手赞成。"③

1979年，小岗生产队成为全公社的"冒尖队"，全年粮食总产量13.9万斤，相当于本队1966—1970年五年产量的总和；人均产粮1 200斤；全队农副业总收入4.7万元，人均400多元。包产到户只用一年就取得了明显成效。

1980年4月2日，邓小平对小岗生产队和安徽省率先实行家庭联产承包责任制的农村改革给予了肯定和支持。邓小平说："政策一定要放宽，使

---

① 安徽省人民政府参事室、安徽省文史研究馆：《中国农村改革的破冰之旅——凤阳、肥西农村改革亲历者口述史》，黄山书社，2019年版，第92页，第231页。
② 凌志军：《历史不再徘徊——人民公社在中国的兴起和失败》，人民日报出版社，2011年版，第168-169页。
③ 中共中央文献研究室：《陈云年谱（1905—1995）（下卷）》，中央文献出版社，2000年版，第248-249页。

每家每户都要自己想办法，多找门路，增加生产，增加收入。有的可包产到组，有的可包给个人，这个不用怕，这不会影响到我们制度的社会主义性质。"

1979年1月26日是除夕的前一天，《人民日报》的编辑们似乎都还没有心思过年，他们在传递中央的好政策："党中央确定了发展农业生产的新政策，为了尽快地把农业生产搞上去，党的十一届三中全会提出了当前发展农业生产的一系列政策措施……"1月28日是正月初一，《人民日报》就发表文章《充分关心农民的物质利益》宣布了一系列支农政策："稳定粮食征购指标，绝对不许购过头粮；缩小工农业产品的剪刀差，适当提高农产品收购价格，降低农用工业品的售价；国家增加对农业的投资和贷款，加强对农业的支援"，这是送给农民最好的新年礼物。刚过完正月，《人民日报》又发表社论《正确认识农业，全面发展农业》，社论提出"有权抵制执行任何领导机关和领导人的瞎指挥"。

如果翻1978年的报纸：《财政部确定进一步减轻农业税》《鼓励一部分农民先富起来》《财政部确定进一步减轻社队企业税收负担》《朱家峪青年办起农民夜校》《农村形成了县、社、队三级医疗卫生网》《工副业使刘庄农民收入增加》《藏书公社办起福利企业》《年老社员有了补助金》都是对农村改革的报道。此外，1979年6月9日，新华社发表一则标题为《农民都夸三中全会政策好》的新闻报道，文中湖北省蒲圻县赤壁公社社队干部总结出党的十一届三中全会给农村带来的好处。总结得很是朴实：不怕农民富起来的政策好；自留地、家庭副业和农村集市贸易的政策好；提高农副产品的统购、收购价格好；多劳多得政策好，不吃大锅饭了；国家粮食征购指标"一定五年"不变好，农民心里踏实；国家扶持社队企业的政策好，等等。

如果不是借助当时的报纸书刊，今天的人们已经很难理解20世纪70年代末的改革。在改革前的计划经济时代，农民被组织起来分在一个个人民公社里，生产都由组织安排，收益的分配按被称为"工分"的分数来决定，只要每天出工，无论出力多少都拿一定的工分。农产品的流通完全由国家垄断，称为统购统销。同时，还通过户籍管理限制了农民进城的道路。人民公社、统购统销和户籍管理三项制度牢牢地将农民捆绑在土地上，限制了农民的生产自由和积极性。改革就是给农民松绑，为农民创造发展的条件。

农村改革一个意外的收获是社队企业的蓬勃发展。1979年7月3日，国务院发布《关于发展社队企业若干问题的规定（试行草案）》，推动了社队企业的发展。1983年10月，中共中央、国务院下发《关于实行政社分开建立乡政府的通知》，开始实行政社分开，在全国范围内建立乡镇政府。到1985年，共成立83 182个乡镇政府。至此，农村人民公社制度实际上已经解体不复存在，社队企业也改成乡镇企业。家庭联产承包制的普遍实行和人民公社制度的解体，为农村商品经济发展创造了条件。1985年1月，中共中央、国务院发布《关于活跃农村经济的十项政策》，取消农副产品统购派购制度，促进了农村乡镇企业的崛起，大力推动农村改革向着市场化方向发展。

农民被释放出来的力量是巨大的，农村新生事物不断涌现，承包制、专业户、乡镇企业……1985年3月11日《人民日报》转载《河南日报》消息，河南省临汝县（今河南省汝州市）出现一种新型的经济合作形式——股份制合作。所谓股份制合作就是合股经营，按股金比例分红。资金可以入股，土地、厂房、牲畜、车辆等生产资料以及劳动力、技术均可计价入股。报道指出这种股份制合作经济，已成为临汝县经济的支柱。1984年全县股份制合作企业的总产值占乡镇企业总产值的61.9%。

改革带来的成效是巨大的。1978—1984年，我国农业生产发生了新中国成立以来从未有过的变化。1984年，全国粮食总产量创纪录地达到40 731万吨，比1978年增长了33.6%。据学者测算，各项农村改革对1978—1984年农村产出增长贡献率总和为48.64%。到1985年，全国乡镇企业总数已经达到1 222.5万个，从业人口7 000多万人，拥有固定资产947亿元，相当于1957年全国工业固定资产的2.7倍，或1965年的90%以上。按可比口径计算，乡镇企业总产值达2 728亿元，相当于1965年全国工农业总产值。其中，乡镇企业工业总产值达到1 831亿元，相当于1969年全国工业总产值。1980年至1985年，乡镇企业共上缴税金3 914亿元，占到同期国家税收总额的7.68%。1985年乡村工业仅按高价格向国营企业购买煤、钢材、电力、柴油等几种主要生产资料，就使国家增收价差107.3亿元。

1983年2月7日，邓小平在江苏省视察。在听了汇报后，了解到江苏省经济发展带来的物质和文化生活的巨大变化,他问,苏州农村的发展采取的是什么方法?走的是什么路子?他在听到苏州社队企业凭借灵活的经营机制得到成长和发展时说:"看来,市场经济很重要。"①

农村开放后,农民剩余劳动力也开始从四面八方涌入城市。他们为城市提供各种服务,也为城市带来了丰富的农副产品。同时,乡镇企业开始和城市的国营企业、集体企业展开原材料和产品市场的竞争。改革开始从乡村包围城市,从各方面冲击着城市的计划经济体制。农村改革的成功,极大鼓舞和带动了城市改革的展开,1984年党的十二届三中全会通过的《中共中央关于经济体制改革的决定》标志着中国改革从以农村为重点向以城市为重点的战略转移的开始。

小商品市场遍地开花

改革开放后,一些零星的市场也开始自发萌生,特别是联结城乡的各种小商品市场伴随着城乡改革的深化应运而生,成为20世纪80年代一道亮丽的风景线。

首先发展起来的是传统的小商品集散之地。如武汉的汉正街,据《夏口县志》记载,至少已有500年的历史,早在明朝万历年间,汉正街就形成市镇。这里位于长江、汉水交接处,周边拥有众多的码头,水陆交通十分便利,吸引四方商客,热闹繁华,盛极一时。到清朝康乾之际,已经发展成全国知名的小商品集散市场。清朝嘉庆年间汉阳人徐远志的《汉口竹枝词》有云,"石镇街道土镇坡,八码头临一带河;瓦屋竹楼千万户,本乡人少异乡多",正是说汉正街市场的强大辐射力,吸引了众多的异乡商客。清末民初,汉正街逐渐向四边扩展,围绕着汉正街的街巷多以行业命名,如淮盐巷、豆腐巷、茶叶巷、竹牌巷、花翎巷、打扣巷等,也反映了当时汉正街的繁华。新中国成立初期,众多私营商店从事小百货、小五金、小针织品等各类小商品批发生意,政府在"公私兼顾、劳资两利"的方针下,对个体经营者采取了扶持措

---

① 中共中央文献研究室:《邓小平年谱(一九七五——一九九七)》,中央文献出版社,2004年版,第886-887页。

施。广大农村经过土地改革后,农民生活逐步提高,对小商品需求量日益增多,促进了汉正街再次出现人流如潮、摩肩接踵的繁盛景象。但1956年经过工商业社会主义改造后,汉正街日益萧条,到"十年动乱"期间商户完全歇业。

党的十一届三中全会以后,汉正街小商品市场重获新生。1979年9月,武汉市人民政府决定重新恢复、开放汉正街小商品市场,并以最优惠的条件,如减免税收、不收或少收管理费,鼓励个体户到汉正街经营小商品。到1979年年底,便有100多待业青年、社会闲散人员开始在此摆摊经营小商品。至1982年,猛增至458户。1983年再翻一番,达到911户。不仅有私营、个体,国营、集体企业也纷纷进驻,出现了各种经济体并存、在竞争中求发展的局面。到1985年,已经有338家国营、集体企业,个体商贩也发展到1 542户。销售额于1985年突破5亿元,1986年突破6亿元,1987年达7亿元,1988年突破8亿大关、缴纳个体工商税1 000万元。它逐步向复合型市场转变,形成了方圆2.65平方千米的"汉正街经济圈",被誉为"小商品市场的一颗明珠"。

汉正街小商品市场的迅速发展和成功,引起了海内外商界和新闻界的关注,被称为"对内搞活的成功典范",一度被视为中国改革开放的"风向标"。这里也制造了一批财富传奇,出现了"玩具大王""袜子大王""扇子大王""扣子大王""鱼钩大王"等代表性人物。

第一批汉正街人中最有代表性的当属郑举选,他有"麻瞎""盲侠"之称。郑举选在20世纪六七十年代就开始做小买卖维持生计。郑举选说起最初走上从商之路,却是实实在在的"迫不得已"。他6岁时因患"天花"双目致残,视力微弱,面部留下疤痕。他不得不靠做点小买卖来维持一家人生计。在那样的时代经商,其间坎坷和无奈可想而知,大多数时段只能偷偷摸摸,所谓"明禁暗搞"。1979年汉正街小商品市场恢复时,他还被以投机倒把罪名关在狱中,他的右眼也彻底失明。出狱后,他带着15元钱来到汉正街。凭着多年经商的经验,他极善于捕捉城乡小商品的需求信息,终把小商品做成大买卖。1983年,武汉有一家毛笔厂,制作笔杆时废弃很多竹节,堆成垃圾山。郑举选得知此事,找来12个山东民工,要他们把笔杆做成吹气球的小哨嘴。几个月时间，郑举选组织销售小哨嘴几十万只，用大卡车运往各地农村销售。很快，汉正街哨嘴就畅销全国，颇受儿童欢迎。这样的故事不胜枚举。

1985年，在1 000名个体户中，郑举选创下"四个第一"：销售额连年第一、纳税连年第一、各种捐款第一、认购国库券第一，成为汉正街无人不晓的首富。《人民日报》、新华社等多家国内媒体及法国、加拿大等海外报刊记者对他进行了联合采访。

郑举选终于等到了好的政策，成为一个传奇。他的铜像至今屹立在汉正街，代表着一个时代。

汉正街的起步不得不从打"擦边球"开始。当时个体批发，政策界定就是投机倒把；长途贩运，不按规定价格也都属于投机倒把。于是汉正街的人将批发称批量销售；将长途贩运，叫长途运销；将价格叫随行就市，优质优价。转机出现在1982年。8月28日，《人民日报》发表题为《汉正街小商品市场的经验值得重视》的社论。同年10月16日，国家工商总局允许汉正街个体户批量销售国家计划产品，允许厂店挂钩，允许长途贩运，允许价格随行就市。1984年，张劲夫来视察，从利济路口走到集稼嘴，上车时说："你们干得好，大胆干。"

1982年9月16日，国务院批转国家物价局等部门《关于逐步放开小商品价格实行市场调节的报告》，宣布三类工业品中的小商品的价格，应在国家政策指导下，实行市场调节，企业定价；要根据物价政策，按照成本和供求变化，有涨有落，灵活掌握，适时调整；要改变把小商品价格按大商品价格管理的状况。国务院指出，有计划逐步放开小商品价格，是促进小商品生产、搞活小商品流通、满足市场需要的重要措施。这一文件的出台，大大促进了各地小商品市场的发展。

著名的义乌中国小商品城就是在1982年兴建的。义乌由于农业条件较差，很早就有通过一些简单交换补贴生计的传统，当地俗称"鸡毛换糖"。也就是农民在农闲时节种植糖梗，熬制红糖，制作皮糖，交换所得经常不是货币，而是一些鸡鸭羽毛之类，以及其他废旧物品。鸡鸭羽毛用于肥田，以此提高产量。最初是农民自发地在稠城镇的街路上摆起了地摊，这是一批由

"鸡毛换糖"货郎担转变而来的小商品摊位,形成了交易地址和时间相对固定的交易市场,群众称之"马路市场"或"露天市场"。这时政府态度不明朗,小商贩们一直和政府玩着"猫捉老鼠"的游戏,他们在街边摆摊也影响了城市居民的生活,影响了交通和市容。如何管理?当时的义乌县政府一直在清理还是开放之间纠结,到1982年终于有了决定。这一年开了三次县长办公会,经过反复讨论,最终形成共识,不采取强硬手段强制关闭,可以走一步看一步,正确引导。于是县政府、稠城镇、县工商局三个部门领导成立了稠城镇整顿市场领导小组,发布了《关于加强义乌小百货市场管理的通告》,宣布于9月5日正式开放稠城镇小百货市场。当时市场很是简陋,在一条用于排水排污的内河城沟上架起水泥板,在水泥板上方用木板搭成摊位,在长条木板上方用塑料薄膜搭起雨棚。最初只有固定摊位100多户,还有600多户流动摊贩和大量提着篮子贩卖的商贩,共计705户。当时提出"四个允许",即允许农民经商、允许从事长途贩运、允许开放城乡市场、允许多渠道竞争。

初创的小商品市场主要是自产自销,或与周边乡镇企业和家庭手工业连接,有着价格低廉的优势,商品价格一般要比国营商店同类价格低30%~50%,甚至低得更多。所以,很快吸引了四方客商,打响了知名度,迅速发展起来,不断向外扩张,并跨出本县区域,辐射周边县市。来自温州、绍兴,乃至江苏等外省的客商也纷纷入驻,不少乡镇集体企业乃至国企也纷纷入市建直销点。1986年摊位数从1982年的750个增长到5 500个,成交额从1982年的392万元增长到10 029万元,分别是1982年的7.33倍和25.6倍。小商品市场逐步形成了"小、多、全、廉、广、活、快、优"的特色,像一个巨大的磁体吸引着四方客商。到1992年,义乌小商品城已经发展到7 000多个摊位,成交额突破20亿元,居全国十大专业批发市场榜首。

各种小商品市场,很快在全国遍地开花。在老革命根据地的沂蒙山区,1985年兴建的临沂批发城,成为鲁苏豫皖地区重要的商品集散地,发展之快,规模之大,令世人瞩目。该市场打破了沂蒙山区的沉寂,启动了山里人经商意识。例如,一本《临沂批发城指南》竟介绍有38处专业市场,令人感叹。

小商品市场,为当时兴起的大量乡镇企业找到了产品销路,也为一大批个体工商户提供了平台,促进了城乡交流,改变了过去物资匮乏的局面,大大提高了城乡居民的生活质量。一些作为物资集散地的市场已经完全融入人们的生活,成为城镇生活的一部分。若干年间在北京说到动物园,80%以上的人不会理解为是去真正的北京动物园,而默认是要去北京动物园对面的北京动物园服装批发市场。这座20世纪80年代兴建的服装批发市场,通过三十多年发展成了华北地区最大的服装批发集散地,那里实际拥有多个大型服装批发市场。

据1993年统计,当时全国十大小商品批发市场的成交额都在25亿元以上。浙江义乌的中国小商品城(45亿元)、浙江绍兴的中国轻纺城(36亿元)、辽宁沈阳的五爱小商品批发城(32亿元)、辽宁海城西柳服装批发市场(32亿元)、山东临沂批发城(28亿元)、湖北武汉汉正街小商品市场(28亿元)、四川成都荷花池批发市场(27亿元)、河北石家庄南三条小商品批发市场(27亿元)、山东淄博淄川服装城(26亿元)、江苏吴江中国东方丝绸市场(26亿元)。

特区杀出一条"血路"来

1977年11月,复出后的邓小平将视察的第一站定在广东省,叶剑英与他同行。叶剑英是广东人,又担任过新中国第一任广东省人民政府主席,对广东的情况很熟悉。当时广东"赴港"现象比较突出。新中国成立后先后有几十万人赴港。"十年动乱"结束后,赴港潮仍然没有得到缓解。在赴港的人流中,不少还是基层干部和党员。惠阳县澳头公社新村渔业大队党支部的6名支部党员,除一名妇女委员,其余5名都偷渡去了中国香港。邓小平听了汇报,出奇地沉默。他连吸了几口烟,缓缓地转过身来,平静地对大家说:"这是我们的政策有问题,此事不是部队管得了的。"邓小平强调要恢复过去行之有效的政策,发展经济,"生产生活搞好了,才可以解决赴港问题。赴港,主要是生活不好,差距太大"。① 当时,宝安农民一个劳动日的收入为0.70到1.20元,而中国香港农民劳动一日收入为60至70港币,两者悬殊

---

① 林天宏:《人民会用脚投票》,《中国青年报》2010年12月8日。

巨大。

邓小平和叶剑英回到北京后,决定派习仲勋这位资格老、级别高、从政经验丰富的干部坐镇广东,"把守好南大门"。习仲勋15岁就参加中国共产党,曾领导过著名的"两当兵变",参与创建陕甘宁边区革命根据地。21岁就担任了陕甘边区革命委员会主席。1953年出任国务院秘书长,协助周恩来总理工作。1959年4月出任国务院副总理,并继续兼任国务院秘书长。

1978年4月,65岁的习仲勋受命主政广东。他一到广东,就抓紧调研考察。1978年7月,习仲勋来到宝安县(1979年改设为深圳市)视察。站在中英街上,他看到中国香港那边高楼林立,车水马龙,宝安这边茅篱草舍,冷落萧条,心里感到很难受,对陪同考察的宝安县委书记方苞说:"解放快30年了,那边很繁荣,我们这边却破破烂烂。"在这种强烈而鲜明的对比下,习仲勋对问题的根源有了明确的判断:制止群众性外逃的根本措施是发展经济,提高群众生活水平。当前主要问题是旧框框多,许多本来正确的事情也不敢搞、不让搞。他对方苞关于搞小额贸易、过境耕作的请示当场拍板,表示说办就办,不要等,只要能把生产搞上去就干,不要先去管他什么主义。

据习仲勋幼子习远平回忆,他当时在洛阳外国语学院读书,暑假去广东探望父亲。因为是部队院校,暑假只有7天假期,所以时间很匆忙。但是没想到一见面,习仲勋就让他去深圳,了解第一手资料,然后要大胆谈看法——一个年轻大学生的看法。习远平说:"沿途,我看到地里干活儿的几乎都是妇女,当家男人多数跑了,逃港了。我看到被抓的浑身湿漉漉的偷渡者,被铐着,武警牵狗押送着,因为当时偷渡是'敌我矛盾'。我看到深港两地的白昼:深圳这边,沉寂渔村,香港那边,繁华闹市;而两边的夜景,深圳这边,渔火昏暗,香港那边,灯火辉煌。强烈的反差,让我有了强烈的诉说冲动,父亲鼓励年轻大学生说看法,我是'匹夫有责'。我回到父亲身边时,带去了所见所闻。我说,明摆着,这边贫穷,那边富裕,谁不向往美好生活呢?这边姓'社',那边姓'资',老一辈革命一生,要的就是这样的社会主义吗?父亲听着,记着,沉思着。"①

---

① 习远平:《父亲往事——忆我的父亲习仲勋》,《中国青年报》2013年10月11日。

1979年4月,习仲勋到北京参加中央工作会议。他代表广东省委在会上提出,请求中央允许在毗邻港澳边界的深圳、珠海与重要的侨乡汕头市各划出一块地方,搞贸易合作区。创办深圳特区是习仲勋主动请缨,并且中央采纳了他的意见。邓小平给的指示是:"中央没有钱,你们自己去搞,杀出一条血路来!"①一起参会的广东省委原副书记王全国说,他亲耳听到邓小平说"杀出一条血路来"。他记得邓小平的原话是:"对!办一个特区。过去陕甘宁边区就是特区嘛!中央没有钱,你们自己去搞,杀出一条血路来。"1980年5月16日,中共中央、国务院批转《广东、福建两省会议纪要》,正式将"出口特区"定名为"经济特区"。

1979年7月,中共中央、国务院正式批准广东在改革开放中实行特殊政策、灵活措施和创办出口特区,使广东成为中国改革开放的窗口、综合改革的试验区和排头兵,为中国推行市场经济体制提供了宝贵经验。其后人们对建设特区出现了不同的声音,有一种极端化的否定意见是:特区除了五星红旗,其他都不是社会主义的了。但邓小平给了"一锤定音"的评价。

1984年1月24日至29日,邓小平视察深圳、珠海特区,他说,到深圳一看,他的印象是一片兴旺发达,深圳的建设速度相当快,蛇口工业区更快,原因是给了他们一点权力,蛇口工业区的口号是"时间就是金钱,效率就是生命"。② 邓小平表示,特区办好了,将来海上石油开发会有生意做,特区将成为开放的基地,不仅在经济方面、培养人才方面得到好处,而且会扩大我国对外影响。1984年2月1日,邓小平在广州为深圳特区题词:"深圳的发展和经验证明,我们建立经济特区的政策是正确的。"他将落款日期写为离开深圳的1月26日。③

1984年3月26日,中共中央和国务院召开沿海部分城市座谈会,建议进一步开放14个沿海港口城市:大连、秦皇岛、天津、烟台、青岛、连云港、南

---

① 中共中央文献研究室:《邓小平年谱(一九七五——一九九七)》,中央文献出版社,2004年版,第510页。
② 邓小平:《办好经济特区,增加对外开放城市》,《邓小平文选(第三卷)》,人民出版社,1993年版,第250页。
③ 中共中央文献研究室:《邓小平年谱(一九七五——一九九七)》,中央文献出版社,2004年版,第957页。

通、上海、宁波、温州、福州、广州、湛江、北海。

曾任广东省委书记兼省特区管理委员会主任,同时兼任中共深圳市委第一书记、深圳市市长的吴南生说:"关于经济特区,尤其是深圳特区,很多人写了很多文章,我读过的绝大多数文章都是写得好的。但有一点,许多文章都说不清楚特区所以能办成是由于什么?它对中国改革开放的贡献是什么?现在回过头看,特区最大的功劳就是突破,把市场经济引进来了,应该说中国的市场经济是从特区开始的。从深圳、珠海、汕头开始,到珠江三角洲,到全国。我说市场经济是个没有腿的巨人,它走到哪里,谁都顶不住的。引进了市场经济,中国经济进入了世界经济大循环。我认为这是特区对中国最大的贡献,也是特区之所以成功的根本原因。"[1]

连接国际大市场

1978年12月13日,在北京饭店同一层的两间会议室里,正在进行中美之间的两场重要谈判。一场是中美两国政府进行的恢复邦交谈判,一场是美国可口可乐公司与中国粮油进出口公司(以下简称"中粮")进行的合作谈判,双方当天就签订了协议。而中美建交谈判则到三天后才达成协议。12月16日,中美双方发表《中美建交联合公报》,宣布自1979年1月1日起,建立大使级外交关系。中美建交两天后,改变中国命运的党的十一届三中全会在北京召开。这次大会宣布,将在坚持自力更生基础上,进一步扩大对外经济技术交流。可以说,可口可乐公司在中美建交和中国作出改革开放决策之前进入中国,抢占了进入中国市场的先机。可口可乐公司成为第一家进入中国市场的外国企业。

早在1976年,美国可口可乐公司总裁马丁就在华盛顿找到中国驻美国联络处,表示想进入中国市场。从那以后中国联络处的冰箱里就多了其免费赠送的可口可乐。可口可乐公司还邀请中国驻美国联络处商务处官员到可口可乐的亚特兰大总部参观。当时任联络处商务秘书的佟志广在参观后

---

[1] 许黎娜、贾云勇:《吴南生:我去办,要杀头就杀我》,《南方都市报》2008年4月8日。

说:"公司管理得非常好,产品质量控制也是我们所不及的。那是一群非常聪明的人,把水加上点甜味,竟然卖向了全世界,而且让人们把喝可口可乐变成了习惯。"①考虑到当时中国政局动荡情况,佟志广告诉对方,现在进入中国"为时尚早"。1977年,可口可乐总裁马丁访问北京,再次表达了想进入中国市场的想法。1978年,中国局势逐渐明朗,中粮开始和可口可乐公司进行实质性接触。在谈判中担任翻译的董士馨回忆:"当时,我们没有中央的红头文件,仅有李先念副总理手写的一张不大的纸条,意思大致是说可以进行此项工作。"②这张纸条就是当年中粮引进可口可乐的"尚方宝剑"。可口可乐公司当时在中国设厂,最初主要是针对到中国旅游的外国人,特别是欧洲人和美国人。没有想到很快融入中国百姓的生活,中国的普通人也开始喜爱这种饮料了。

1980年,深圳经济特区成立。可口可乐的老对手——百事可乐失了先手赶紧在深圳登陆,与深圳罐头厂合作开设了第一家饮料生产工厂。可口可乐公司紧随其后赶到深圳设厂,但在广东省委的安排下,改到广州开设第二家可口可乐工厂。这样,两大跨国企业把全球竞争的商业战争延伸到了中国市场。

1987年11月12日,肯德基在北京前门设立了其在中国大陆的第一家餐厅,还成了一个小型的外事活动。在开业典礼上,美国驻华大使洛德和北京市领导人亲临现场,很多外媒就此事在显著位置做了报道。这家餐厅是当时世界上规模最大的肯德基餐厅,营业面积1 400平方米,可以容纳500个座位。百胜餐饮集团亚洲区副总裁苏敬轼,提出要把中国肯德基品牌做成中国餐饮业的第一品牌。中国的普通人好奇地注意到它有儿童乐园区,这是中国餐厅从没有过的。肯德基将被忽略的儿童消费作为一个服务重点,餐厅内不仅有可供儿童嬉戏的儿童乐园,而且购买儿童套餐还赠送玩具。肯德基刚开业时,很多中国人并不看好。但不想其生意出奇的好,每到周末门口还会排起长队,成为当时北京城市中心的一道风景线。前门肯德基开张不到300天,盈利就高达250万元,成为当年全球盈利最丰厚的店,原

---

①② 李杨:《可口可乐重返中国》,《中国新闻周刊》2008年第15期。

计划 5 年才能收回投资，不到两年就收回了。当时一个普通人的月工资不过数十元，而肯德基的一块原味鸡就要卖 2.5 元，但什么都抵不过大众的好奇心和消费者的口碑。连它对面的北京著名的全聚德烤鸭店也开始紧张起来。原来全聚德只出售整鸭，其后也开始学着卖分割鸭，还开了外售窗口。中国企业在竞争中开始了学习。与中国餐厅相比，肯德基进入中国市场可谓准备充分，先是做市场调查，请不同年龄、不同职业的人免费品尝肯德基炸鸡，广泛征求各种意见，用秒表在中国的几条大街上测人流量来进行选址，乃至经营管理方法，都反复斟酌。这些都作为经典案例，写进了中国市场的教科书。

此后，越来越多的外国公司走进中国大陆来投资设厂、设立办事处或与中国企业合资，越来越多的国际知名品牌出现在中国消费者眼前。中国市场迅速成为跨国公司竞争的新战场。

在外资企业主动布局中国市场的同时，中国人也开始主动走出去招商引资，展开更广泛的合作。中美建交谈判期间，卡特总统向邓小平发出访问美国的邀请。令他意外的是，邓小平在 24 小时之内即作出访美决定。1979 年 1 月 28 日，中国农历大年初一，邓小平选择在这一天开始对美国进行具有划时代意义的访问。卡特总统在日记中记下了他对邓小平的第一印象："他个子不高，但坚韧、睿智、坦率、有胆识、风度翩翩、自信、友善，这些品质都非常吸引我，我很愿意和他交流。"[①]邓小平在美国表示："为了实现四个现代化的宏伟目标，我们主要依靠过去三十年建立起来的基础和积累起来的建设经验，同时也特别注意加强同世界各国的经济、文化和科技交往。美国作为当今世界上经济发达的国家，在工农业生产和科学技术的很多领域领先，在经济管理和教育事业方面也有很多成就。我认为，进一步发展我国人民同美国人民的友谊，向美国人民学习，完全符合中国人民的利益。中国人民深信，把自己的社会主义制度的优越性同经济发达国家的先进科学技术和经济管理、人才培养等方面的先进经验结合起来，对于加快实现四个现

---

① 谭晶晶、白洁：《卡特日记记录中美建交决策经过》，《沈阳日报》2007 年 12 月 7 日。

代化具有重要的意义。"①邓小平在回答有关中美两国贸易前景问题时说："中美贸易不是几百万美元,而是几十亿美元,甚至是几百亿美元的事。"②在同《华盛顿邮报》《纽约时报》《洛杉矶时报》《芝加哥论坛报》《时代》《新闻周刊》《华尔街日报》等媒体的新闻工作者共进午餐时,他指出,"中国有许多商品可以出口,我们有煤、有色金属、稀有金属、化工产品、轻工业产品等。我们同美国如果用补偿贸易的方式,美国提供资金、技术,我们完全可以用我们的产品偿还"。

在访美前10天,邓小平在人民大会堂邀请荣毅仁、胡子昂、胡厥文、周叔弢、古耕虞五位工商界人士座谈。邓小平谈到过去耽误了很多时间,希望能搞快点,他提出,"门路要多一点,可以利用外国的资金和技术,华侨、华裔也可以回来办工厂。吸收外资可以采取补偿贸易的办法,也可以搞合营,先选择资金周转快的行业做起。当然,利用外资一定要考虑偿还能力。要发挥原工商业者的作用,有真才实学的人应该使用起来,能干的人就当干部,要落实对他们的政策。总之,钱要用起来,人要用起来"。他还提到产业结构要调整,"要先搞资金周转快的,如轻工业、手工业、补偿贸易、旅游业等,(这样)能多换取外汇,而且可以很快提高人民生活水平"。他还提出要整修文物景点,发展旅游业,"搞好服务业,千方百计赚取外汇"。他让荣毅仁拿出个计划,闯出一条新路。荣毅仁经过慎重思考,决定创办一个国际信托投资公司,利用自己的影响力,为我国利用外资、引进先进技术和设备,积极做一些工作。上报后,很快得到邓小平的批准,陈云、李先念等中央领导都作了批示。所谓信托投资公司,是当时西方国家普遍采用的筹资、融资、发展经济贸易的一种方式,但在当时的中国,还完全是一个新生事物。

1979年10月4日,中国国际信托投资公司在北京正式宣告成立,叶剑英、王震、谷牧等中央领导出席祝贺,荣毅仁出任第一任董事长。公司章程拟定了8项业务:①吸收国外和港澳地区的信托存款、信托投资和商业信

---

① 中共中央文献研究室:《邓小平年谱(一九七五—一九九七)》,中央文献出版社,2004年版,第480页。
② 中共中央文献研究室:《邓小平年谱(一九七五—一九九七)》,中央文献出版社,2004年版,第484页。

贷；②在国外发行债券、股票；③利用外资组办中外合资企业、合作企业；④接受国内用户委托，引进先进技术、设备；⑤在国外投资或与外商合作办企业，开拓海外资源；⑥发展租赁业务，引进技术设备，促进我国现行企业的技术改造；⑦经营房地产业务；⑧提供经济、法律、技术等咨询服务。

1983年，中央又决定让王光英组建光大公司。这次王光英直接把公司总部建在了中国香港地区。光大公司的任务就是在国家方针政策和计划统一指导下，以各种方式不失时机地引进国内急需的先进技术、先进设备，并运用闲置设备、二手设备，为国内经济建设服务。成立光大公司时，中央给了20亿元人民币，还给了2亿美元作为进口国外先进技术和二手设备的周转资金。经过30多年的努力，光大公司现已发展成为以经营银行、证券、保险、资产管理、期货、金融租赁、实业等业务为主的特大型企业集团。

昔日的红色资本家，又在这转轨时期，发挥了原来旧体制下企业主体起不到的重要作用，在中国市场和世界市场之间搭建了重要平台，为国家改革开放事业做出了积极贡献，成为一种开创性的探索。两大公司背后所凭借的都是国家信用，有中央的大力支持。其创始人荣毅仁和王光英当时都是国家领导人级别，两大公司都是按部级建制的，它们肩负的也是把市场经济引入中国的重托。

随着改革开放的深化，中国市场上各种成分的经济体，不再满足于中国市场，也纷纷向海外拓展。

义乌的"中国小商品城"不仅逐步在新疆、北京、内蒙古、福建、甘肃、四川等地办起了分市场和小商品配送中心，还将其辐射能力向海外延伸，先后兴办了乌拉圭分公司和南非分市场，又成立了浙江省外贸公司义乌公司和商城集团外贸公司，积极向国外拓展业务，并取得了外贸自营进出口权，与几十个国家和地区建立了贸易关系。义乌一批骨干企业分别在尼日利亚、俄罗斯、南非、匈牙利、巴西等国建立了分公司或商务机构。从1995年起，义乌市政府与国内贸易部门、中国香港贸发局等合作，每年一度举办"义乌中国小商品博览会"（义博会），受到国内外经贸界的关注。

1985年3月10日，由中国水产联合总公司组织的大陆第一支远洋捕鱼船队，从福建马尾港启航，远涉重洋，驶向异国海域捕鱼。这在新中国渔业发展史上还是第一次。首批航行远洋进行捕捞的渔船，分头奔赴非洲的塞内加尔、几内亚等国及美国内海。根据组织者与捕捞地领海主权国所签的协议，大陆渔船的远洋经营方式多种多样：有的是缴税捕鱼，有的是与主权国共同经营，有的是帮助国家发展本国渔业为条件换取捕鱼许可权。随后，广东、福建、上海、青岛、大连等地也纷纷开始远洋渔业经营。

中国，开始驶向更加广阔的国际大市场。

第五章

"草根创业者"和"共和国长子"都入市场冲浪

市场经济在与计划经济的碰撞和互动中不断改变着资源分配的格局,改变着原来的社会结构和社会认知。一些人在计划经济中享受保护的时候,另一些人在市场中找到了机会和发展。一次薛暮桥在天安门散步时,从那里的照相个体户了解到,他一天可以拍到100份照片,一份7毛5分,成本大约2毛,晚上在家冲洗照片,第二天给客人寄出去,一天可以挣几十元。而那时的普通工人月工资才三四十元。当时社会上流传着"拿手术刀的不如卖茶叶蛋的"说法,即在市场经济中自求生路的卖茶叶蛋小贩的收入比在计划体制下拿手术刀的医生收入还要高。所有的人都面临着选择,国营企业面对个体户和私营企业的竞争,也不得不考虑如何为自己争取生存的空间。习惯计划经济管理方式的各个国家机构,都要重新学习如何管理市场经济。

到市场搏浪

20世纪80年代,摇滚歌星崔健的一曲《一无所有》,引起了一群痛苦、失落、迷惘又无奈的青年们的共鸣,歌曲风行一时。当时广大的下乡知识青年开始大规模从农村返城。党的十一届三中全会后,上山下乡多年的知青,面对未知的前途,加上对亲人的思念,联名给当时中央领导人写信,希望能回城和家人团聚。各地还出现了多起请愿事件,引起了中央高度重视。

1979年,在杭州写书的薛暮桥就遇到了当时浙江知青的请愿活动。尽管他为了集中时间写作,采取了封闭写作的方法,谢绝所有亲朋故旧的探访,但还是提出到现场看望知青。此后,不少知青给薛暮桥写信,诉说心中的苦闷和对未来的期望。薛暮桥也实实在在地为他们谋出路,他提议取消禁令,让广大知青能够自谋出路。他说:"我们现在这样的社会主义生产关系,管得太多,统得过死,国家不能帮助人家广开生产门路,又不准人家自找生产门路,把两只手束缚起来了,只剩下一个嘴巴张着要饭吃。人家看到门路可找,把手动一动,就是投机倒把,复辟资本主义。""过去,各地都在'堵资本主义的路',结果把人民的生路都堵死了,'社会主义的步'也就迈不开了。"他呼吁:"靠山吃山,靠水吃水,凡是能赚钱的都可以干。在不违反国家计划和国家政策法令的条件下,大利大干,小利小干,无利不干。""能不能搞一点自负盈亏的建筑队伍。车站码头食品供应,组织一批小贩来干。""城市居民最忙的是吃饭,卖小馄饨、烤白薯等类的小摊贩也可以恢复起来。洗衣也是一项繁重的家务劳动,现在家庭买不起洗衣机,洗衣作坊有可能买一个洗衣机,这样职工在星期天就可以不至于半天洗衣,比平日更劳累。"①

北京市委有位负责人说:"北京市的'资本主义漏洞'多得堵不胜堵,农民进城干零活一天赚两三元钱很容易。"薛暮桥立即说:"可不可以把这些"漏洞"向城市待业青年开放呢?"②1979 年 7 月 18 日,《北京日报》发表了薛暮桥关于把"漏洞"改成大门的相关讲话。《人民日报》和各地报纸纷纷转载,在社会上掀起了一场关于打破"铁饭碗"的辩论。1980 年 8 月,中共中央颁布《关于转发全国劳动就业会议文件的通知》,提出"劳动部门介绍就业、自愿组织起来就业和自谋职业相结合"。1981 年 10 月,中共中央发布《关于广开就业门路、搞活经济、解决城镇就业问题的若干决定》。

"大碗茶,两分钱一碗,不好喝,不要钱。"1979 年 6 月,20 多名待业青年在北京前门一处低矮的木棚里,吆喝着卖起了大碗茶。拿着借来的 1 000 元钱,他们买了 6 把大水壶、100 个大茶碗、10 口大缸,准备了条桌和板凳,茶社就正式开张了。没想到"大碗茶"经营规模越来越大:大栅栏青年综合服务

---

① 薛暮桥:《谈谈劳动工资问题》,《薛暮桥经济论文选》,人民出版社,1984 年版,第 216 页。
② 柳红:《八〇年代:中国经济学人的光荣与梦想》,广西师范大学出版社,2010 年版,第 73-74 页。

社、大栅栏工艺美术服务合作社、大栅栏贸易货栈、大栅栏贸易公司……1987年,北京大碗茶商贸集团公司成立,并在北京、深圳和海南建起了分公司。1988年,公司将原来卖大碗茶的地方改建为一幢古色古香的茶楼,定名为"老舍茶馆",并将传统戏曲曲艺、北京小吃、各种名优茶汇集一起。

梁晓声在小说《今夜有暴风雪》中,描写了知青返城惊心动魄的场景:

> 知识青年大返城的飓风,短短几周内,遍扫黑龙江生产建设兵团。某些师团的知识青年,已经十之八九。百万知识青年的返城大军,犹如钱塘江潮,势不可挡。一半师、团、连队,陷于混乱状态。

这股知青返城的"飓风"很快就势不可挡,开始"动摇"城市的计划经济体制了。

"漏洞"变成了很多人发家致富的大门,城市的各类闲散人员加入商贩行列。在安徽,9岁起就肩搭秤杆跟随父亲叫卖街头的年广久更是如鱼得水。年广久做生意遵循其父"利轻业重,事在人和"的遗训,凡事不计较,总是多给人一点,被人戏称为"傻"。年广久练就一手炒瓜子的绝活,他炒的瓜子,一磕三瓣,清香满口,很是好吃,回头客非常多,他给自己的瓜子取名为"傻子瓜子"。"傻子瓜子"很快出了名,生意越做越兴旺。瓜子日销售量逐步从最初的几十斤发展到两百多斤,他便陆续请来一些待业青年当帮手,最开始雇了4个,后来雇到12个,日产量达到二三千斤。这下问题来了,据说马克思在《资本论》里有个著名的论断:雇工到了8个就不是普通的个体经济,而是资本主义经济,是剥削。照此推算,年广久就属于"资本家",是"剥削分子"了。到底该怎么论定年广久的性质,在当地展开了激烈的辩论。当然,不止年广久,个体经营壮大了,必然面临如何扩大再生产的问题,要么个体联合经营,要么雇工。当时不少地方出现雇工现象,有些雇工甚至已经达到几百人。年广久的生意规模发展很快。到1983年,他的炒瓜子小作坊发展到103人的"大工厂",加上他儿子开的分店,雇工达到140多人,瓜子日产量达1万多斤,月营业额达60多万元。安徽省委这下坐不住了,立即派专人到芜湖调查年广久,并写了一个报告上报中央。1984年10月22日,邓小平出席中共中央顾问委员会第三次全体会议时作了表态:"雇工问题我的意见是放两年再看。那个能影响到我们的大局吗? 如果你一动,群众就说政策变了,人心就不安了。让'傻子瓜子'经营一段,怕什么? 伤害了社会主义吗?"①年广久因邓小平的这次发言,而成为中国市场经济体制发展中的标志性人物。此后,邓小平又两次发声保护过年广久。邓小平的讲话客观上也给年广久打了广告。年广久的"傻子瓜子"很快打开了江浙沪的市场,迅速向外扩张。在年广久的带动下,芜湖一下子涌现出近60家瓜子企业,瓜子销售量达到3 000万斤,被誉为"瓜子城"。

20世纪80年代中后期,一批计划体制内的人开始不安分了,主动辞职到市场中搏击。在四川,有这样一家兄弟,刘永言毕业于成都电讯工程学院,当时是成都电机厂的工程技术人员;其二弟刘永行,毕业于成都师范专科学校(今西华大学),当时在新津县(今成都市新津区)教育局工作;其三弟刘永美,毕业于四川农学院,当时在新津县农业局做技术员;老四刘永好,毕业于四川工程职业技术学院,当时在中学当老师。刘氏兄弟四人都大学毕业,如果在计划体制内应该都有很稳定的前景。四人却勇敢地辞去其在政府部门、教育机构和国有企业的公职,到四川成都新津县农村创业。他们变卖手表、自行车等家产,筹集1 000元人民币作为创业初期的投入,从种植、养殖起步,逐步向饲料生产发展,打造出中国本土大型的企业集团——希望集团。刘氏四兄弟分别成立公司,在相关领域发展。其中,新希望集团于1998年在深交所上市。

安徽人史玉柱,1984年从浙江大学数学系本科毕业后被分配至安徽省统计局工作。1986年,考上深圳大学软件科学系硕士研究生,其间,史玉柱开发了M-6401桌面排版印刷系统软件。研究生毕业后,他下海创业,带着借来的4 000元钱,史玉柱承包了深圳大学科贸发展公司的电脑部。史玉柱以加价1 000元为条件,向电脑商争取到推迟付款半个月的"优惠",赊账买到一台电脑。他又以电脑做抵押,在《计算机世界》上以先打广告后付款的方式,连续做了3期1/4版面的广告,推销软件。《计算机世界》给史玉柱的

---

① 邓小平:《在中央顾问委员会第三次全体会议上的讲话》,《邓小平文选(第三卷)》,人民出版社,1993年版,第250页。

付款期限只有15天,可一直到广告见报后的第12天,史玉柱分文未进。就在关键时刻,第13天出现了转机:他一下子收到三张邮局汇款单,总金额为15 820元。一个月后,又收到了10万元。他将赚到的所有的钱全部投入广告,边扩大影响力边卖软件,4个月后,仅靠卖M-6401软件就回款100万元,半年之后回款400万元。接着,他带领几个人到计算机实验室里封闭五个月,开发出全新的M-6401文字处理软件系统。1991年4月,史玉柱带着汉卡软件和100多名员工来到珠海,成立了自己的公司——珠海巨人新技术公司。但是刚刚把企业做大的史玉柱感受到了市场的压力,其M-6402系列产品受到了来自香港金山电脑的强烈冲击。为了迅速打开市场,建立起庞大的营销网络,1991年10月,史玉柱宣布只要订购10个巨人汉卡软件,巨人公司就提供往返路费,鼓励买家前来珠海参加巨人汉卡的全国连锁销售会。史玉柱以10万元的代价,吸引了全国200多家大大小小的软件经销商参会,这些经销商不但订了货,还组成了巨人汉卡的营销网络。1991年,巨人汉卡的销量一跃成为全国同类产品之首,公司净利1 000多万元。1992年,巨人集团的资本超过1亿元,史玉柱本人也被戴上各种各样的光环,迎来第一个事业高峰。

市场经济的魅力吸引了无数人。上有荣毅仁、王光英以国家领导人之尊,承担特别使命,在花甲之年,投入市场经济的洪流。还有不少官员,也追随荣、王两位投身市场。另有一些中青年官员,在面临多种选择时毅然放弃仕途,以在市场中打拼作为自己新的人生追求。如王文京,江西财经大学商业会计专业毕业;苏启强,厦门大学经济学院会计系毕业。两人于1983年被分配到国务院机关事务管理局财务司工作。1988年,已经担任副科长的王文京和他的伙伴苏启强却决定从机关辞职,合伙创办公司。他们看准了财务软件的市场前景,于是共同创办了用友财务软件服务社。当初两人去北京海淀区工商局办理公司执照,因为不想挂靠集体,只好到隔壁个体科领了本个体工商户的执照,所以他们企业最初的名字叫服务社。他们在1990年成功注册了私营企业,改称"用友软件公司"。2001年,用友公司上市,今天已经是国内大型的财务软件企业,中国500强企业中超过60%是用友的客户。

还有一批从政府部门和国有企业辞职创业的企业家。柳传志下海前在中科院人事局领导干部处工作，1984年下海。柳传志回忆称走上创业之路，是因为"憋得不行"。他说："我真的去做一个一般的干部，我相信我也能做得好。"王健林下海前是大连市西岗区人民政府办公室主任，他于1988年下海，次年创办万达集团。王健林说他不喜欢四平八稳的生活，他的人生需要挑战性，需要波澜壮阔。王石下海前在广东省外经委工作，1984年下海创办万科集团。任正非下海前在南海石油后勤服务基地工作，1987年下海创立华为公司。梁稳根下海前任兵器工业部体改委副主任，1986年下海创办涟源特种焊接材料厂，后更名为"湖南三一集团有限公司"。这些创业者都赶上了中国20世纪80年代的第一次下海潮。

人生的选择是多样的，除了下海，还有一批青年学者选择通过自己的研究来推进市场经济体制改革。他们冲破各种阻力，积极建构中国市场经济理论体系。1984年，由中国青年经济学者自发组织的莫干山会议，因受到最高领导层的关注且对改革产生了实质性影响而轰动一时，也进一步激起了大家的研究热情。不久在北京形成了北京青年经济学会、北京市青年经济研究会等由中青年学者组织的研究群体。

北京青年经济学会每月举办一次研讨沙龙，最初地点设在陶然亭公园，后来又改在北京天文馆等地，大家自愿参加，每次有至少两个主讲人，听后与会者提问、讨论。周小川、刘克崮等后来的部门领导者，当时都以中青年研究者的身份当过主讲人，刘克崮曾给大家讲行政体制改革的思路与方案设想，讲述清楚明晰、深化务实，让人折服。关于这个沙龙的活动，当时风行的柯云路改革系列小说中，曾有过生动的场景描写。

北京市青年经济研究会由当时已走上北京市政府系统内较高领导岗位的陈元、马凯等青年经济学者组织成立。1986年陈元主持的"中国经济紧运行"大型专题研究，被列入国家社科重点课题，动员了约百名在京的中青年研究者，举办过数次大型研讨会，中小型的研讨会议就更多了。这个课题研究的背景是1985年我国城市改革出师不利、改革意图实际受挫之后，"改革综合疲劳症"之说开始有所表现，有些中青年人开始流露出急功近利色彩，有人用"改革方案万万千，各领风骚三五天"描写当时情景，而匈牙利经济学家科尔奈从社会主义经济运行机制角度引出的"短缺经济学"研究成果，给了中国人重要的启示。于是，一群中青年人开始在"中国经济紧运行"课题研究中，静下心来力求系统、深入地进行中国经济运行机制的实证研究，他们认为真正解决了社会主义经济运行"是怎样"和"为什么这样"的实证考察分析之后，改革何去何从的"应该怎样"的问题答案，就可能"呼之欲出"了。

这些活动激发了很多青年经济学者的研究热情，财政部财政科研所的一些中青年学者在时任财科所所长许毅同志的大力支持下，也创办了全国中青年财政理论研究会。他们借鉴莫干山会议的模式，举办了全国征文，以文选人，在时任吉林省财政厅厅长宁学平的鼎力相助之下，第一次全国中青年财政理论研讨会于1985年冬在长春举办。长春会议的气氛极为热烈，来自全国的近200位中青年人各抒己见，"挂牌讨论"直到深夜乃至凌晨两点，散会时在回北京的列车上还在"挂牌讨论"。会议所在宾馆的工作人员说："从来没见过你们这样开会的！"财政部业务司局的一些同志也应邀到会发言并参加讨论，积聚在年轻人心中的许多思想和不吐不快的建议得到了较为充分表达的机会。后来，全国中青年财政理论研讨会曾先后在淄博、抚顺、郑州、上海、苏州等地举行过年会与专题研讨会，客观上培养了一大批年轻的财政人。

在高校，这样的讨论同样热烈。北京大学三角地也成了"挂牌讨论"的挂牌地，不少同学把自己的主张写成大字报，贴在三角地，注明自己的宿舍，欢迎大家来和他辩论。当时大学的相关课程，出现了政治经济学和西方经济学并存的局面，经济增长和发展理论、国际经济学、比较经济制度、经济计量学和数学在经济学中的应用、国民经济核算、部门经济学、经济法、经济学流派等课程逐步在大学开设，大大丰富了市场经济建设理论的内容。1980年，高鸿业翻译的萨缪尔森的《经济学》，一出版即洛阳纸贵，长盛不衰。高鸿业自己主编的《西方经济学》，至今还是大学经典教材。当时很多新课程，老师也都是边学边教。

20世纪80年代的青年学子有一个共同点，就是都有着强烈的使命感。身处中国向市场经济进发的伟大征程的最前端，他们的奋斗精神融入市场经济大潮,升华为一种为改革建功、为人生注彩的情怀,欣逢大时代,感时思报国。

国营企业直面市场

在计划经济体制下的国营企业,只是完成国家计划的一个生产单位,当时称为"国家预算单位",这样的企业没有任何自主权。企业生产什么和生产多少都由国家计划,成本和价格由国家确定,折旧和大修理基金由财政控制,定额流动资金由财政无偿拨付,企业挣得的利润全额上缴财政。可以说,既无自主权,也没有"自主钱"。这在中国经济发展的特定历史时期无疑曾有其客观原因,甚至有一定积极作用,但是在这种体制下的国营企业一切活动由国家控制,企业自身没有提高效率的手段,也缺乏提高效率的动机。企业的低效率妨碍了经济的发展和人民生活的提高,改革势在必行。农村改革后,乡镇企业异军突起,如雨后春笋般在全国迅猛发展,也开始和国营企业竞争资源、抢夺市场,资源配置问题也牵动着国企改革的神经。

国企改革也就从放权让利开始。早在 1978 年年底,四川省政府在宁江机床厂等六家企业进行扩大自主权的试点,做法是给企业一个增产增收的目标,允许它们在实现目标以后分享少量利润。1979 年起,四川省的试点单位扩大到 100 个,涵盖了冶金、机械、煤炭、化工、建筑、轻工、纺织、交通等各行业,制定了 14 条办法,主要是可以在完成国家计划后组织计划外生产,自行销售这些计划外产品,再用这些资金扩大再生产。扩大自主权事实上已经使企业从一个完成国家计划的生产单位,变成了一个部分面向市场的经济单位。以前生产、销售都由国家计划安排,现在有部分产品要自己去寻求市场,企业不得不学习如何推销计划外的产品。1979 年 6 月 25 日,《人民日报》刊登了四川一家国营机床企业的商品广告,这是国营企业自改革开放以来做的第一次广告。国营企业扩大自主权的试点很快见到了成效,据统计,1979 年和 1978 年相比,100 家试点企业中的 84 家,总产值增长 14.9%,利润总额增长 33%,上缴利润增长 24.2%,普遍高于非试点企业。实实在在的利益激发出空前活力,企业和员工的积极性都被调动起来。

1979年7月，全国工交工作会议在成都召开，当时的财政部吴波部长、吕培俭、张瑞清副部长参加了会议。会议对企业改革进行了大讨论，会后，国务院正式发布了《关于扩大国营工业企业经营管理自主权的若干规定》《关于国营企业实行利润留成的规定》《关于提高国营工业企业固定资产折旧率和改进折旧费使用办法的规定》《关于国营工业企业实行流动资金全额信贷的暂行规定》等文件，以中央文件的形式确立了对国营企业的"放权让利"改革，并向全国企业推广扩大企业自主权和实行利润留成的改革措施。除了规定企业可以在保证国家计划的前提下自行生产销售计划外产品，文件决定实行企业利润留成的办法，还规定在增加盈利的基础上，逐步提高固定资产折旧率和改进折旧费的使用办法。为了鼓励企业发展新产品，有关新产品的费用可以规定一定比例从企业实现的利润中留用。同时，文件中还下放了一定的企业人事权。企业可以自行决定机构设置，任免中下层干部，按国家劳动计划指标自行择优录用职工。到1980年，试点企业发展到6 600多个，占到国家预算内工业企业的16%。由于试点企业多是国营大中型企业，所以产值占到60%，利润占到70%。在1980年召开的中共中央工作会议上，邓小平高度肯定了扩大企业自主权的试点工作："今年扩大企业自主权的试点单位，已经达到六千多个。这些单位的产值占到全部工业总产值的60%左右。怎样把国家利益、企业利益、职工利益比较好地结合起来，调动各方面的积极性，我们开始找到了门路。"[1]

利润留成制度下，利润多或少的企业都有比例分成，亏损企业国家补贴，因而还没有从根本上解决"吃大锅饭"的状况。同时，现实情况千差万别，利润留成办法无法对高低悬殊的利润进行自动调节，需人为调整变动，从而造成企业间苦乐不均，存在"吵基数""鞭打快牛"等问题，但是，这一办法开始突破统收统支、统负盈亏的企业分配制度，在一定程度上调动了企业和职工的积极性。它不但标志着以企业经营自主权的下放拉开了国企改革的序幕，同时也标志着通向市场经济的大门已经为国企开启。

也就是1984年3月24日，《福建日报》头版头条刊出福建省55位国营

---

[1] 邓小平：《贯彻调整方针，保证安定团结》，《邓小平文选（第二卷）》，人民出版社，1994年版，第362页。

企业厂长经理的呼吁书《请给我们"松绑"》，第一次明确提出"实行厂长（经理）负责制"的主题。之后，《人民日报》《光明日报》《红旗》等权威媒体相继转发呼吁书，《福建日报》在头版重要位置陆续刊发《勇于改革支持"松绑"搞活企业——对五十五名厂长、经理呼吁的回声》，报道省经委、财政厅、劳动局、福州市等部门和地方出台的支持国有企业改革的措施。"松绑放权"的呼声，很快在全国上下赢得共识。1984年5月，国务院发布了《关于进一步扩大国营工业企业自主权的暂行规定》《关于认真搞好国营工业企业领导体制改革试点工作的通知》，除了进一步扩大企业自主权，还在北京、天津、上海、沈阳、大连、常州等城市试行厂长负责制。1984年10月党的十二届三中全会通过《中共中央关于经济体制改革的决定》，强调指出增强企业活力，特别是增强全民所有制的大中型企业的活力，是整个经济体制改革的中心环节。会议还提出，要使企业真正成为相对独立的经济实体，成为自主经营、自负盈亏的商品生产者和经营者。这为国营企业进一步改革指明了方向。

与农村改革相比，国营企业改革要复杂得多，涉及面也更广，既要尽量扩大改革效果，也要尽量减少改革可能带来的各种矛盾。国营企业应该如何改革，在当初并没有明确的目标模式，只能走一步看一步，对财政与企业的关系也是小心地探索。由于农村承包制的成功，"包字进城""一包就灵"的思潮曾经影响和干扰国企改革的思路，在财企关系的争论中，甚至一度出现了征税就不能搞活企业的言论，要求税都减掉，利都让给企业。最后中央确定的基本方针是"管住两头"：一头是要把企业搞活；一头是分配中国家要得大头，企业得中头，个人得小头。

1984年3月28日，石家庄造纸厂门前出现一份《向领导班子表决心》的"大字报"："我请求承包造纸厂！承包后，实现利润翻番！工人工资翻番，达不到目标，甘愿受法律制裁。我的办法是'三十六计'和'七十二变'，对外搞活经济，对内从严治厂，关心群众生活……"这份"大字报"的作者是该厂业务科长，46岁的马胜利。

"大字报"贴出后，厂领导说他要"抢班夺权""野心大暴露"，而厂里的工人则拍手称快。当时石家庄造纸厂的境况是：当年国家下达的年产利润计划为17万元,虽然该厂拥有800多人,是一个规模不小的厂,当时的厂领导却不敢接下来,讨价还价说还得亏损10万元。"结果马胜利杀了出来,他说:'要是我,把17万元调个个儿,实现利润70万元。'"[①]最后,石家庄的市领导拍板鼓励马胜利承包。造纸厂生产的是家庭用的卫生纸,业务科长出身的马胜利主要在产品结构和销售激励上下工夫。根据市场需求,造纸厂把原来的一种"大卷子"规格变成了六种不同的规格,颜色也由一种变成三种,还研制出"带香味儿的香水纸巾"。一系列的措施让厂子顿时有了活力。结果,承包第一年就为厂里盈利140万元,承包4年,利润增长21.94倍。1985年7月26日,中国的主要报纸都刊登了新华社的长篇通讯,题目是《时刻想着国家和人民利益的好厂长马胜利》。

1987年,马胜利开始"放眼中国",决定承包20个省、100家中国造纸企业。1988年1月19日"中国马胜利造纸集团"成立,他一人担任100家分厂的法人代表。1988年,马胜利和鲁冠球、汪海等20人荣获中国首届企业家金球奖。1986年和1988年马胜利两次获得五一劳动奖章。其间四次受到邓小平接见。虽然,马胜利最后在市场的搏击中由于"盲目扩张"等原因失败了,其中有值得思考总结的经验教训,但是他在改革中所表现出的闯劲与企业家精神是值得称道的。

取法农村改革的"承包制"与社会化大生产中的现代企业运行机制其实有着先天的不合拍。在试行承包制的同时,已经有很多人在呼吁引进股份制,建立现代企业制度。

实际上,股份制也是农民在发展社队企业、乡镇企业和扩大规模经营的实践中自发先干起来的。改革开放不久,很多地方的农民就遇到了生产资金不足的问题,于是自发地采用了集资入股、合作经营和股金分红的办法。1983年1月,中共中央在《当前农村经济政策的若干问题的通知》中指出,"经济联合是商品生产发展的必然要求,也是建设社会主义现代化农业的必由之路"。当时对以按劳分配为主体下分配方式多样化的肯定,实际承认了股份制经济在中国发展的必要性。1984年年初,中共中央明确

---

① 鲁超国、刘海鹏:《马胜利:企业承包第一人》,《齐鲁晚报》2008年4月16日。

提出,"允许农民和集体的资金自由地或有组织地流动,不受地区限制,鼓励农民向各种企业投资入股"。此后,股份制经济在中国得到了更大发展,地域范围也从农村扩大至城市,也有不少地方开始在国企改革中尝试股份制。

1986年12月,国务院在《关于深化企业改革增强企业活力的若干规定》中明确指出,"各地可以选择少数有条件的全民所有制大中型企业,进行股份制试点"。1987年,时任国务院总理李鹏找了北京几家研究单位的人召开了座谈会,中央党校教授王珏提出,"成立股份制公司、建立现代企业制度,应该是我们国有企业改革的目标模式"。李鹏听后表示,"大家的倡议都不错,作为政府,要博采众长"。当时高层对承包制、股份制处在探索和观察中。到了1987年10月,党的十三大报告指出,"改革中出现的股份制形式,包括国家控股和部门、地区、企业间参股以及个人入股,是社会主义财产的一种组织方式,可以继续试点"。党的十三大报告公开对股份制的认可,激励了股份制的发展。1987年以后,各地试点股份制的企业逐渐增多。至1988年年底,实施股份制改造的全民所有制企业在辽宁、山东、湖北、上海等16个省市中共有857家。

过去被称为"共和国长子"的国有企业,在市场取向改革的新时期,也合乎逻辑地"下海冲浪"。国营企业改革在市场的风浪中,努力探索着如何适应市场经济。市场是无情的,它才不管什么所有制。早在1980年,芜湖一家名为"傻子瓜子"的瓜子坊突然降价,从国营牌价的每斤2.4元降到每斤1.76元。这使几家国营瓜子企业的销量一下受到影响,它们不得不应战。除了跟着降价,还将品种由原来的两三个增加到13个,在竞争激烈的芜湖瓜子市场抢到40.6%的份额。在市场竞争中,很多国企也不得不面对失败。1986年8月3日,沈阳市人民政府举行新闻发布会,宣告沈阳市防爆器械厂破产。这是中国首家公有制企业宣告破产。1980年9月9日,沈阳市皇姑区副食品公司将所属3家小商店公开面向私人进行拍卖。

1986年12月2日,国家颁布《中华人民共和国企业破产法(试行)》,这标志着能否适应市场的需要,将成为企业存亡的唯一标尺。

学习管理市场

可口可乐进入中国的过程，并不是很顺利，当时可口可乐公司本计划在上海设第一家工厂。因为1927年可口可乐第一次进入中国，就是在上海设立了第一家工厂，到1948年撤出中国内地市场，共经营了21年。据说当时可口可乐生产线，按照周恩来总理的指示拆下来运往北京，成了北京"北冰洋"汽水厂的第一条生产线。这次重返中国内地市场，可口可乐公司还是想在上海兴建第一家工厂。不想遇到了上海方面的强烈反对，有人指责中粮引进可口可乐是"卖国主义""洋奴哲学""引进美国生活方式""打击民族工业"等。最后，可口可乐公司只好在北京开设了第一家工厂。后来可口可乐公司在广州设立第二家工厂，又遇到不少人反对，还是当时的国务院副总理谷牧指示"按原计划进行"，才最终建成。

北京的第一家装瓶工厂建成之后，很快就有人表示不满，说"中国的汽水就不能满足人民的需要吗？就不能满足外国人的需要吗？干嘛非要喝可口可乐？"并请中粮作出解释。为此，中粮专门写报告阐述了理由，说明我们尚未掌握软饮料生产灌装技术，引进这套设备，有助于技术进步。其中甚至说到可口可乐含有中国的桂油等中药，包含了中国成分在里面，总算应付过去。

可口可乐产品最初只是供应旅游饭店，收取外汇。1982年，当时负责对外贸易事务的外经贸部同意内销。于是可口可乐公司选择了一个周末在北京做推销活动，买一瓶可乐，送一个气球或一双带包装的筷子。虽然一开始不少国人对可口可乐还不习惯，但在那个物资紧缺的时代，购物赠物还是吸引了不少人。北京各大报纸对此做出强烈反应。《北京日报》的"内参"以《可口未必可乐》为题发表文章，认为在国家缺少外汇的情况下，引进可口可乐是浪费国家大量的外汇资源。

1986年，可口可乐公司想把浓缩汁厂也建到中国，由于配方保密，美方希望独资。但在当时还不允许外商独资，于是中国提出个方案，由可口可乐建两个厂，一个浓缩汁厂，一个汽水厂，再由美方把汽水厂赠送给中方，然后两个厂组成一个联合董事会，中美各控股50%，组成一个合作企业，这就是第一个中美合作企业。当时把浓缩汁从浓缩汁厂运到隔壁的汽水厂,需要提前半年申请配额,差不多要盖48个章。外资在进入中国市场过程中,不得不和中国原有体制有所碰撞、磨合,这中间也诞生了很多智慧,中国管理者都一步步走了过来。

虽然当时外商非常积极地希望早日抢占中国市场,而中国还没有完全准备好。很多外企进入中国,都要牵动最高层的神经。可口可乐公司在进入中国市场的过程中,多次得到国家领导人的批示,可口可乐公司奇怪为什么很多事会需要政治局常委批准。两种体制在碰撞中,相互适应。中国也在其中学习管理市场经济的经验,最初国家的经济法就是因为管理外国企业的需要开始建设的,也由此带动了中国经济法体系的逐步建立和不断完善。1979年7月,中国颁布了《中华人民共和国中外合资经营企业法》。

1980年9月10日五届全国人大三次会议通过了《中华人民共和国中外合资经营企业所得税法》和《中华人民共和国个人所得税法》。当时着急制定的个人所得税法主要是针对外籍人士的,定的800元扣除标准也是参考外籍人员的收入水平而定的。为了制定好这几部法,1979年9到10月,财政部税务总局在大连召开国际税收研习班,研究国外税制,主要是研究国外的公司所得税,包括国外公司所得税的一些基本概念和理论,包括累进税率、属地原则和属人原则、税收抵免等国际税收的一些基本理念等。通过国家税收研习班,参会者对国外的个人所得税、公司所得税基本搞清楚了。此后中国相关税制的改革拉开了帷幕。

改革开放后,对外交往逐步扩大,不仅包括外资企业,还有各类对外经贸活动,包括引进外资、世界银行贷款等,都涉及会计制度不统一的问题,外方看不懂中国的会计报表,我们原来的会计制度框架不能反映外商投资保值增值和按投资比例分配利润的实际情况。各方面的矛盾不停地汇集到财政部会计司,每天都不停地有电话询问相关会计处理办法。财政部会计司从1979年开始调查研究,学习国际会计惯例,起草相关法规,终于在1985年完成。1985年3月4日,财政部正式发布了《中外合资经营企业会计制度》,于1985年7月1日起实施。在此基础上,财政部又陆续发布了《外商投资企业会计制度》《外商投资工业企业会计科目和会计报表》《外商投资旅游企业会计科目和会计报表》，基本形成了涉外会计核算制度体系。这也启动了中国本身的会计制度改革，逐步向国际趋同。

理顺国家与企业的关系，是建立适应市场经济的管理制度的关键环节。薛暮桥早在《关于经济体制改革的初步意见》里就提出利用财政税收、银行信贷、价格等经济杠杆来调节经济的主张。从1980年起，财政部就在一些国营企业进行了"以税代利"的试点，即将上缴利润改为征税。1982年五届全国人大五次会议肯定了利改税的方向，并提出分两步走。两步利改税完成后，国家又择机进行了工商税制的全面改革，逐步建成了以流转税和所得税为主体、其他各税配套并存的多环节、多税种、多层次调节的复合税制体系。这样不仅把国营企业进一步从计划体制中解放出来，也为各类经济体在市场中平等竞争创造了条件。

改革中最困难的可能首先还是思想意识形态的转变，无论是国家领导人、各级领导干部，还是普通的人民群众，这种思想意识的转变都需要一个过程，需要较长的时间。1978年的改革开放，就是从真理标准问题的大讨论开始的，引导人们认识到实践才是检验真理的唯一标准。邓小平呼吁要进行思想的"拨乱反正，打破精神枷锁，使我们的思想来个大解放"[①]。在此后，我们还是不断受到思想禁锢的影响。如前面提到的年广九，还有可口可乐的案例，问题都需要提交到最高决策层才能解决，这些反映了思想解放是不会一蹴而就的，是一个长期过程。邓小平总能以"先试试看"之类的智慧来避免争论，不争论或少争论，让事实来说话。1992年，邓小平南方谈话中提到："对改革开放，一开始就有不同意见，这是正常的……不搞争论，是我的一个发明。不争论，是为了争取时间干。一争论就复杂了，把时间都争掉了，什么也干不成。不争论，大胆地试，大胆地闯。"[②]被誉为"改革先锋"的当年蛇口工业特区的掌舵人袁庚，在庆祝改革开放30年时

---

① 邓小平：《在全军政治工作会议上的讲话》，《邓小平文选（第二卷）》，人民出版社，1994年版，第114页。
② 邓小平：《在武昌、深圳、珠海、上海等地的谈话要点》，《邓小平文选（第三卷）》，人民出版社，1993年版，第250页。

回首往事,为当年胆子还不够大感到遗憾。

在改革开放的决策中,中央领导为了广泛听取意见,建立了多个平台,使更多的学者能够提供意见,特别是吸收了很多青年学子的建议,这是非常难得的;同时,也邀请国外专家学者来提供意见,不仅有欧美专家学者,也包括了东欧国家的专家学者,广泛地了解各方面的经验教训,尽可能使决策更加科学,更加可行。这也是改革开放能够取得成绩的一个原因。其中,值得铭记的就有两次莫干山会议。

第一次莫干山会议是指1982年7月11日至16日,国务院经济研究中心和国家体改委①同世界银行一起邀请国外著名经济学家在莫干山召开的经济体制改革讨论会。与会专家们结合苏联、东欧经济体制改革的经验教训,进行了广泛的讨论,还谈到了改革可能出现的副作用,提出了很多改革的建议。薛暮桥在回忆录中提到忘不了的还有莫干山的美景:"有翠竹千顷,景色宜人,剑池飞瀑最为幽胜。"他还乘兴赋诗一首:

幽谷飞瀑涤俗尘,林泉深处养劳神。
文山会海无已付,不如偷闲理经纶。
除旧更新疑难多,中外贤哲共琢磨。
莫道胸怀千顷竹,老马岂能尽识途。②

这首诗不仅表达了对莫干山美景的抒情,也委婉表达了对青年学子的期许。也许冥冥中自有天意,不久便有了产生巨大影响的第二次莫干山会议。

第二次莫干山会议是指1984年9月3日至10日,在莫干山召开的一次全国性的中青年经济科学工作者讨论会。它被称作"经济改革思想史的开创性事件",是青年经济工作者的一次集体发声。当时的国家领导人还派代表参会,听取青年经济学家对改革的建议。会议的讨论和建议引起了当时国家领导人的重视,也为20世纪80年代的改革提供了重要的思路。一批中

---

① 国家经济体制改革委员会是国务院原有组成部分,简称国家体改委。
② 薛暮桥:《薛暮桥回忆录》,天津人民出版社,1996年版,第68页。

青年经济学者也从这次会议脱颖而出,莫干山会议成了改革史上一次重大事件。这次会议的筹备者是一群"热血青年",他们联络了方方面面的人士,得到浙江省省级研究机构的支持,通过全国征文来选取参会者,共商国家改革大计。

在莫干山会议上,气氛十分热烈。在各个分组讨论之外,还有"挂牌讨论",即专题讨论。题目张贴出来,同时注明时间、地点,与会者自愿参加。有一次"挂牌讨论"的主题是价格改革问题,田源、华生、张维迎作重点发言后,大家自由提问或发表自己的见解。会后向中央决策层汇报的基本观点分为"调放派"和"双轨派",前者强调"先调后放、调放结合"来理顺价格体系和价格形成机制,后者则强调可以先形成"价格的计划控制轨和自主(市场)定价轨"双轨运行的局面,在边际上和增量上逐步扩大市场调节的作用,最后再并为市场一轨。价格调放和价格双轨制的思路,后来在中国改革发展的现实生活中产生了重大的影响作用,特别是后者,不过其功过到现在还存在争论。

当时对中央决策影响较大且值得一提的还有在长江上举行的"巴山轮"会议。1985年9月,中国经济体制改革研究会、中国社科院和世界银行联合召开了宏观经济管理国际讨论会,共邀请了60余名中外专家参加。这些专家包括1981年度诺贝尔经济奖得主美国耶鲁大学教授托宾、英国皇家经济学会前会长阿莱克·凯恩克劳斯、法国国家计委前主任米歇尔·阿尔伯特、联邦德国中央银行前行长奥特玛·埃明格尔、匈牙利科学院经济所研究部前主任雅诺什·科尔奈、英国牛津大学高级研究员弗拉基米尔·布鲁斯、前南斯拉夫法学院经济研究所所长亚历山大·巴伊特、美国波士顿大学经济学教授里罗尔·琼斯、世界银行驻华办事处首任主任林重庚、世界银行经济学家伍德、日本兴业银行调查部时任主任小林实等一大批国外著名经济学家。中国参会专家有薛暮桥、安志文、马洪、刘国光、陈如龙、童大林、尚明、高尚全、吴敬琏、张卓元、项怀诚、楼继伟、郭树清等。

会议在长江上一艘叫"巴山轮"的游轮上举行。与会专家一同乘坐游轮从重庆出发沿长江向东,经石宝寨,过云阳县城,在奉节小憩;又行至巫山,换乘两头尖、肚儿圆的柳叶船游览小三峡;再经葛洲坝到宜昌、沙市(今荆州)、武汉。前后五天,其间还走访了农户、参观了集贸市场。会议最后形成了七大专题报告,它们的主题分别是"目标模式和过渡步骤""财政政策与宏观管理""货币政策和金融体制的改革""收入政策与宏观管理""经济增长与投资问题""通货膨胀和价格问题"以及"实现宏观经济间接控制目标的一个重要前提"。会后整理出版了《中国的经济体制改革——巴山轮"宏观经济管理国际讨论会"文集》。按照吴敬琏的判断,"巴山轮"会议使国务院领导坚定了实施宏观稳定政策的信心。吴敬琏还透露,会议上1981年诺贝尔经济学奖获得者托宾教授的发言起了很大的作用,托宾认为中国政府应该立即采取"三紧"的政策(即紧的财政政策、货币政策和收入政策)来抑制通货膨胀。[1] 不久,国家在起草"七五"计划中,吸收了"巴山轮"会议的部分成果。

---

[1] 吴敬琏:《当代中国经济改革》,上海远东出版社,2004年版,第356页。

第二篇

春天的故事

第六章
"社会主义市场经济"横空出世

　　1988年的"价格闯关"失利被认为是1978年改革开放以后影响比较大的一次经济失控,"闯关"决策刚一实施就因触发抢购风潮而宣告失利,中央随即调整政策提出"宏观调控,治理整顿"的方针,这意味着转入"全面的治理整顿"。"价格闯关"失利及其经济问题社会化、政治化导致随后中国的经济发展和改革都一度陷入了低谷。几乎"前后脚"发生的苏联和东欧"社会主义阵营"的崩溃瓦解,以及西方国家对中国所实行的政治封锁和经济制裁,更使中国必须直面内忧外患。而1992年初邓小平南方谈话,成为一个重要的历史转折点,为中国的发展拨正航向,为中国的改革开放注入了新的生机与活力。随后,党的决策集体于党的十四大上正式确立社会主义市场经济目标模式,党的十四届三中全会以最高层级的正式文件,吹响改革号角并作出行动部署,中国经济改革进入新的历史发展时期。

"价格闯关"失利后的大论战

　　价格是市场经济运行的核心机制。在从计划经济向市场经济过渡过程中,将价格的决定权由行政计划交还给市场,是重要而关键的一步。1984年10月党的十二届三中全会通过的《关于经济体制改革的决定》提出,价格体系的改革是整个经济体制改革成败的关键,要求建立合理的价格体系。随着农村家庭联产承包责任制的推行、人民公社体制的废除、乡镇企业的兴起,中国经济形势发生了巨大变化,通向市场化的道路已经呼之欲出。如果说1978年开始的农村改革带有很大的自发性,是"摸着石头过河",而到了1984年,改革的风潮已经由农村吹到城市,将在神州大地全面推开,必然需要设计下一步改革从何处起步。

打开市场化的道路是从企业改革入手还是从价格改革入手?中国的政治家和经济学家都在思考。在当时,由于过去长期忽视价值规律的作用和体制僵化等历史原因,价格存在相当紊乱的局面,商品的计划价格既不反映价值,也不反映供求关系。如果从企业改革着手,紊乱的价格信号会使企业无法作出正确的决策,当然企业改革还必然会带来更多意识形态的牵绊,如果从价格改革入手,倒逼企业改革,改革带来的阻力可能会小很多。在1978年改革开放之初,政府就逐步提高了部分农产品价格,由于措施比较谨慎,对城市居民进行了必要的补贴,过程比较平稳。所以,决策层对进一步推开价格改革还是很有信心的。但价格改革毕竟直接关系到人民切身利益,影响公众生活,为了使改革平稳推进,价格改革之初选择了"双轨制"的思路。

"双轨制"就是同一商品两种价格,在国家指令性计划下开出一个口子,企业在计划外多生产的商品可以到市场上按照市场价格销售。由于市场价格大大高于计划价格,这就极大刺激企业多生产计划外商品,使国民经济焕发出活力和生机。在"双轨制"下,原来只能在黑市交易的商品,也能正大光明上市交易,乡镇企业只要支付较高的价格,也能顺利在市场采购到各种原材料。但是由于"双轨制"下两种价格的差别,出现了严重的"官倒"渔利现象,滋生大量腐败问题,给经济秩序造成混乱,引起广大人民群众的不满。这也使中央开始考虑"价格闯关",争取使价格的市场化形成机制尽快到位。从一定意义上讲,通过价格"双轨制"的过渡逐步实现计划价格向市场价格的转变,推动了社会主义市场机制的建立和形成,降低了体制转换的成本,但如"双轨制"迟迟不能"并轨",也会产生新的矛盾和问题[1]。

---

[1] 2011年11月8日,经200余位经济学家、著名大学经济院系和研究机构负责人、主要经济和学术媒体负责人以记名投票方式评选,第四届中国经济理论创新奖颁发给由华生、蒋跃等人组成的研究组和以田源、张维迎为主要贡献人的"价格双轨制理论"。这也是1984年莫干山会议最重要的成果,是对改革发挥了引导和推动作用的理论创新。

1988 年 3 月 25 日，七届全国人大一次会议在北京举行。邓小平出席了会议，并在会议期间向李鹏询问，人大代表们意见最大的是什么事？李鹏回答，是价格问题。李鹏讲到了当时价格"双轨制"造成的腐败和经济秩序混乱情况。邓小平说要下决心闯过价格这一关。事后，李鹏向政治局传达了邓小平关于"加快价格闯关、长痛不如短痛"的意见。

1988 年 5 月，邓小平再次与新当选的国务院总理李鹏谈"价格闯关"。5 月 18 日上午，邓小平会见莫桑比克总统、莫桑比克解放阵线党主席若阿金·希萨诺。在介绍中国问题时，他提到了价格改革问题，认为"不解决这个问题就不能前进"，但也指出"要解决这个问题，每一个步骤都涉及千家万户，涉及每个人的生活问题"。5 月 19 日上午，邓小平在会见朝鲜劳动党中央政治局常委、朝鲜人民武装力量部部长吴振宇，谈到中国物价改革问题时指出"理顺物价，改革才能加快步伐"。他对客人说到中国历史上有个关公过五关斩六将的故事，他说，"我们可能比关公还要过更多的'关'，斩更多的'将'。过一关很不容易，要担很大风险。这就要求我们每走一步，都兢兢业业，大胆细心，及时总结经验，发现问题就做些调整，使之符合实际情况。但是物价改革非搞不可，要迎着风险、迎着困难上。十全十美的方针、十全十美的办法是没有的，面临的都是新事物、新问题，经验靠我们自己创造。我总是告诉我的同志们不要怕冒风险，胆子还要再大些。如果前怕狼后怕虎，就走不了路"。①

现在回头来看，当时推动"价格闯关"的时机并不合适。价格改革的同时应该考虑社会承受能力与货币政策的可操作空间，但从 1984 年出现银行"突出放贷"、1985 年年初起"经济超高速"之后，贷款规模增加，货币供给的迅速扩张与普遍的通胀预期相互交织。到 1988 年 2 月，由于投资过热，通货膨胀已经到了十分严重的地步，消费物价指数 CPI 为 13%～14%，价格问题成为社会上最受关注的问题。这个时候推动"价格闯关"的风险无疑是巨大的。当时中央领导层也有不同意见。1988 年 5 月 18 日，姚依林到陈云那里通报对价格、工资改革的意见。陈云问："物价连涨五年，情况会有什么变

---

① 中国经济体制改革研究会：《1998 年中国改革开放大事记》，中国民革信息库，2008 年 5 月。

化?"姚依林答:"价格总水平提高60%~80%,工资增加100%。"陈云表示怀疑,说:"物价每年上涨10%,连涨5年,我打个很大问号。"①姚依林说:"这条路是否走得通,我也没有把握。"②

1988年5月25日至27日,中央十多个部委的领导和两位经济学家参加的商议价格改革的会议上,各部委领导都同意立即进行"价格闯关"。经济学家刘国光提出不同意见,他认为,年初开始,各地已经发生了零星的抢购风潮,如果立即进行价格改革,势必促使通货膨胀预期完全形成。几个月前曾表态"闯关有风险,过后是平川"的吴敬琏此时表示,刘国光所说的基本道理是对的。打"时间差"要以居民还存在货币幻觉、没有形成通货膨胀预期为前提,这时多发票子他们不会马上作出反应。但是,1988年4月已经出现了储蓄负增长和零星抢购,在这种情况下实施激进的价格改革方案,可能会使通胀预期完全形成并出现银行挤兑和抢购现象。例如韩国,朴正熙搞"重化工业运动",认为打"时间差"是个好主意,结果造成严重通货膨胀,政局动荡,这种教训不能不汲取。5月28日,陈云同李鹏谈话,明确反对"价格闯关",他说:"每年物价上涨10%,办不到。我是算账派,脑子里有数目字。价格在你们有生之年理不顺,财政补贴取消不了。"③虽然陈云有不同意见,但他的意见最终没被采纳。

1988年8月,中央在北戴河开会时,仍然制订了一个方案,计划用两到三年的时间实现"价格闯关",并准备在党的十三届三中全会上通过物价改革的方案。根据党的十三大报告中"重大情况让人民知道,重大问题经人民讨论"原则,政治局会议都要发公报。由于缺乏经验,在公报中就把"价格闯关"的计划公开了。8月16日方案公布,一石激起千层浪,市场上立刻有了强烈反应,在计划价格覆盖面与控制效力都已大打折扣的情况下,一时间市场物价飞涨,社会上出现了"提款风""抢购风",钱多的抢购家用电器,钱少的囤积日常用品。8月下旬,抢购达到高潮,不少农民也带款进城参加抢购,上海等地不得不采取紧急措施,恢复凭票供应生活必需品的老办法。近8月底,经济形势十分严峻,8月30日,国务院正式发布通知,下半年不再出台新

---

① 邱霞、陈云:《"我是算账派,脑子里有数目字"》,《北京日报》2018年9月10日。
②③ 纪彭:《"价格闯关"失利后的治理整顿》,《中华读书报》2013年12月11日。

的调价措施，下一年的价格改革也是走小步，工作重点从深化改革转到治理环境、整顿秩序上来。

"价格闯关"失利带来了广泛冲击，1989年经济发展速度降到1978年以来的最低水平，大量企业倒闭，失业人员增加，经济局势动荡，政府不得不推出经济紧缩计划，开始"治理整顿"。关于意识形态的争论也变得十分敏感，早在几年前已经尘埃落定的"商品经济"与"计划经济"之争，又被再次摆上台面。

1989年第四季度，中央曾多次把经济学家请到中南海座谈，既是总结经验教训，也是探讨未来发展方向。"计划派"和"市场派"在这些会议上展开了激烈的交锋。1989年11月7日的座谈会上，有学者提出，社会动荡的根本原因是经济改革出了毛病，本来应该计划取向的，却搞了市场取向，导致重复建设、通货膨胀、贪污等问题。吴敬琏发言说，他对许多现象的看法与其很相似，但是对这些现象的原因分析差距很大，通货膨胀、分配不公和腐败横行三大社会问题的主要根源是发展战略和改革进程出了问题，发展战略上的问题是急于求成，用各种手段支撑高速度，改革的问题则是不明确到底要把原来体制下的哪些东西改掉，要改成什么样的体制，改革的具体道路不清楚，改革初期走放权让利的路，用承包制等方法"调动积极性"，这些做法早在20世纪50年代就搞过。吴敬琏建议用新办法，扩大市场的作用。他不但捍卫了"商品经济"，更旗帜鲜明提出"市场经济"这个新名词。1990年7月的经济问题座谈会上，吴敬琏再次与"计划派"当面交锋。他说，现象出现的原因，不是改革的市场取向不对和改革"急于求成"，而是市场取向的改革不够坚决，不够彻底。"计划经济与市场调节相结合"这个口号不妥当，应该明确"市场经济"。对于有学者提出中央从来就没有讲过"市场经济"的提法，吴敬琏指出陈云1981年就用了"计划经济与市场经济相结合"，邓小平在接见戒严部队时也讲了"市场经济"，为什么这个词不能用？但有些学者认为中央正式文件里没有这个提法，既然正式文件里没有就不能用。在这次座谈会上，薛暮桥和刘国光也支持吴敬琏的观点，强调必须坚持党的十一届三中全会以来的路线，维护市场取向的正确方向，应当恢复党的十二届三中全会和党的十三大的提法。86岁高龄的薛暮桥情绪十分激动，一度连话也说不清楚了。会后,他又把自己的观点详尽地讲述了一遍,希望中央认清形势,当机立断地进行市场化改革。薛暮桥在自己的回忆录中记载,"这封信在起草过程中得到吴敬琏同志的大力帮助,他对我写的原稿做了许多修改和补充。"① 由于吴敬琏在这场争论中,旗帜鲜明地坚持改革的市场经济取向,得到了一个"吴市场"的绰号,一直被叫到今天。

这些争论在当时的报刊上也广泛展开。1989 年 10 月 28 日,《光明日报》刊发的《中国不能完全实行市场经济》中提到,"让市场成为资源的主要配置者,不重视乃至削弱和否定计划经济的重要作用,必然会导致社会主义公有制经济的瓦解"。1990 年 2 月 22 日,《人民日报》发表时任中宣部部长王忍之的文章《关于反对资产阶级自由化》,文中提出一个日后引起激烈争议的著名议题:"推行资本主义化的改革,还是推行社会主义改革?"《当代思潮》杂志 1990 年第 1 期发表《用四项基本原则指导和规范改革开放》,文章写道:"(私营经济和个体经济)如果任其自由发展,就会冲击社会主义经济。" 1990 年 6 月 11 日,《人民日报》发表的文章《评资产阶级自由化的多元化观点》写道,"搞自由化的人企望从经济的多元化中,自然生长出政治多元化和权力多元化"。1990 年 7 月 30 日,《人民日报》发表的文章《谁说社会主义讲不清》提出,"'社会主义不清楚论'是一种嘲弄马克思主义……社会主义定义的第一条就是用社会生产资料公有制代替资本主义私有制"。1990 年 10 月 5 日,《人民日报》发表的文章《关于计划经济与市场调节相结合的两个问题》提到,"社会主义的经济是公有制的经济,因而必然要求实行计划经济。计划经济即从整体上自觉实行有计划、按比例地发展国民经济,是社会主义经济的一个基本特征,是社会主义优越性的体现"。1990 年 10 月 12 日,《人民日报》发表长文《牢固树立社会主义信念》,文章提到,"(资产阶级自由化)集中攻击党的领导、人民民主专政、马列主义、毛泽东思想和社会主义公有制、计划经济,以及道德伦理方面的集体主义,竭力美化资本主义"。1990 年 11 月 3 日,《北京日报》刊发文章《中国的改革决不是完全实行市场经济》。1991 年 4 月,《当代思潮》杂志发表《改革开放可以不问姓"社"

---

① 吴晓波:《1990 年:"有计划"与"吴市场"》,《经济观察报》2013 年 10 月 7 日。

姓"资"吗?》一文,说"不问姓'社'姓'资',必然把改革开放引向资本主义道路而葬送社会主义事业"。1991年7月,《真理的追求》杂志发表《重提姓"社"与姓"资"》文章提到,"一切不愿意做双重奴隶的中国人,在改革大道上前进时,有责任也有权力问一问姓'社'姓'资',时刻提防不要偏离改革的方向"。北京一家报纸则发表《当前改革的三个问题》,提出"我们的同志中,有的也在抹杀两种改革观的分野,忌言姓'社'姓'资',更有甚者,在喧腾一时的'全面地、迅速地私有化'的呼声受到遏制之后,'私有化潜行'论者仍在潜行"。

与此同时,"市场派"也积极进行了回应。《解放日报》1991年3月22日的文章《扩大开放的意识要更强些》指出,"邓小平同志对九十年代上海的开放寄予厚望……九十年代上海的开放要迈大步子,必须要有一系列崭新的思路,敢于冒点风险,做前人没有做过的事"。1991年7月4日,吴敬琏在"当前经济学领域若干重要理论问题"座谈会上,对《当代思潮》的文章《改革开放可以不问姓"社"姓"资"吗?》提出了不同看法。他说:"我很赞成改革开放要明确目的是建设社会主义,一定要明确改革开放的具体措施从战略上看、从全局上看、从最终结果上看,是巩固社会主义,不能削弱社会主义,更不能挖社会主义的墙脚。但对一个具体措施,问题就比较复杂,需要在总的前提下加以考虑"。《理论探索》1992年第3期发表的《浅谈正确理解判断改革姓"社"姓"资"的标准》,提出判断改革姓"社"姓"资"的标准为邓小平提出的建设有中国特色社会主义的理论与路线。其认为依据邓小平和党中央的指示精神,应该明确肯定判断改革姓"社"姓"资"的标准,最主要的就是要看是否有利于发展社会主义社会的生产力,是否有利于增强社会主义国家的综合国力;是否有利于提高人民的生活水平。只有正确理解这个标准,才能消除担心搞资本主义的忧虑,才能解放思想,使改革的胆子再大一点,步子迈得再快一些,才能使我国的经济建设跨上一个新台阶。1992年第8期《党政干部学刊》编辑部从3个方面提出了消除姓"社"姓"资"问题疑虑的思路。

在这段时间内,邓小平多次表达要坚持改革开放,坚持党在十一届三中全会以来制定的路线方针政策,断然否定那些以为搞点市场经济就是资本主义道路的观点。1989年6月9日邓小平发表的重要讲话严正指出:党的十一届三中全会制定的路线方针政策,没有错;党的十三大概括的"一个中心、两个基本点",没有错。"我们要继续坚持计划经济与市场调节相结合,这个不能改。实际工作中,在调整时期,我们可以加强或者多一点计划性,而在另一个时候多一点市场调节,搞得更灵活一些。以后还是计划经济与市场调节相结合"。这是在历史发展的关键时刻,邓小平在基本路线、基本理论的关节点上重申了他的观点,而这确实是个"比较紧迫的问题,总要接触的问题"。1990年年底和1991年年初,邓小平同志两次有针对性地指出,"不要以为,一说计划经济就是社会主义,一说市场经济就是资本主义,不是那么回事,两者都是手段,市场也可以为社会主义服务"。①

1990年12月24日,邓小平会见江泽民、杨尚昆和李鹏时讲道:"必须从理论上要搞懂,资本主义与社会主义的区分不在于是计划还是市场这样的问题。社会主义也有市场经济,资本主义也有计划控制。""不要以为搞点市场经济就是资本主义道路,没有那么回事。计划和市场都得要。不搞市场,连世界上信息都不知道,是自甘落后。"他又指出:"不要怕冒一点风险。我们已经形成了一种能力,承担风险的能力。为什么这次治理通货膨胀能够见效这么快,而且市场没有受多大影响,货币也没有受多大影响?原因就是有这十一二年改革开放的基础。改革开放越前进,承担和抵抗风险的能力就越强。我们处理问题,要完全没有风险不可能,冒点风险不怕。"②

1990年1月21日至2月13日,邓小平在与上海市负责同志谈话中再次重申:"不要以为,一说到计划经济就是社会主义,一说市场经济就是资本主义,不是那么回事,两者都是手段,市场也可以为社会主义服务。"③当时邓小平在上海的讲话在一个比较小的范围,但他的讲话精神,通过署名皇甫平的四篇评论文章传达出来了。

皇甫平是20世纪90年代初在上海支持改革开放的一个写作组织的谐音笔名,有黄浦江评论辅助邓小平改革之意。皇甫平由三名作者组成:周瑞金,1939年生,浙江省平阳县人,曾任《解放日报》《人民日报》副总编辑;施芝

---

① 邓小平:《邓小平文选(第三卷)》,人民出版社,1993年10月,第367页。
② 邓小平:《邓小平文选(第三卷)》,人民出版社,1993年10月,第364页。
③ 皇甫平:《改革开放要有新思路》,《改革》1991年第3期。

鸿,时任上海市委政策研究室处长,原中央办公厅调研室政治组长、副主任;凌河,《解放日报》评论部的评论员。1994年4月,周瑞金在撰写纪念《解放日报》创刊45周年文章《扬"解放精神"创"解放风格"》中,透露了"皇甫平"的深意。他说,皇甫平的署名是他拟定的,现在人们都知道它含有黄浦江评论的意思,这只是从谐音取义;其实它还蕴涵有更深一层的意思,就是奉人民之命辅佐邓小平。根据邓小平同志的谈话精神,三名作者以"皇甫平"为笔名在《解放日报》头版发表系列文章,针对时弊,宣扬改革开放,引发了一场思想交锋。

1991年2月15日,农历辛未羊年正月初一,皇甫平在《解放日报》头版发表《做改革开放的"带头羊"》。文章针对当时有人说"1991年是质量年"而提出:"1991年是改革年,我们要把改革开放的旗帜举得更高。我们要进一步解放思想,突破任何一种僵滞的思维方式的束缚,以改革开放贯穿全年,总揽全局,建立与国际性经济中心城市相适应的社会主义商品经济新格局。""我们的各级干部,要以改革的姿态,振奋精神,敢冒风险,敢为天下先,走前人没有走过的路,做改革开放的'带头羊'"。文章直接引用时任上海市委书记兼市长朱镕基同志传达贯彻党的十三届七中全会精神和邓小平同志视察上海时的讲话原话,用八个字"何以解忧,唯有改革",来宣扬改革。

1991年3月2日,皇甫平接着在《解放日报》发表评论《改革开放要有新思路》,文章首先介绍时任国家主席杨尚昆在上海1991年春节团拜会上的讲话和朱镕基同志"要更高地举起改革开放的旗帜"的指示,提出贯彻落实党的十三届七中全会精神要"更快、更好、更高、更大胆";在完成现代化建设第二步战略目标的过程中,思想解放要进入新境界,改革开放要开拓新思路,经济建设要开创新局面。接着,他以经济学家刘国光提出的"机制转换"改革新思路、上海市浦东开发办公室副主任黄奇帆提出的"三个先行"的扩大开放新思路为例,提出解放思想的重要性。文章写道:在改革深化、开放扩大的新形势下,我们要防止陷入某种"新的思想僵滞",我们不能把发展社会主义商品经济和社会主义市场,同资本主义简单地等同起来,一讲市场调节就认为是资本主义;不能把利用外资同自力更生对立起来,在利用外资问题上,谨小慎微,顾虑重重;不能把深化改革同治理整顿对立起来,对有些已经被实践证明是正确的、行之有效的改革,也不坚持和完善,甚至动摇,走回头路;不能把持续稳定发展经济、不急于求成同紧迫感对立起来,工作松懈,可以办的事情也不去办。总之,进一步解放思想是保证我们完成第二步战略目标的必要条件。实践证明,凡是思想解放的地方、部门和单位,工作就打得开新局面,凡是思想不解放的地方、部门和单位,就缺乏生气,工作就很难搞上去。这篇文章直接触及了当时争论最激烈的市场经济问题,一针见血地批评了"新的思想僵滞",并鲜明地提出了20世纪90年代改革的新思路在于发展市场经济。显然,这篇文章传达了邓小平视察上海时的讲话精神,指出20世纪90年代改革的新思路在于发展市场经济。

1991年3月22日,皇甫平又在《解放日报》发表《扩大开放的意识要更强些》。文章的核心思想为当前的上海正站在进一步扩大开放的新起点上,增强扩大开放意识的问题比任何时候都紧迫地放在我们面前,这就要求我们真正认识上海在20世纪90年代的历史方位和战略地位;增强扩大开放意识要求我们进一步解放思想,抛弃任何一种保守、僵滞、封闭的观念,形成与先进的国际城市相称的开放型软环境;扩大开放也是深化改革,任何改革都是一个开放的系统,而任何开放都会引起内部体制的改革和思想的解放,因此,开放意识和改革意识融会贯通,密不可分,我们要以改革的精神来扩大开放;扩大开放的步子会给我们带来大量的新思路、新意识,从深层次、全方位引起思想的进一步解放,观念的进一步更新,社会心态的进一步调整。这篇文章最为引人注目的就是"解放思想"四个字,文章指出,如果我们仍然囿于"姓'社'还是姓'资'"的诘难,那就只能坐失良机,趑趄不前,难以办成大事。文章还针对开放会不会损害民族工业、会不会使上海变成"冒险家的乐园"等问题,阐述了邓小平关于"开放不坚决不行"的思想。

以上三篇文章见报后,一场思想交锋的"导火索"被点燃了。一些人的攻击开始升级,他们歪曲文章原意,然后上纲上线质问"改革开放可以不问姓'社'姓'资'吗?"语句也尖锐起来。有人气势汹汹地责问:"主张改革不问姓'社'姓'资'的作者,你自己究竟姓'社'还是姓'资'?"这等于宣布皇甫平是"资产阶级自由化分子"。

紧接着,1991年4月12日,当人们仍然在为姓"社"姓"资"各执一词、争论不休时,皇甫平再接再厉,在《解放日报》又发表了第四篇文章《改革开放需要大批德才兼备的干部》。这篇文章强调改革开放需要大批勇于思考、勇于探索、勇于创新的闯将,要破格提拔对经济体制改革有进取精神的干部。这实际上是透露了邓小平关于人事组织的思想,即要从组织人事上保证推进改革开放。这篇文章锐意推进改革开放,犀利破除新的思想僵滞,冲破囿于姓"社"姓"资"的诘难,大胆提出发展市场经济,选用改革开放人才,吹响了掀动新一轮解放思想、改革开放大潮的号角。这篇文章表达了邓小平在中国改革开放关键时刻的讲话精神。

皇甫平文章发表后,在党内外、海内外反响强烈。但是,除了当年4月新华社《半月谈》杂志发表评论文章,公开表示支持,其他媒体大多沉默不言。有少数几个进行攻击、批判,甚至近乎谩骂。4月15日,《当代思潮》发表了题为《改革开放可以不问姓"社"姓"资"吗?》的文章,公开质疑和挑战皇甫平。5月,已有不少报纸杂志集中火力批判皇甫平的文章,北京一家大报发表了题为《建造反和平演变的钢铁长城》的评论员文章,被全国大多数报纸转载,当时经济特区被这些人指责为"和平演变的温床"。接着,《真理的追求》杂志又发表了题为《重提姓"社"与姓"资"》的文章。此文竟把皇甫平说成是逃亡海外的政治流亡者一类人,批其为"资产阶级自由化分子"。北京一家刊物也发表了文章,从七个方面系统论述要不要问姓"社"姓"资"的问题,并把对姓"社"姓"资"的回答与资产阶级自由化观点联系起来。

不久,时任中宣部的领导给上海市主要领导打电话,亲自过问皇甫平四篇改革社论的具体情况,同时派出调查组到上海调查此事,并要求一定要查清事实真相。周瑞金担心此事会演化成上海的报道事件,于是就找到正在上海办事的杨尚昆的长子杨绍明。杨绍明在详细了解到四篇改革社论的真相后,当即飞回北京,向杨尚昆作了汇报。杨尚昆听完汇报,立即打电话给上海市主要领导同志,告诉他们《解放日报》刊登的四篇改革文章的内容都是邓小平同志最近的讲话精神,立意很好,值得肯定。

1991年7月1日,在庆祝中国共产党建党70周年大会上江泽民发表重要讲话,强调了改革开放的重要性,并且阐述了邓小平同志关于不要把计划和市场作为社会主义、资本主义标志的思想。9月1日,江泽民又下令将第二天就要见报的一家大报社论中有关"要问姓'社'姓'资'"的句子删去，而这篇社论的摘要恰恰突出了这个内容，已在头一天晚上中央电视台的新闻联播中播发了出去，第二天见报却没有了，这使中央机关报一篇社论出现两个不同版本，这在党的新闻史上是绝无仅有的，在海外新闻媒体中引起强烈反响。

可以说这一时期中国改革开放面临极其严峻的挑战，陷于进退两难的境地。随时有放慢、停滞、被扼杀，甚至走回头路的危险，使党的十一届三中全会后形成的改革共识近乎破裂。能否再造和重建改革共识，是走回头路还是坚持改革不动摇，成了横亘于中国大地的一道严峻课题。面对这样错综复杂的政治局面，改革开放在内外交困中几乎陷入"休克"状态。1989年下半年到1991年年底，中国的社会、政治、经济处于复杂和充满变数的局面中，人们几乎无法确定改革开放继续走下去的命运如何。

1992年春天

皇甫平的系列文章遭到了前后近一年的批判，其间有人甚至上书中央，认为改革开放很危险，不要再提改革开放。邓小平一直冷静观察1991年的这场争论以及当时的国内外局势，所以后来北京流传一句话："京都老翁，坐看风起云涌"。邓小平不满意当时的舆论所向，不放心当时的错综复杂的政治局面，他决定采取行动，把改革的目标进一步明确，把有点冷却的"以经济建设为中心"这个思想重新炒热。1991年年底，邓小平决定再次进行南方视察，但他这次南方视察其实是有风险的：他当时没有任何职务，只是一个普通的中共党员；他没有同中央打招呼，是"秘密南方视察"；他这次南方视察主要是批"左"，也就是批评党内的传统力量。邓小平知道这次南方视察的风险，他对身边的人说："担心不是没有道理，但我要冒一冒险。不冒一下，什么事也别干，什么事也干不成！"①1992年1月18日至2月21日，作为改革开放的总设计师与务实、高明的改革战略家，邓小平以不再担任现职的普

---

① 南辰：《邓小平南巡的八大内幕》，《文史博览》2012年第4期。现称"南方视察"。

通党员身份,凭着对党和人民伟大事业的深切期待,先后赴武昌、深圳、珠海和上海等地视察,沿途发表了重要谈话。

1992年1月17日,邓小平从北京出发一路南下。1月18日上午,邓小平专列抵达武昌火车站。邓小平一行并没有计划停留多长时间,面对前来迎接的湖北省委书记关广富和省长郭树言,邓小平只在站台上停留了20分钟。在武昌站邓小平说出了后来流传很广的名言:"谁反对改革,就让谁下台。"1月18日下午,专列抵达长沙火车站,邓小平对前来迎接的湖南省委书记熊清泉等省级干部说,"搞改革开放的胆子要更大一些,要加快经济发展"。①

1992年1月19日上午9时,邓小平专列徐徐驶入深圳火车站。在月台上,省、市负责人和其他迎候的人们正以兴奋而激动的心情等待着。一节车厢门打开,车站服务人员敏捷地把一块铺着红色地毯的长条木板放在车厢门口。邓小平神采奕奕地步出车门。他的足迹,在时隔8年之后,又一次踏在处于改革开放前沿的深圳这块热土上。下车后,邓小平同志满面笑容地同前来欢迎的广东省委书记谢非、深圳市委书记李灏、市长郑良玉等一一握手,开始了对最有活力的特区——深圳和珠海进行为期11天的视察。这是改变历史的11天。

邓楠向邓小平提起他在1984年1月26日为深圳特区题词一事。邓小平接着将题词一字一句念出来:"深圳的发展和经验证明,我们建立经济特区的政策是正确的。"一个字没有漏,一个字没有错。作为创办经济特区的主要决策者,邓小平时刻关注着深圳特区,当年他曾对时任广东省委书记的习仲勋说,要"杀出一条血路"来,这条路走得怎么样了,要怎么走下去,邓小平要亲眼再看看。当地领导担心邓小平同志的身体状况,毕竟这么大年龄,又车马劳顿,希望他住下来先休息一下,但邓小平已经坐不住了,他说:"到了深圳,我坐不住啊,想到处去看看。"老人家急不可待要目睹一番。随行人员说,邓小平同志身体好,昨晚在车上休息得不错,既然他兴致高,就安排活动吧。

---

① 童怀平、李成关:《邓小平八次南巡纪实》,解放军文艺出版社,2002年版,第227-229页。现称"南方视察"。

初步参观市容后,邓小平就特别高兴。他对随行人员回顾创办经济特区的历史,说当时有人对创办特区从一开始就有不同意见,担心是不是搞资本主义。深圳的建设成就,明确回答了那些有这样那样担心的人:特区姓"社"不姓"资"。从深圳的情况看,公有制是主体,外商投资只占1/4,就是外资部分,还可以从税收、劳务等方面得到益处。邓小平鼓励他们多搞点"三资"企业,不要怕;只要头脑清醒,就不怕。邓小平强调了这种经济体制的优势,有国营大中型企业,有乡镇企业,更重要的是政权在。有的人认为,多一分外资,就多一分资本主义,"三资"企业多了,就是资本主义的东西多了,就是发展了资本主义。邓小平说这些人连基本常识都没有。他后来强调:"八年过去了,这次来看,深圳、珠海特区和其他一些地方,发展得这么快,我没有想到。看了以后,信心增加了。"①

1992年1月20日上午,邓小平在省、市负责人陪同下,来到深圳国贸大厦参观。邓小平从中巴车下来的时候,就被群众看到。该大厦的职工,整齐地站在两旁,鼓掌欢迎邓小平,并齐喊"邓爷爷好!"邓小平高兴地向他们招手,并鼓掌致意。邓小平来访的消息不胫而走,听到消息的人们不断从四方涌往国贸大厦,所有的人都在热切等待目睹伟人风采的机会。此后,每当他从工厂和办公楼走出来时,都有大批普通市民在等着他,邓小平也热情地和群众打招呼。中国香港和海外一些媒体听到风声,也纷纷赶来,捕捉他的每一个行程,说的每一句话。

中国和世界都在等待他的声音。邓小平在深圳期间多次做了较长的讲话,他明确指出:"计划多一点还是市场多一点,不是社会主义与资本主义的本质区别。计划经济不等于社会主义,资本主义也有计划;市场经济不等于资本主义,社会主义也有市场。计划和市场都是经济手段。社会主义的本质,是解放生产力,发展生产力,消灭剥削,消除两极分化,最终达到共同富裕,就是要对大家讲这个道理。"他还指出:"社会主义要赢得与资本主义相比较的优势,就必须大胆吸收和借鉴人类社会创造的一切文明成果,吸收和借鉴当今世界各国包括资本主义发达国家的一切反映现代社会化生产

---

① 《1992年邓小平南方谈话》,中国经济网,2014年8月11日。

规律的先进经营方式、管理方法。"①他批评了"恐资病"现象,并进一步阐明了判断改革开放、是非得失的标准:"改革开放迈不开步子,不敢闯,说来说去就是怕资本主义的东西多了,走了资本主义道路。要害是姓'资'还是姓'社'的问题。判断的标准,应该主要看是否有利于发展社会主义社会的生产力,是否有利于增强社会主义国家的综合国力,是否有利于提高人民的生活水平。"深圳的陪同人员当即意识到这些讲话的重要性,这是要改变中国命运的讲话。他们紧张而小心地记录着邓小平的每一句话,感觉责任重大。

1992年1月23日,邓小平一行离开深圳,乘船前往珠海。在码头,邓小平即将登船时,突然又转回来,向深圳市委书记李灏说:"你们要搞快一点!"李灏回答:"您的话很重要,我们一定搞快一点。"

回京前,邓小平在珠海出席了一个会议。会议由乔石主持,参加的有杨尚昆等人。在会上邓小平再一次重复了在这次旅途第一站武昌的一句话:"谁不改革,谁就下台。"

当时,邓小平在深圳的活动曾要求不做宣传报道,但邓小平的讲话像长着翅膀一样迅速传遍祖国的大江南北。各界欣喜万分之时,中央布置学习南方谈话。高尚全、厉以宁等经济学家在北京召开座谈会,称南方谈话精神是"梦寐以求"的。②

邓小平离开深圳之后,深圳市委在深圳特区报上精心组织了"猴年八评",巧妙地通过几篇评论传达了邓小平在深圳讲话的主要内容。《人民日报》分别于1992年2月22日和2月24日发表《更好地坚持以经济建设为中心》《改革的胆子再大一点》两篇社论。3月26日,《深圳特区报》头版头条发表了时任报社副总编辑陈锡添的长篇通讯《东方风来满眼春》。这篇通讯以翔实的资料、生动的语言、优美的文笔,报道了邓小平在深圳的主要活动和谈话的基本内容。当日下午,《羊城晚报》以少有的规格几乎全文转发了这篇报道。3月27日,全国几乎所有省市区重要报纸都在显要位置转发了这篇报道。3月30日,新华社正式将全文向全世界播发。邓小平在深圳谈话

---

① 《1992年邓小平南方谈话》,中国经济网,2014年8月11日。
② 邓小平:《邓小平文选(第三卷)》,人民出版社,2001年4月。

的基本精神迅速传遍海内外。中国香港地区的《大公报》《文汇报》和《紫荆》杂志等同时间发表了有关邓小平视察南方的报道和评论,仅《文汇报》就先后发表报道、评论和社论20多篇。以江泽民同志为核心的党中央,对邓小平的南方谈话非常重视,完全赞同并高度评价南方谈话,认为随着时间的推移这个谈话对于我国社会主义现代化建设的意义,一定会越来越充分地显现出来。2月28日,党中央将邓小平1月18日至2月21日在武昌、深圳、珠海、上海等地视察期间的谈话要点作为中央1992年第二号文件下发,要求尽快逐级传达到全体党员干部。3月9日、10日,中央政治局专门开会讨论这篇谈话,还不同寻常地发布了会议公报,并且决定以南方谈话为指导思想,着手起草党的十四大报告。党内短时期形成了学习邓小平南方谈话的热潮,全国各界以座谈、讲座等多种方式展开对南方谈话的学习。①

邓小平南方谈话,为中国的发展拨正了航向,为中国的改革开放注入了新的生机与活力,成为当代中国一个重要的历史转折点。它犹如一声春雷,响彻神州大地,一下子把中国人民久被压抑和积蓄起来的渴望、冲动和能量,极其充分地激发和释放出来,从而像海啸爆发一样卷起了改革开放的大潮。②

广东的珠江三角地区,尤其是深圳、珠海等特区,是当时中国对外开放最成功的地区,也是思想最解放、经济发展最活跃的地区,因此,邓小平南方视察的直接作用就是,打破当时笼罩全国的沉闷、困惑、压抑以及僵化,击退"左"的思潮,用这些地区通过对外开放所取得巨大成就的事实,呼唤和推动改革开放继续前行。自此以后,中国的改革开放在某种意义上也就进入了新的历史阶段"以开放促改革"。

"自邓小平南方谈话以来"成了一个划时代的开场白,出现在各种描述改革的文章的开头。邓小平南方谈话拉开了一系列重大改革的序幕。在这个新的历史阶段中,一方面,通过扩大开放及与国际全面接轨,人们的社会理念、法制观念、政府行为、经济管理体制、企业行为、劳动力素质水平以及各级官员的管理能力和水平等,都实现了巨大的变革。另一方面,制约改革

---

①② 邓小平:《在武昌、深圳、珠海、上海等地的谈话要点》,《邓小平文选(第三卷)》,人民出版社,2001年4月。

的传统行为和传统势力在潜移默化中逐步瓦解，从而极大地促进了经济体制改革的不断突破和全面深化。扩大开放带来了资金和资源供给的大量增加，中国的基础设施和投资软硬环境得到了根本改善；大量外资企业（特别是中国港台中小加工贸易企业）进入后又为亿万中国农民提供了就业机会，由此推动了中国工业化和城市化进程。总之，经济的飞跃发展和经济实力的大大提高，以及外资企业在微观层面上对国有企业的冲击和民营企业的刺激成长，都为中国的经济体制改革创造了第一阶段所不具备的空间和能力，从而实现了以增量的飞跃带动存量发展的巨大进步。

不仅如此，中国在产业转移和信息、资金全球化的最佳时机，实现了整个国家的大开放，因而，中国成为这次全球化新浪潮中最大的"赢家"，国力大大增强，人民生活水平大大提高。中国不仅由于成为"世界工厂"对世界经济的增长做出了巨大贡献，而且在全面融入世界经济的过程中，几乎所有的历史和现实的积极因素都得到了调动和发挥，从而极大地推动了中华民族伟大复兴的进程，成就了中华人民共和国成立以来最伟大的辉煌之一。

邓小平南方谈话不仅改变了中国改革开放的历史进程，而且改变了整个世界的经济和政治格局。

邓小平的南方谈话对今天的中国具有无可估量的重要意义，仍然是指引中国继续前行的明灯。邓小平在南方谈话中所赞扬和鼓励的特区精神传遍全国。不怕困难，不怕挫折，不怕丢乌纱帽，只要是符合改革方向的，只要是符合"三个有利于"原则的，就大胆试、大胆闯。正是有了这种"闯"的精神和"冒"的精神，有了这种"气"和"劲"，中国改革开放才走出了一条新路，才干出了震惊世界的伟大事业。我们重温邓小平南方谈话，一定要坚持改革开放的路线，冲破一切阻力，克服一切困难，毫不动摇地把上层建筑领域的改革开放进行到底，毫不动摇地坚持和发扬邓小平在南方谈话中所倡导的那种创新精神，坚持和发扬那种为国家为人民不惧怕一切困难和问题的胆识与勇气，那种敢于正视矛盾、揭露矛盾、解决矛盾的胸怀和眼界。

将"社会主义市场经济"写入党的十四大报告

在邓小平南方谈话的强有力推动下，为了加快改革开放步伐，把经济建设搞上去,中国共产党于 1992 年 10 月 12 日至 18 日在北京召开第十四次全国代表大会,这次代表大会的主要任务是,以邓小平同志建设有中国特色社会主义的理论为指导,认真总结党的十一届三中全会以来 14 年的实践经验,确定今后一个时期的战略部署,动员全党同志和全国各族人民,进一步解放思想,把握有利时机,加快改革开放和现代化建设步伐,夺取有中国特色社会主义事业的更大胜利。在党的十四大报告起草时,江泽民就要求全面贯彻邓小平南方谈话精神。党的十四大正式确立邓小平建设中国特色社会主义理论在全党的指导地位,并将建立社会主义市场经济体制作为经济体制改革的目标。这具有十分重大的历史意义。

时任国家经济体制改革委员会主任的陈锦华曾经回忆,1992 年 4 月 1 日晚上 11 点多,已经睡下的他突然接到时任总书记江泽民的电话。江泽民希望他们好好研究一下改革的下一步怎么搞,给中央提个建议。江泽民表示他自己也在研究这个问题。此前,陈锦华曾给江泽民等中央领导报送了《外国关于计划与市场问题的争论和实践以及对中国的计划与市场关系的评论》,材料仔细梳理了国外关于计划与市场的争论情况,特别说明计划和市场根本就是资源配置的手段,与社会制度没有关联,是后来苏联在否定列宁新经济政策以后,把它们联系了起来,并用作党内政治斗争的重要工具。陈锦华为了保密,不敢在国务院的印刷厂去印,而是亲自拿到曾经工作过的中国石化总公司的机关印刷厂去印的。材料上报后,江泽民亲自给他打电话,表示材料很好。这次又亲自打电话,让他研究改革下一步的方向。陈锦华接到电话后,就找了广东、山东、江苏、四川、辽宁 5 个省的体改委主任,在石化总公司招待所开了三天半座谈会。座谈会实行了极严格的保密,到会的不足 10 人,规定不带助手,不做记录,议论的事情不得外传。会上大家一致意见是,改革的目标应当是搞社会主义市场经济,另一个就是要实行政府机构改革。在座谈会结束后,陈锦华亲笔给江泽民、李鹏写了一封信,介绍这次座谈会情况,说明这 5 个省都是大省,尽管在计划与市场的关系上代表了不同层次的改革开放度,但他们都一致表示,寄希望于党的十四大在计划与市场的关系上有所突破。5 个省的体改委主任一致认为:今后应当明确提出"建立和发展社会主义市场经济"。陈锦华还在报告后面附了一张统计表，列举 5 个省 1978 年和 1991 年的国民生产总值、固定资产投资、出口额、进口额、城镇居民收入、农民人均纯收入等 8 项宏观经济指标，并以 1991 年同 1978 年的增长数字作对比，说明市场对发展经济和改善人民生活的巨大作用。从对比中可以看出，凡是市场机制运用得活的地区各项指标都大大领先。①

在给江泽民同志写信时，陈锦华还附了此前国家体改委召开"经济体制转换国际研讨会"时美国前国务卿亨利·基辛格博士提交的一篇题为《经济发展与政治稳定》的论文和致陈锦华的信。基辛格在论文的开头就指出："在当前迅速变化的世界中，没有比这个题目更重要的问题了。"这个题目就是指这次研讨会讨论的"中央计划经济向市场经济转换的问题"。基辛格说："我很赞赏中国政府不失时机地主持了这一研讨会。"②他对这种转换提出了三点基本看法。第一，他认为目前有关经济体制转换的讨论中大多将"纯粹的市场制度"与"纯粹的计划经济"相对比，但在现实生活中并不存在这种极端的模式。第二，相对集中的经济向更多的以市场为基础的经济结构的转变，在世界范围内进行着。第三，任何国家都不能不考虑其独有的历史和文化背景。基辛格的结论是："我们正处在一个变革的时代，我们周围的经济生活在发生着重大的变化。变化的趋势错综复杂，但中心是朝向市场经济。似乎可以说，世界各地的领导人们不约而同地得出这样一个结论——总的来说，市场为持续经济发展提供了较好的基础。"他还指出："向市场转变的目标被广泛接受，但实现这一目标的方式同试图改革的国家一样多，显然，没有一个'通用'的办法。改革过程必须与各个国家的经济、社会、文化环境相一致。"基辛格在结论的最后强调："改革的成功取决于政治稳定。""简而言之，经济发展与政治稳定密不可分。"②

1992 年 6 月 9 日，江泽民在中央党校省部级干部进修班上发表重要讲话，提出要深刻领会和全面落实邓小平重要谈话精神，把经济建设和改革开放搞得更快更好。他的讲话为以后的学习和研究指明了方向。江泽民提

---

①② 姚鸿、荣刚：《中国社会主义市场经济体制的建立——访陈锦华同志》，《百年潮》2005 年第 3 期。
② 亨利·基辛格：《经济发展与政治稳定》，《中国经济体制改革》1992 年第 5 期。

出,"小平同志的这些重要谈话,深思熟虑,高瞻远瞩,既分析了当前的国际国内形势,又总结了十多年来建设和改革的基本经验,内容十分丰富。我觉得,这些重要谈话贯穿了一个鲜明的中心思想,这就是:必须坚定不移地全面贯彻执行党的'一个中心、两个基本点'的基本路线,解放思想,实事求是,放开手脚,大胆试验,排除各种干扰,抓住有利时机,加快改革开放步伐,集中精力把经济建设搞上去,不断地把有中国特色的社会主义事业全面推向前进。对于这个中心思想,我们在认识上和工作中,一定要牢牢把握住。这也是党的十一届三中全会以来小平同志的一贯思想。"①

江泽民对邓小平南方谈话给予了崇高评价。他认为,邓小平南方谈话,是在国际国内政治风波严峻考验的重大历史关头,深刻回答长期束缚人们思想的许多重大认识问题,是把改革开放和现代化建设推进到新阶段的又一个解放思想、实事求是的宣言书。

1992年10月,在党的十四大上,江泽民同志代表第十三届中央委员会向大会作了题为《加快改革开放和现代化建设步伐,夺取有中国特色社会主义事业的更大胜利》的报告。报告分为4部分:14年伟大实践的基本总结;20世纪90年代改革和建设的主要任务;国际形势和我们的对外政策;加强党的建设和改善党的领导。报告明确指出,我国经济体制改革的目标是建立社会主义市场经济体制。

党的十四大在党的历史上第一次明确提出了建立社会主义市场经济体制的目标模式。把社会主义基本制度和市场经济结合起来,建立社会主义市场经济体制,这是我们党的一个伟大创举。

党的十四大对邓小平建设有中国特色社会主义理论的主要内容作了概括,并将这一理论及以此为基础的党的基本路线写进了《中国共产党章程》。这是党的十四大最突出的特点和最重要的贡献。

党的十四大报告为建设有中国特色社会主义理论下了一个科学的定义:建设有中国特色社会主义理论,是当代中国的马克思主义。它是马克思列宁主义基本原理与当代中国实际和时代特征相结合的产物,是毛泽东思

---

① 江泽民:《深刻领会和全面落实邓小平同志的重要谈话精神,把经济建设和改革开放搞得更快更好》,新华网,2007年6月17日。

想的继承和发展,是全党全国人民集体智慧的结晶,是中国共产党和中国人民最珍贵的精神财富。邓小平同志是我国社会主义改革开放和现代化建设的总设计师,对建设有中国特色社会主义理论的创立,做出了历史性的重大贡献。

党的十四大对建设有中国特色的社会主义的理论作出了新的概括,确立了邓小平同志建设有中国特色社会主义理论在全党的指导地位,并把这个理论和在这个理论指导下制定的党的"一个中心,两个基本点"的基本路线正式载入党章。这一理论第一次比较系统地初步回答了在中国这样的经济文化比较落后的国家,如何建设社会主义、如何巩固和发展社会主义的一系列基本问题,用新的思想、观点,继承和发展了马克思主义。建设有中国特色社会主义理论的创立标志着我国改革开放和现代化建设事业进入了一个新的阶段。①

党的十四届三中全会吹响改革号角

党的十四届三中全会通过《中共中央关于建立社会主义市场经济体制若干问题的决定》,勾勒了中国改革开放新蓝图,在新阶段上吹响了改革的号角。1993年的夏天,一个25人的文件起草小组聚集在北京西郊玉泉山上。组长是时任中央书记处书记、中央财经领导小组秘书长的温家宝,起草组成员来自中央各部委,其中有十多位经济学家。这个由中共中央政治局常委会直接领导的起草组成立于当年5月底,在随后的半年时间里,它完成了中国社会主义市场经济体制的第一个总体设计。11月中旬,这份名为《中共中央关于建立社会主义市场经济体制若干问题的决定》的文件在党的十四届三中全会上正式通过。这是20世纪90年代中国新一轮改革的行动纲领,它将党的十四大确立的"社会主义市场经济体制"的改革目标具体化,勾画出中国市场经济体制的基本框架。30年过去,社会主义市场经济理论已经深刻地改变了中国,可是这一重要文件形成的来龙去脉却鲜为人知。

---

① 《中国共产党第十四次全国代表大会报告》,《人民日报》1992年10月12日。

在江泽民的主持下，由各方面人士组成的25人起草小组悄然进驻北京西郊的玉泉山，任务就是起草《中共中央关于建立社会主义市场经济体制若干问题的决定》（以下简称《决定》）。江泽民在起草小组第一次会议上作了长篇讲话，就《决定》的框架、主要内容及需要回答的问题等提出了一系列要求。他强调，起草这个《决定》要以邓小平建设有中国特色社会主义理论和党的十四大报告精神为指导，为社会主义市场经济体制的建立提供一份纲领性的文件。①

在文件起草的同时，1993年6月，由江泽民亲自布置，中央组织了有中央各部委和地方360多人参加的16个专题调研组，就建立社会主义市场经济体制的有关问题深入各地进行广泛而有重点的调查研究，为文件的起草提供来自实践的依据和认识基础。调研内容相当丰富，包括社会主义市场经济体制的基本原则和目标、所有制问题、企业制度问题、市场体系建设、财税金融体制、分配制度、社会保障体系、科技教育体制，等等，起草文件遇到什么问题，调研组就研究什么问题，研究成果及时提供给文件起草小组参考。建立社会主义市场经济，是一项复杂系统的工作。为了掌握第一手材料，江泽民亲自到基层调研。1993年6月到9月，3个月时间，江泽民足迹遍及大半个中国，先后召开西北、华北、华东、东北、中南、西南各省区市经济工作座谈会、企业座谈会，一是听取大家对改革的意见，把好的建议吸收到文件中；二是提前向各方面打招呼，为统一思想做深入细致的工作。今天回顾这段历史，可以看出，设计社会主义市场经济体制改革框架的过程，是一个民主决策、科学决策的过程。

1993年11月11日至14日，党的十四届三中全会在北京举行。全会审议并通过了《中共中央关于建立社会主义市场经济体制若干问题的决定》。《决定》共五十条，分十个部分：一是我国经济体制改革面临的新形势和新任务；二是转换国有企业经营机制，建立现代企业制度；三是培育和发展市场体系；四是转变政府职能，建立健全宏观经济调控体系；五是建立合理的个人收入分配和社会保障制度；六是深化农村经济体制改革；七是深化对外经

---

① 江泽民：《论社会主义市场经济》，中央文献出版社，2006年4月。

济体制改革,进一步扩大对外开放;八是进一步改革科技体制和教育体制;九是加强法律制度建设;十是加强和改善党的领导,为20世纪末初步建立社会主义市场经济体制而奋斗。

《决定》指出,社会主义市场经济体制是同社会主义基本制度结合在一起的。建立社会主义市场经济体制,就是要使市场在国家宏观调控下对资源配置起基础性作用。为实现这个目标,必须坚持以公有制为主体、多种经济成分共同发展的方针,进一步转换国有企业经营机制,建立适应市场经济要求,产权清晰、权责明确、政企分开、管理科学的现代企业制度;建立全国统一开放的市场体系,实现城乡市场紧密结合,国内市场与国际市场相互衔接,促进资源的优化配置;转变政府管理经济的职能,建立以间接手段为主的完善的宏观调控体系,保证国民经济的健康运行;建立以按劳分配为主体,效率优先、兼顾公平的收入分配制度,鼓励一部分地区一部分人先富起来,走共同富裕的道路;建立多层次的社会保障制度,为城乡居民提供同我国国情相适应的社会保障,促进经济发展和社会稳定。这些主要环节相互联系又相互制约,构成社会主义市场经济体制的基本框架。

党的十四届三中全会号召,全党同志和全国各族人民更加紧密地团结在以江泽民同志为核心的党中央周围,在邓小平同志建设有中国特色社会主义的理论和党的十四大精神指引下,同心同德,锐意改革,自力更生,艰苦创业,为在20世纪末初步建立起社会主义市场经济体制,实现国民经济和社会发展第二步战略目标而努力奋斗。

党的十四届三中全会认为,《中共中央关于建立社会主义市场经济体制若干问题的决定》把党的十四大确定的经济体制改革的目标和基本原则加以系统化、具体化,是我国建立社会主义市场经济体制的总体规划,是20世纪90年代进行经济体制改革的行动纲领,必将对我国的改革开放和社会主义现代化建设产生重大而深远的影响。《决定》勾勒的改革蓝图主要体现为以下方面:

(1)转换国有企业经营机制,建立现代企业制度,以公有制为主体的现代企业制度是社会主义市场经济体制的基础。继续深化企业改革,必须解决深层次矛盾,着力进行企业制度的创新,进一步解放和发展生产力,充分发挥社会主义制度的优越性。建立现代企业制度是一项艰巨复杂的任务，必须积累经验，创造条件，逐步推进。当前，要继续贯彻《全民所有制工业企业法》和《全民所有制工业企业转换经营机制条例》，把企业的各项权利和责任不折不扣地落到实处。国有大中型企业是国民经济的支柱，推行现代企业制度，对于提高经营管理水平和竞争能力，更好地发挥主导作用，具有重要意义。现代企业按照财产构成可以有多种组织形式。按照现代企业制度的要求，现有全国性行业总公司要逐步改组为控股公司。发展一批以公有制为主体，以产权联结为主要纽带的跨地区、跨行业的大型企业集团，发挥其在促进结构调整，提高规模效益，加快新技术、新产品开发，增强国际竞争能力等方面的重要作用。改革和完善企业领导体制和组织管理制度。坚持和完善厂长（经理）负责制，保证厂长（经理）依法行使职权。实行公司制的企业，要按照有关法规建立内部组织机构。企业中的党组织要发挥政治核心作用，保证监督党和国家方针政策的贯彻执行。加强企业中的国有资产管理。对国有资产实行国家统一所有、政府分级监管、企业自主经营的体制。按照政府的社会经济管理职能和国有资产所有者职能分开的原则，积极探索国有资产管理和经营的合理形式和途径。坚持以公有制为主体、多种经济成分共同发展的方针。在积极促进国有经济和集体经济发展的同时，鼓励个体、私营、外资经济发展，并依法加强管理。一般小型国有企业，有的可以实行承包经营、租赁经营，有的可以改组为股份合作制，也可以出售给集体或个人。出售企业和股权的收入，由国家转投于亟需发展的产业。

（2）培育和发展市场体系，着重发展生产要素市场，规范市场行为，打破地区、部门的分割和封锁，反对不正当竞争，创造平等竞争的环境，形成统一、开放、竞争、有序的大市场。推进价格改革，建立主要由市场形成价格的机制。深化价格改革的主要任务是：在保持价格总水平相对稳定的前提下，放开竞争性商品和服务的价格，调顺少数由政府定价的商品和服务的价格；尽快取消生产资料价格双轨制；加速生产要素价格市场化进程；建立和完善少数关系国计民生的重要商品的储备制度，平抑市场价格。改革现有商品流通体系，进一步发展商品市场。在重要商品的产地、销地或集散地，建立大宗农产品、工业消费品和生产资料的批发市场。严格规范少数商品期货市场试点。国有流通企业要转换经营机制,积极参与市场竞争,提高经济效益,并在完善和发展批发市场中发挥主导作用。根据商品流通的需要,构造大中小相结合、各种经济形式和经营方式并存、功能完备的商品市场网络,推动流通现代化。培育市场体系的重点是,发展金融市场、劳动力市场、房地产市场、技术市场和信息市场等。发展和完善以银行融资为主的金融市场。资本市场要积极稳妥地发展债券、股票融资。建立发债机构和债券信用评级制度,促进债券市场健康发展。规范股票的发行和上市,并逐步扩大规模。货币市场要发展规范的银行同业拆借和票据贴现,中央银行开展国债买卖。坚决制止和纠正违法违章的集资、拆借等融资活动。改革劳动制度,逐步形成劳动力市场。把开发利用和合理配置人力资源作为发展劳动力市场的出发点,广开就业门路,更多地吸纳城镇劳动力就业;鼓励和引导农村剩余劳动力逐步向非农产业转移和地区间的有序流动;发展多种就业形式,运用经济手段调节就业结构,形成用人单位和劳动者双向选择、合理流动的就业机制。规范和发展房地产市场。我国地少人多,必须十分珍惜和合理使用土地资源,加强土地管理。切实保护耕地,严格控制农业用地转为非农业用地。国家垄断城镇土地一级市场。实行土地使用权有偿有限期出让制度,对商业性用地使用权的出让,要改变协议批租方式,实行招标、拍卖。同时加强土地二级市场的管理,建立正常的土地使用权价格的市场形成机制。通过开征和调整房地产税费等措施,防止在房地产交易中获取暴利和国家收益的流失。控制高档房屋和高消费游乐设施的过快增长。加快城镇住房制度改革,控制住房用地价格,促进住房商品化和住房建设的发展。进一步发展技术、信息市场。引入竞争机制,保护知识产权,实行技术成果有偿转让,实现技术产品和信息商品化、产业化。发展市场中介组织,发挥其服务、沟通、公证、监督作用。当前要着重发展会计师、审计师和律师事务所,公证和仲裁机构、计量和质量检验认证机构、信息咨询机构、资产和资信评估机构等。发挥行业协会、商会等组织的作用。中介组织要依法通过资格认定,依据市场规则,建立自律性运行机制,承担相应的法律和经济责任,并接受政府有关部门的管理和监督。改善和加强对市场的管理和监督。建立正常的市场进入、市场竞争和市场交易秩序,保证公平交易,平等竞争,保护经营者和消费者的合法权益。坚决依法惩处生产和销售假冒伪劣产品、欺行霸市等违法行为。提高市场交易的公开化程度,建立有权威的市场执法和监督机构,加强对市场的管理,发挥社会舆论对市场的监督作用。

(3) 转变政府职能,建立健全宏观经济调控体系。政府管理经济的职能,主要是制定和执行宏观调控政策,搞好基础设施建设,创造良好的经济发展环境。同时,要培育市场体系、监督市场运行和维护平等竞争,调节社会分配和组织社会保障,控制人口增长,保护自然资源和生态环境,管理国有资产和监督国有资产经营,实现国家的经济和社会发展目标。政府运用经济手段、法律手段和必要的行政手段管理国民经济,不直接干预企业的生产经营活动。积极推进财税体制改革。改革的重点:一是把现行地方财政包干制改为在合理划分中央与地方事权基础上的分税制,建立中央税收和地方税收体系;二是按照统一税法、公平税负、简化税制和合理分权的原则,改革和完善税收制度,理顺国家和国有企业的利润分配关系;三是改进和规范复式预算制度,建立政府公共预算和国有资产经营预算,并可以根据需要建立社会保障预算和其他预算。加快金融体制改革。中国人民银行作为中央银行,在国务院领导下独立执行货币政策,从主要依靠信贷规模管理,转变为运用存款准备金率、中央银行贷款利率和公开市场业务等手段,调控货币供应量,保持币值稳定。深化投资体制改革。逐步建立法人投资和银行信贷的风险责任。竞争性项目投资由企业自主决策,自担风险,所需贷款由商业银行自主决定,自负盈亏。加快计划体制改革,进一步转变计划管理职能。国家计划要以市场为基础,总体上应当是指导性的计划。合理划分中央与地方经济管理权限,发挥中央和地方两个积极性。

(4) 建立合理的个人收入分配和社会保障制度。个人收入分配要坚持以按劳分配为主体、多种分配方式并存的制度,体现效率优先、兼顾公平的原则。劳动者的个人劳动报酬要引入竞争机制,打破平均主义,实行多劳多得,合理拉开差距。坚持鼓励一部分地区一部分人通过诚实劳动和合法经营先富起来的政策,提倡先富带动和帮助后富,逐步实现共同富裕。建立适应企业、事业单位和行政机关各自特点的工资制度与正常的工资增长机制。

国家依法保护法人和居民的一切合法收入和财产,鼓励城乡居民储蓄和投资,允许属于个人的资本等生产要素参与收益分配。建立多层次的社会保障体系,对于深化企业和事业单位改革,保持社会稳定,顺利建立社会主义市场经济体制具有重大意义。按照社会保障的不同类型确定其资金来源和保障方式。重点完善企业养老和失业保险制度,强化社会服务功能以减轻企业负担,促进企业组织结构调整,提高企业经济效益和竞争能力。建立统一的社会保障管理机构。提高社会保障事业的管理水平,形成社会保险基金筹集、运营的良性循环机制。社会保障行政管理和社会保险基金经营要分开。社会保障管理机构主要是行使行政管理职能。建立由政府有关部门和社会公众代表参加的社会保险基金监督组织,监督社会保险基金的收支和管理。社会保险基金经办机构,在保证基金正常支付和安全性流动性的前提下,可依法把社会保险基金主要用于购买国家债券,确保社会保险基金的保值增值。

第七章
市场改变中国

市场经济目标模式和体制转轨路径的明晰,使中国经济、社会发生深刻的变化,市场对各个方面都产生了不同程度的影响。在市场大潮的冲击下,改变的不仅是物质形态的方面,还包括人们的心理状态。

改革大潮中的进城务工人员

邓小平南方谈话的同时,南下的火车上也挤满了进城务工人员。1992年的春节过后,铁路超载尤其严重。武昌、长沙、岳阳、株洲、衡阳等地火车站每天都集结近万名南下旅客,给铁路造成巨大压力。进城务工人员南下广州后,分别转乘汽车,赶赴顺德、中山、佛山、东莞、惠州、深圳等地,逐渐于珠三角一带扩散。

民工潮是伴随市场经济的发展出现的社会现象,它是市场经济的晴雨表,改革开放前,毗邻中国香港地区的深圳每年都有大批内地人受香港繁荣的经济和高收入的影响铤而走险偷渡,从1957年至1977年,宝安县(1979年改设深圳市)赴港的人数是119 274人次,平均每年5 000人次。1978年,宝安县赴港人数为17 456人,由于人口长年流失,当时的宝安县成为广东省劳动力流失的主要县城之一,也造成其人口密度和经济发展水平一直低于广东省的平均水平,它每平方千米的人口密度只有280人。

然而,改革开放后,这里建立了特区,发展市场经济和民营企业,情况立即得到了改观。原来人口流出的穷乡镇、小渔村变成了人们向往的地方。1980—1982年,开始形成了移民流的初潮,在这3年中,深圳人口每年的增长超过10%。在这个初潮中,有这样四批人进入深圳:一是来自全国各地的100家建筑公司的干部工人和技术人员;二是两万名开赴深圳横岗的公司、工厂的就地转业的工程兵;三是由内地调入的数百名干部和专业技术人员;四是近10万名各种新兴企业招聘的外来工。1983年,有15万人涌进深圳。以后每年都以超过前一年的速度递增,其中,大部分是来自全国各地尤其是中西部的民工。到了1987年,深圳暂住人口达到59.84万,首次超过了户籍人口(55.6万人)。1989年,深圳暂住人口突破100万;1990年,深圳总人口超过200万;1993年,深圳暂住人口超过200万;1994年,深圳总人口突破300万;1999年,深圳总人口突破400万,其中暂住人口接近300万。2001年4月16日,全国公布第五次人口普查结果,深圳的情况令人大吃一惊:总人口已达到700.84万人,其中户籍人口是121.48万,暂住人口达到579.36万。到了2004年,深圳的户籍人口超过270万,而暂住人口则超过700万。深圳已成为超千万人的大都市,在深圳行走的每4个人中,有3个是外来人。①

广东其他地区也是如此,从20世纪80年代开始,广东成为中国打工者首选的地区和外来工最密集的地区。广东也由此掀开了中国第一波外来务工浪潮。当时社会上流传甚广的"东西南北中,发财到广东"一语,精辟地概括了那个时代农村富余劳动力对广东等南方经济开放地区的向往。

中国民工潮流动的人数和规模举世罕见,其中不乏盲目性和自发性,也带来一系列社会问题。1989年初春,约有几百万被称为"盲流"的农民涌入北京、广州、武汉、沈阳等大城市,滞留在这些城市的火车站及其他地方,造成交通堵塞,食品供应紧张,秩序混乱。随后,经过地方政府、民政部门、公安机关以及报纸舆论的宣传、疏导和动员回乡,才使这一延续两三个月的浪潮渐渐平静下来。提到"盲流"这个词,大多数中年人的记忆都会回到1991年的央视元旦晚会上。在那场连观众也同样坐在舞台上的晚会里,黄

---

① 王颖:《中国民工潮:关于打工族生存状况调查报告》,长征出版社,2005年版。

宏和宋丹丹表演了一个脍炙人口的小品《超生游击队》。小品中,宋丹丹就有这样一句台词:"刚才在候车室,乘警指着我鼻子叫我啥,你知道不?""盲流!你听听……"

"盲流"一词的来源要追溯到20世纪50年代,1953年起我国开始取消农村人口自由流动,而未按计划入城的农村人口称为"盲流"。1956年国务院曾发出《关于防止农村人口盲目外流的指示》,指出"各大城市和工业建设重点地区,对流入的人口虽已设法容纳安置,但容量有限",希望切实劝阻盲目外流人群。1957年国务院再次发出《关于防止农民盲目流入城市的通知》《关于制止农村人口盲目外流的指示》等文件,第一次以"制止"取代"劝止",严格控制农村人口自发入城。① 党的十一届三中全会后,改革促进了农民观念意识的转变,农民纷纷离开家园,来到城市,寻找打工机会,他们目标很明确,就是要到市场中寻求生机和发展。小说《中国民工潮》、电影《民工潮》、电视剧《外来妹》等反映了农民工进城面临的各种机遇、困难迷惑及挑战。

"下海,下海"

这是一个创造奇迹的时代,市场表现了无穷魅力和活动空间,改革已经改变了民众的思想。"下海"一词成为一个刺激性的字眼,又是一个火爆的话题。"下海"意为下"经商、经营"之海,或"市场"之海,成为政府官员和文人书生加入经营行列的专用名词。这一浪潮可以说是20世纪90年代最显著的潮流。有的弃"官"从商,放着局长、主任的官位不干,去创办各种经济实体;有的教授、研究者从教室走出,转向科技的开发与经营;有的在本职工作之外,干起第二职业,甚至去摆摊卖货。还有些大学生也兼职做起各式各样的买卖。据1993年国家工商总局的统计数据,上半年全国新办公司超过9万家,全国公司总数已近90万家,超过了全国国有企业总数的一倍。

面对"下海"热,各界反映不一。国家有关部门的态度是明确的:一是大力支持兴办第三产业;二是大力支持政府精简机构,转变职能;只要符合此

---

① 谯珊:《从劝止到制止:20世纪50年代的"盲流"政策》,《兰州学刊》2017年第12期,第16-25页。

目的"下海",一般给予支持,但同时强调指出,政府部门干部"下海",一定要与原单位脱钩。新闻界对此也有高度关注,"下海"新闻已成各报刊争相报道的一大热点。随着热度不断升高,当时又有一些报刊发出警告,"下海"热需降温。《工人日报》发表言论:"下海"切莫跟风。特别是在职干部兼管经商,在校学生兼做买卖,许多人认为必须权衡利弊,不可一味鼓励。①

邓小平南方谈话之后,中国经济改革的速度明显加快,建设社会主义市场经济体制已成为目标模式,而要建立市场经济体制,自然需要一大批身体力行者。我们的经济运作体系中,由于多年产品经济、计划经济的影响,呈"头肿、脚肿、腰杆细"的状态:头肿,政府冗员多;脚肿,工商企业冗员多;而腰杆细,即联系企业与市场、政府与企业、消费者与商品以及为生产提供各种服务的诸多手段相对贫乏,第三产业极不发达。中国要运用市场经济的手段建设具有中国特色的社会主义,客观要求弥补不足,呼唤更多的能人"下海",尤其是下"第三产业"之海,一方面可以消"肿",一方面可以补"细",从这一意义上说,"下海热"的出现应当受到欢迎。

1992年春天邓小平南方视察后,一批体制内官员、学者毅然走上了"辞职下海"的道路,形成了一群被称为"92派"的企业家。如今,这个群体中的佼佼者,不仅活跃在中国经济第一线,而且越来越频繁地活跃在社会生活的风口浪尖。他们曾经的激情和理想,别样精彩的创业故事,足以成为新时代企业家阶层的代表。

"92派"一词源自泰康人寿董事长陈东升,愿意将自己定义为"新士大夫"企业家,体现着这群人骨子里的激情。不过,万通地产董事长冯仑亦有对"92派"企业家的新注解。在一次主题研讨会上,他这样说:"'92派'也可理解为'久了就二',这群人最大的特征就是喜欢拽'大词',最小的词是民主,大的就能聊人类,说宇宙了。"②这话似乎也表达了他心中的一丝忧虑:企业家本应好好赚钱,但种种主客观因素使他们扮演起了公共知识分子角色,而这毕竟不应该成为常态。

1993年,当时身为副局级官员的陈东升毅然脱离体制内,"下海"创办嘉

---

① 《不再浮躁:国人告别"热点"》,《广西质量监督导报》1996年,第1-18页。
② 倪金节:《92派企业家的激情与理想》,《上海证券报》2012年7月6日。

德国际拍卖公司。三年后泰康人寿成立,之后泰康人寿就接连创下了中国保险行业的多个第一。冯仑在下海之前曾在中宣部、中央党校和国家体改委工作,主旋律宣传和理论研究是他的主要任务,后成为一位白手起家的企业家,创建万通地产,还策划并领导陕西证券、华北华联等企业的收购及重组,使万通集团在几年内总资产增长逾 30 亿元。现在,他更愿意在从容地讲段子的环境中,以地产思想家的身份出现。

1991 年,俞敏洪因故辞去北京大学英语教师的职务另谋出路。然而,这一次艰苦创业办培训的"下海"却使他看到了新的机会。尽管留学失败,俞敏洪却对出国考试和出国流程了如指掌,他进入培训行业几年后,迎来了"新东方"的辉煌。

1974 年年初,18 岁的郭凡生作为"体优生"被招进部队。在军营里,郭凡生苦学了三年,最终在退役当年考上了中国人民大学工业经济系。1982 年开始,他先后在内蒙古党委研究室、国家体改委从事西部发展与企业制度方面的研究。1990 年,郭凡生"下海",随后创办慧聪网——中国领先的电子商务网站之一。

同时期"下海",如今成为行业翘楚的著名人物还有田源、朱新礼、黄怒波、毛振华、胡葆森、袁岳、王中军等。如果一直罗列下去,这将是一个极让人激赏的长名单。

确实,"92 派"可谓产生了企业家"下海"几十年过程中最为成功的典型代表、当代中国民营企业家群体的先锋。作为市场化改革后崛起的第一代企业家,较之李彦宏、马云等新生代企业家来说,他们多数人在青春年代,都曾被传统体制所深度裹挟,带有很强的体制内色彩。很多人三十岁左右正在中宣部、中央党校、国务院发展研究中心、中国社科院等机构就职,主要工作就是论证市场经济的合理性,为经济体制改革提供理论基础和政策建议。随后,他们投身实践,将自己的理论用于创业过程之中。或许,独特的理论研究背景,加上对传统体制的深切体会,让他们对现实问题的症结看得极为透彻,也为他们"下海"成功奠定了基础。这样先天的思维优势、工作经历必然与如今的成功有一定的关联。而新时期,在多数竞争领域已经接近饱和状态的情况下,"92 派"身携的体制资源带来的红利效应正在弱化,显然要想成就一番事业需要更多地激发企业家创新、管理能力和企业家精神的制度建设。

1994年,对于很多公司来说,是新生的一年;但对于很多公司来说,是躁动的一年、喧哗的一年,也可说是中国企业家集体顿悟的一年。

1994年是柳传志的"关键时刻",有两个严峻的"坎"在等着50岁的他。第一个是"竞争坎"。因为批文取消,关税保护门槛消失,洋电脑开始全线进入中国,国产计算机老大长城电脑0520一夜之间消失,深圳长城电脑变成了IBM的工厂,联想历史上第一次没有完成预定目标,面临生死存亡。第二个是"路线坎"。联想爆发了"柳倪之争",这一分歧后来被这样总结:柳传志的路线是贸工技,贸易优先;倪光南的路线是技工贸,技术优先。路线之争后来升级为意气之争,有人检举揭发柳传志,理由很吓人:在与香港公司的合作中涉嫌侵吞国有资产。

联想公司在那一年,面临的"青春期烦恼"远不止这些。回望来路,柳传志甚至把联想的1994年与中国的1976年相提并论。他认为,对于自己和这个国家而言,1976年是绝处逢生,而1994年的峰回路转,是自己人生的重要时刻。没有1976年,就没有联想成功的外部环境;没有1994年,联想就不可能成为一种历史存在。

1988年1月13日,蛇口举办了"青年教育家与蛇口青年座谈会",曲啸在演讲中说,部分青年去深圳意在淘金,特区不欢迎淘金者。蛇口青年反驳,淘金者没错。淘金者直接动机是赚钱,客观上也为蛇口建设出了力。蛇口是淘金者血汗浇筑而成的。他们说,"想赚钱能赚钱被认为是有才能的表现,这是历史的进步"。①

1992年4月,中国社会调查所公布一项调查统计表明,女大学生就业心态发生了很大变化。在对21个地区的近400名北京籍女大学生进行的调查中发现,83%的女大学生表示愿意端"瓷饭碗"。她们认为端"瓷饭碗"较能发挥个人才能,并取得丰厚的报酬。当时高校学生已经出现了兼职、做家教、创业、贷款读书等情况。

---

① 曾宪斌:《"蛇口风波"答问录》,《人民日报》1988年8月6日。

胶东栖霞，夏夜华灯初放，如同白昼。不仅县委书记在夜市上摆摊，县长、局长和许多机关干部都成了"兼职小贩"。"我摆小摊主要不是为了挣钱，而是带头冲破为官不经商的陈旧观念，带动机关干部利用业余时间办第三产业。"带着20多种小商品到夜市上摆摊的县委书记吕志海如是说。

1993年12月，拉萨早晨气温在零下十几度，然而，布达拉宫下的"星期日市场"已人山人海。据有关人员统计，这里每个星期天有近千个摊点，"摊主"大多数是机关干部。

"下岗潮"中求新局

为落实党的十四届三中全会的《中共中央关于建立社会主义市场经济体制若干问题的决定》，1994年年初开始，国务院确定组织100家企业建立现代企业制度的试点。紧接着，各地区、各部门也分别选择了一批企业，全国共有2 700多家现代企业制度试点。国务院建立了试点工作协调会议制度，在国家体改委、国家经贸委①和各级政府的指导下，试点企业按照建立现代企业制度的要求，进行大胆创新和多方面的探索。多数试点企业初步完成了公司制改革，普遍建立了公司法人治理结构，新型的政企关系格局初步形成。但据1996年的统计，当时国务院确定的100家试点企业中，有81%的企业选择了国有独资公司的形式，其中许多企业董事长和总经理由一人担任，难以形成完善的公司治理结构、权责明确的责任层次和既协调运转又相互制衡的机制。1997年9月，党的十五大报告提出，要调整和完善所有制结构，探索公有制的多种实现形式，到20世纪末大多数国有大中型骨干企业初步建立现代企业制度。

到2000年年底，党的十五大提出的用3年左右时间使大多数国有大中型亏损企业摆脱困境，大多数国有大中型骨干企业初步建立现代企业制度的目标基本实现。1997年国有及国有控股大中型工业企业为16 874户，其中亏损的为6 599户，占39.1%。到2000年年底，亏损的为1 800户，减少近

---

① 国家经济贸易委员会是国务院原组成部门，简称国家经贸委。

3/4。国有企业的经济效益明显提高,科技开发能力、市场竞争能力和抗御风险能力明显增强。

时任国务院总理朱镕基在接待外国政要时谈到国企改革:国企只留现有人数的 1/3 就够了。朱镕基认为,"人浮于事是国有企业面临的一个重大问题。大体上讲,要保证国有企业正常运转,只留现有人数的 1/3 就够了,剩下那 2/3 是富余的——如果让他们靠社会保障生活,会使国家背上沉重的包袱。即便是在西方发达国家,社会保障也已成为政府的沉重负担。去年,我访问了北欧,几乎每个跟我谈话的人都抱怨他们再也承担不起这样一笔巨大的开支。所以,这样做也会给中国带来问题。因此,我们正在尝试用其他办法解决这个问题"。[1]

随着我国由计划经济逐步向市场经济转化,20 世纪 80 年代中期开始,国营企业(后来改称国有企业)也开始逐步削弱了对市场的主导地位。逐步退出生产和经营计划,银行贷款收紧,库存商品消化调整,经营工作面临重重困难,经济效益日益下滑。特别是 1995 年前后,银行不仅停止向企业贷款,而且让企业归还原有的计划性贷款,这对企业显然是釜底抽薪。企业失去了流动资金的供应,无力支付货款,前端生产厂家拒绝继续供货,库存商品中缺乏适销商品,营业收入每况愈下,经营状况进一步恶化。为此,一些企业也曾试图通过承包经营、租赁经营、压缩各项费用和福利性支出等内部管理分配机制的调整走出困境,但这些只是延缓了企业急剧衰败的进程,并不能从根本上解决出路问题。为了解决经营资金的枯竭,更有多数企业发动职工集资来补充经营资金。然而,面对巨大的资金缺口,这无异于杯水车薪,短时间内便损失殆尽。由于长时间的入不敷出,企业大量累积拖欠职工工资、养老金、医疗费……由此为以后引发的职工群体上访、围堵企业总部或政府部门等不和谐现象埋下了隐患,酿成了严重的社会问题。1996 年以后,大多数企业由于历史包袱沉重,经营资金枯竭,出现连年亏损、债台高筑、内外交困的局面。

1997 年下半年国务院文件及人民日报社论指出,随着科学的发展、技术

---

[1] 《朱镕基答记者问》编辑组:《朱镕基答记者问》,人民出版社,2009 年版,第 250 页。

的进步和国有经济结构重组的加速,国有经济特别是传统产业的结构调整和优化也必然加快,国有企业人员流动和职工下岗是不可避免的,这是经济发展中的客观规律和正常现象,是计划经济向市场经济过渡不可逾越的阶段,是改革中的"阵痛",并提出"规范破产,鼓励兼并;下岗分流,减员增效"的重大举措。于是,从上海纺织行业的"压锭减员"和东北的"砸三铁(铁工资、铁交椅、铁饭碗)"开始,在全国范围内掀起了声势浩大的职工下岗高潮,自1997年年底到1998年10月不到一年的时间内,采用各种方式动员职工下岗,有的多达本企业员工的90%以上,全国下岗人员超过3 000万人。

"下岗潮"属于"国有经济"战略性改组的重要组成部分,但如何帮助引导广大的下岗职工早日在市场大潮中找到自己新的定位、取得更大发展也是政府在经济体制转型过程中必须承担的责任。在1994年国企改革试点开展的同时,国家就着手下岗职工的安置工作。1995年,国务院办公厅转发劳动部《关于实施〈再就业工程〉报告》,要求发挥好政府、企业、劳动者和社会各方面的积极性,综合运用政策扶持和就业服务手段,做好再就业工程。1997年,劳动部、国家经贸委、财政部联合发文,要求在企业优化资本结构试点城市建立再就业服务中心,做好下岗职工职业介绍、职业指导、职业培训、生产自救、劳务输出及发放基本生活费用,缴纳社会保险费等服务工作。

1998年初,国家又出台"三年三千万"再就业培训计划。1998年5月14日,中共中央、国务院召开国有企业下岗职工基本生活保障和再就业工作会议,江泽民要求全党动手,动员全社会的力量,共同做好国有企业下岗职工基本生活保障和再就业工作。6月,党中央、国务院下发《关于切实做好国有企业下岗职工基本生活保障和再就业工作的通知》,要求各地党委和政府高度重视下岗职工问题,建立再就业服务中心,加快社会保障制度改革,完善社会保障体系。

在中央的大力呼吁和要求下,各地积极建立了再就业服务中心,为下岗职工提供多方位的服务和再就业培训,发放基本生活费用,办理社会保险。为了更好适应市场的需要,各地还在体制机制上不断创新,大胆实践,进行了许多有益的尝试。上海开展了"政府购买培训成果"的尝试，引入社会力量参与再就业培训，通过招标方式确定培训承担机构。1997年11至12月，上海劳动局共发布职业培训信息200多条，有54家培训机构参与招标，培训5 600人。① 在下岗职工自主创业方面，也从多方面进行扶持和引导，简便各种手续，减免各项税费。不少下岗职工转变观点，在市场经济大潮中又迎来了新的辉煌。"找市长，不如找市场"成为一时的流行语。

农乡换新颜

山西晋中大寨村于1947年建立党组织，并在1953年办合作社，在党支部书记陈永贵同志等老一代领导人的带领下，艰苦奋斗，改造农田，兴修水利，20世纪60年代成为"全国农业战线的一面旗帜"。但改革开放后，农村改革打开全新局面，大寨村面临如何在新时期求发展的新问题。到了20世纪90年代，邓小平南方谈话也极大地鼓舞了大寨人，使有艰苦奋斗传统法宝的老典型再度焕发新的生机，在党支部郭凤莲等同志的带领下，全村人民解放思想，学习全国先进经验，规划大寨村新发展蓝图，在农业稳步发展的同时，工、副、商贸业蒸蒸日上。1992年该村成立了大寨经济开发总公司，引项目、引人才、引资金，建起了年产10万吨的水泥公司、粮食转换的酒业公司、制衣公司、煤炭发运站、煤矿、毛衣厂、贸易公司、森林公园。10家企业年收入9 000多万元，1999年上缴国家税收300万元。该村积极调整产业结构，改革经营体制，由集体为群众提供"五统一"服务：统一实施新品种试验和新技术推广；统一购买种子、化肥；统一实施机耕、机播、秸秆还田；统一实施水利灌溉和水利设施的应用；统一规划农田基本建设。由于强化了统一经营职能，农业效率大大提高，90%的劳动力从事了工业、副业，农民的收入不断增加，从1988年人均180元上升到2001年的3 910元。随着收入增加和集体实力的增强，农民生活实现了"三有""三不"。"三有"是：小有教（从幼儿到小学免费上学）；老有靠（实行了养老保险金制度，60岁以上的老年人每月可

---

① 张小键、张永麟：《就业培训：再就业工程的重要措施——上海再就业培训工作的调查》，《中国劳动》1998年第4期。

领到60元,70岁以上的每月领100元,共产党员每月领150元,参加过抗日战争、解放战争、抗美援朝战争的每月领120元);考有奖(凡考入大学、大专、中专的学生由集体按年发奖学金,本科大学生年1 000元、专科大学生年800元、中专生年500元)。"三不"是:吃水不用吊(自来水)、运输不用挑(汽车、拖拉机)、看病不用跑(村办医疗保健站服务上门)。大寨人不仅在生活上得到了改善,而且设施和建设环境方面的改造是同步进行的。20世纪90年代,朱镕基、田纪云、邹家华等国务院领导相继视察大寨村,给予极大的关怀和支持。

天津市静海县(今天津市静海区)大邱庄(1983年成立大邱庄农工商联合总公司)在党的十一届三中全会以后的短短十年时间里,发生了天翻地覆的变化。1988年大邱庄社会总产值突破4亿元大关,比1978年翻了8倍多;上缴国家税金超过1 500万元,比1978年翻了7倍多,成为全国乡镇企业之冠。1992年随着改革开放的发展,当时如日中天的大邱庄继续"大干快上",很多新上马的工程被铺开,在其经济规模大扩张之时,1993年年初,大邱庄"庄主"禹作敏被捕事件发生。针对此后大邱庄经济面临的困难,当地政府与四大集团一起经过几个月的调研,迈出了明晰产权、恢复企业活力、企业改制的重要改革步伐。

为盘活企业背负的债务,大邱庄企业改制遵循着"承债式改革、零价资产转让以及现有企业组成新的公司"三个前提,通过产权交易的形式,使"集体退出来,能人组起来"建立新的公司;企业有多少资产,就必须承担相应的债务;个别资不抵债但仍然可以存活的企业,由集体承担超出资产部分的负债。新成立的公司重新注册资金,由干部员工购买企业股份。为了保证产权交易透明、公正,大邱庄事先请天津市产权交易中心对大邱庄集体所有的企业进行资产评估,然后企业资产按个人参股形式公开出售。这样经过一年时间,这个曾经以集体经济闻名的大邱庄企业完成了企业集体变民营、无限变有限、投资主体一元变多元的产权制度改革。改制后,新建的企业中包括80%民营企业、20%集体联营参股或合资企业,吸收个人注入的资本26亿元,运作了20多亿元的企业资本,直接缓解了大邱庄企业的资金困难。1997年大邱庄上缴财政收入9 300多万元,创大邱庄历史最高水平。

被誉为"天下第一村"的江苏省江阴市华西村,是中国农村建设小康社会的典型。该村拥有"电话村""彩电村""空调村""别墅村""电脑村"和"轿车村"等40多项头衔。自1994年组建华西集团公司以来,一直兴旺发展。老华西村只有0.96平方千米,1 500多人,380户人家。从2001年6月开始,华西村开始造就共同富裕的大华西,他们成功地对周边的前进、华明、三余巷、浜泾等10个村实施"一分五统",即村企分开,经济、干部、劳动力、福利、村建实行统一管理。后来的大华西面积达18平方千米,比以前大了18倍,人口达到1.7万多人。如加上外来打工人员,全村共达3万多人。"一村富不算富,全国富才算富",这是华西人的宽阔胸怀。1995年以来,华西还实施跨省扶贫,先后在黑龙江省肇东市、宁夏回族自治区银川市合作建立了两个"省外华西村",树立了共同富裕的样板。2003年3月,华西村又与江苏省淮安市谷圩村签订合同,华西村远到谷圩村租用2 000多亩土地,用来栽植杨树发展林业,然后逐步帮助当地发展第二、第三产业。仅租金一项,在20年内华西村每年要支付80多万元,并帮助该村解决部分村民就业。这是华西人帮助他乡农民致富奔小康的具体行动。

旅游已成为华西村三大经济亮点(冶金、纺织、旅游)之一。2002年,华西村共接待海内外游客120万人次。他们成立了全国第一家村级旅行社——华西旅游服务公司,以50元"一票制"的方法,让外来游客观光华西村近百个景点。2003年5月1日,华西村还开通了村内公交,辟有2条线路、10个站点,5分钟一趟车。公交车的开通,标志着华西村在城市化建设进程中又迈出新的一步。

2003年7月5日,在华西村发生的一件事又引起国内外媒体的特别关注。这一天,华西村召开第六届党代会,76岁的华西村党委书记吴仁宝退居二线,他的四子吴协恩当选为村党委书记、集团公司董事长兼总经理。新一届村党委委员共有50名,其中党委书记1名,副书记27名。在外界有关吴仁宝"传位"的种种猜测中,在众人目光中,39岁的阿四——吴协恩大步走上了前台。"当家人"的更换,标志着华西村步入了一个新的发展阶段。

2003年元月23日晚,华西金塔的5楼会议室灯火通明。老书记吴仁宝在主持村党委扩大会。此刻,他郑重地宣布:"现在,我决定将镇里批给我个人的 2002 年度 628 万元奖金,全部留给集体发展经济。"他的话赢得了一阵阵热烈的掌声。据计算,自 1995 年以来,吴仁宝将上级批给他的总计 4 000 多万元奖金,全部无私地留给了集体。吴仁宝去世后的华西村,也在经历新的探索,面对新的挑战与考验。

网络新市场

20 世纪 90 年代末是中国互联网的"创世纪"。网络创业精英在商海搏击不断乘风破浪:1997 年 5 月,丁磊做网易;1998 年 4 月,张朝阳做搜狐;1998 年 10 月,王志东做新浪;同月周鸿祎做 3721;1999 年 3 月,马云做阿里巴巴;1999 年 11 月,陈天桥做盛大;1999 年 11 月 11 日,马化腾做腾讯;1999 年 12 月圣诞节前,李彦宏做百度。当前中国互联网最重要的一些大佬的公司几乎全部诞生在 1997 年的第二季度到 1999 年的第四季度之间,这是中国互联网风起云涌的时刻。

1999 年 3 月,阿里巴巴创立,1999 年年底,得到高盛 500 万美元的天使投资资金,几乎在同时,又得到孙正义的 2 000 万美元投资,随即在美国设立了国际总部,2000 年年初,又在上海设立了中国总部。2000 年,马云成了《福布斯》杂志的封面人物。2001 年年末,阿里巴巴注册用户超过 100 万。2003 年 5 月阿里巴巴推出旗下电子商务网站淘宝网,成为该公司首个消费者到消费者(C2C)在线集市。2005 年 8 月,阿里巴巴同雅虎公司建立了战略合作关系,雅虎向阿里巴巴投资 10 亿美元,获得阿里巴巴 40% 股权。2007 年 11 月,阿里巴巴在中国香港上市,以阿里巴巴网络有限公司(Alibaba.com Ltd)登陆香港证券交易所主板,融资 17 亿美元。交易首日,其市值达到 257 亿美元。2011 年 9 月,DST Global 和 Temasek Holdings Pte 等投资者购买了阿里巴巴的股权,这些投资使阿里巴巴估值在中国互联网公司中仅位于百度和腾讯之后。阿里巴巴开始从雅虎回购所持股份,最终购回了雅虎所持阿里巴巴股份的一半。雅虎称,它计划从出售这些股份所得中回报 30 亿美元给股东,缓解投资者对这些钱用于收购有风险公司所产生的担心。2014 年 9 月 19 日,阿里巴巴宣布在美国纽约证券交易所上市,交易代码"BABA",这次上市是美国有史以来最大规模的一次IPO(首次公开募股)。阿里巴巴(BABA)开盘价在92.70美元/股,以开盘价计,阿里巴巴市值将达到2 383亿美元,约合14 631亿元人民币。

淘宝网,顾名思义——没有淘不到的宝贝,没有卖不出的宝贝。自2003年5月10日成立以来,从零做起,在短短的2年时间内,迅速成为国内网络购物市场的第一名,占据了中国网络购物70%左右的市场份额,创造了互联网企业发展的奇迹。"宝可不淘,信不能弃",在为淘宝会员打造更安全高效的网络交易平台的同时,淘宝网也全心营造和倡导互帮互助、轻松活泼的家庭式氛围。截至2022年11月,淘宝官网显示,网站拥有近5亿的注册用户数,每天有超过6 000万的固定访客,同时每天的在线商品数已经超过了8亿件。

2012年8月14日上午,刘强东连发两条微博:京东大型家电三年内零毛利,所有大型家电保证比国美、苏宁连锁店便宜10%以上。这一挑衅性的举动引发了电商价格大战,核心是"单品比价"。此前虽多有零售商自我标榜价格最低,但消费者操作难度较大,且在成本、风险等方面都没有成熟模式可借鉴,而这次,京东商城和苏宁易购的线上比价对消费者而言简便易行,在线下比价方面,名为比价,实际是利用国美、苏宁实体店的展示效果,在现场抢客户。对于线上与线下比价的"招数",李国庆看出其中关键,在微博上发言称:"线上比线下算什么价格战,当当网出版物和百货价格比线下都便宜10%~35%呢。"一个基本事实是,由于门面租金等固定成本的存在,实体店的价格无法与电商直接竞争。"别说10%,很多商品便宜20%都卖得起",一电器销售人员介绍。在业界看来,在价格战愈演愈烈的情况下,图书类电商与大型阅读社区的联姻将是其实现二度爆发的新契机。事实上,相比于传统的营销模式,通过微博、微信等社交平台进行产品促销、概念植入已经成为一种颇为有效的方式。由于公众关注度高,通过明星、网络红人之手在社交平台上轻轻一点发布的产品促销信息的效果,有时候不亚于花费巨资进行的品牌广告投放。

基于此,国内多家电商纷纷走上社交化电商之路。从2012年8月开始,淘宝网商品在"分享"和"收藏"功能之后新增了"加入密淘"的选项,增强用户间的互动性。无线淘宝也推出"表哥计划",旨在让没有网银的老人与孩子等人群,绑定亲朋好友的支付宝购物。与此同时,拥有强大 QQ 用户资源的腾讯电商更热衷于社交化营销。QQ 弹窗、QQ 邮件、QQ 客户端、QQ 空间、朋友圈、QQ 游戏等资源,成为合作商家最看重的特色服务之一。此外,国美在线母婴频道、乐蜂网等也建设了社交化平台。

总之,互联网、电子商务创新了市场的形态,也提供了新的创业空间,同时也对传统市场造成了不小冲击,如传统书店的营业额大幅降低,小型家电零售公司渐次倒闭。

第八章
为市场经济创造良好的制度环境

政府为市场经济营造良好的制度环境是义不容辞的责任。通过对财政体制、税收体系、金融体制、社保体系、法律环境等改革,以及政府自身定位的调整,大力推进市场的完善和发展。

改革的突破口——分税制

在1992年社会主义市场经济发展目标确定后,如何构建与市场经济体制相适应的财税体制就列上了紧迫的议事日程,一场艰难的改革大战拉开序幕。1991年,63岁的朱镕基出任国务院副总理,分管经济。邓小平南方视察后,在朱镕基的亲自主持下,经过紧张的内部研讨和中央与地方的多轮谈判,一个分税制财政体制的基本框架仅用半年时间就在中国搭建起来,对中国市场经济的发展意义极为重大。

时任财政部部长的刘仲藜说:"1994年财税改革涉及的内容较多,涵盖了包括税制、分税制等在内的数个方面,但是核心是分税制改革。"[1]所谓分税制,就是在中央与地方财政分配关系上,统一按税种划分收入,彻底打破中央与地方一对一谈判、一地一个体制的财政大包干办法。改革的目标直观地看,就是要提高财政收入占国内生产总值比重,以及中央财政收入占全

---

[1] 刘仲藜:《财税改革的历史机遇》,《中国财经报》2008年12月10日。

国财政收入的比重。只有这样,才能增强中央的宏观调控能力,才能维持国家的长治久安,这也是市场经济国家较普遍的做法。分税制改革内在的深层含义,则是消除以往不论是强调集权还是力行分权的体制下始终存在的"按照行政隶属关系组织财政收入"的症结,实行真正消除"条块分割"的经济性分权,使各类企业得到公平竞争环境,同时中央、地方政府间形成合理稳定的财力分配长效机制,为推进邓小平南方视察后确立的市场经济为目标模式的改革,提供打造"宏观间接调控体系"的整体配套。但是,如何分税,具体方案的可行性是一个重大课题。

分税制改革要兼顾中央和地方两个积极性,既确保增加中央财力,又不损害地方既得利益,这就是中央与地方"共赢"方案的设计目标。设计增值税是这次改革关键的内容。朱镕基在听取财政部和税务总局的改革汇报后提出中央与地方共享税的税种,其中增值税是最大税种,切入点在增值税的增量分成比例上,他提出"高、中、低"三个分成比例,即"二八""三七""四六"的设想,核心原则是"保地方利益,中央财政取之有度",最后交给中央政治局讨论时确定分成比例为 75∶25 的方案。[①]

朱镕基在江苏调研时指出,中央通过这一返还、转移后,就有这样一个宏观调控,调节全国的经济状况,保证国家的统一。这次分税制方案的设计原则之一,是保地方 1993 年既得财力。以 1993 年为基期计算,消费税上划的部分及增值税 75% 的部分,减掉分税后中央下划给地方的收入,即中央净上划部分,当年通过"税收返还"方式返还地方,以后年度按照"1∶0.3"比例增长。这样,假以时日,在以后的收入增量分配中,中央财政比重逐年提高,地方逐年减少。

分税制财政管理体制是一种与市场经济的资源配置机制目标适应的分税分级财政管理体制,中央关于分税制改革的文件主要有四部分内容。第一部分,分税制财政管理体制改革的重大意义。第二部分,分税制财政管理体制改革的指导思想。其包括:正确处理中央与地方的分配关系;合理调节地区之间财力分配;坚持统一政策与分级管理相结合的原则;坚持整体设计

---

① 姜永华:《中国分税制》,中国财政经济出版社,2008 年版。

与逐步推进相结合的原则。第三部分,分税制财政管理体制的具体内容。其包括:中央与地方事权和支出的划分;中央与地方收入的划分;中央财政对地方税收返还数额的确定;原体制中央补助、地方上解以及有关结算事项的处理等。第四部分,配套改革和其他政策措施。其包括:改革国有企业利润分配制度;同步进行税收管理体制改革等。

亲自参加分税制方案设计和推行的刘克崮有一个高度精练的概括。他总结,分税制改革具体内容可以用六个词来概括,"分权""分税""分机构""返还""挂钩""转移支付",前三个是改革的主体内容,后三个是辅助措施。"分权"定支出,是划分明确中央和地方政府的事权,确定相应财政支出范围。"分税"定收入,是按税种划分各自的财政收入范围,将全部税收划分为中央税、地方税以及中央与地方共享税;将维护国家权益,实施宏观调控所必需的税种划为中央税,如消费税、关税等;将税源分散、适合地方征管的税种划为地方税,如营业税等;将与经济发展直接相关的主要税种和具有特殊性的税种划为中央与地方共享税,如增值税。"分机构"建体系,是将原一套税务机构分设为国税、地税两套税务机构,分别负责征收中央收入和地方收入,建立了相对独立的地方财税工作体系。"返还"的目的是实现改革"保存量,调增量"的原则,确保地方既得财力,1993年中央从地方净上划消费税全部和增值税75%中的一部分全额返还给地方,并以此作为以后中央对地方税收返还的基数。"挂钩"的作用是使中央给地方的税收返还数与中央所得"两税"的增长同向不同步,既让地方"返还"增长,又逐步提高中央的比重。1994年后税收返还数额在1993年基数上逐年递增,递增率按全国增值税和消费税平均每增长1%,中央财政对地方的税收返还增长0.3%的比例系数确定。"转移支付"是确保分税制改革成功的重要保障措施。中央通过分税制集中的财力,不断加大对落后地区的转移支付,能缓解区域经济社会发展的不均衡,促进地区间协调发展和国家整体的和谐与安定。

对于1994年分税制改革成功的原因与意义,后来学术界有了很多总结。刘仲藜说,分税制财政体制改革之所以能成功推进,与朱镕基强而有力的具体领导是分不开的。他亲自带领财政部、国家税务总局等有关部门的同志跑了17个省。注重实地调查研究和上下沟通无疑是分税制顺利推行的重要原因。刘仲藜指出,"财税体制改革的成功得益于党中央、国务院的高瞻远瞩、英明决策,凝聚了财税部门、专家学者的智慧心血,体现了地方政府和社会各界的理解和支持。值得一提的是,在组织实施财税改革过程中,财政部、国家税务总局及时对地方提出的各种要求给予函复,对某些特殊行业的财税政策进行明确和细化,对某些不准确的理解和做法予以解释、澄清和纠正,并根据实际情况对原方案个别地方进行微调和完善,仅仅1994年第一季度就发出了80多个文件。这些操作性文件,保证了党中央、国务院关于财税改革的战略意图,实现了财税改革的效果"。① 对这次财税改革朱镕基始终给予极高的评价,在分税制即将施行之际,他是这样的激动:"这是一个伟大历史时刻。""这项改革,我们多少年想实行而没有实行得了啊!""这次财税体制改革是国家长治久安的基础,诚如江泽民同志讲的,是有历史意义的。从邓小平同志提出建设有中国特色社会主义、领导我们实行改革开放以来,我们还没有进行过一次这么广泛、深刻的改革。尽管在制定方案过程中我们作了一些让步,但是框架已经树立起来了,机制已经建立起来了,现在就是一天天地朝着预定目标前进的问题了。"②

2013年10月在北京举行的中央人民广播电台经济之声、央广网《大国大时代》系列时事报告会上,时任财政部财政科学研究所所长的全国政协委员贾康说,1994年的分税制改革具有里程碑式的意义,因为它的历史性贡献最简要地说,就是顺应邓小平南方视察后确立的社会主义市场经济目标模式来"三位一体"地顺及规范政府与企业、中央与地方、公权与公民经济社会中的这三大基本关系,在财政分配的制度安排上为市场经济取向下的间接调控和全面改革提供支撑。

但一直以来也有对分税制的批评之声,认为分税制是目前"地方隐性负债""土地财政短期行为"以及"基层财政困难"等问题产生的根源。实事求是地讲,简单将这些问题归咎于分税制是没有道理的,这些问题恰恰是由于我国分税制改革还不彻底的缘故。2011年,朱镕基访问母校清华大学,在和师生座谈时颇带感情地对将地方财政困难归罪于分税制的说法进行了批

---

① 刘仲藜:《组织实施新财税体制的前前后后》,《中国财政》2008年第18期。
② 朱镕基:《精心组织实施分税制改革》,《朱镕基讲话实录(第一卷)》,2011年9月,第401页。

评,但也对分税制进行了反思,他说道:"我当时就说,分税制改革没有完,要继续进行。"① 在当时分税制改革设计时,由于时间紧迫只是搭建了一个大的框架,省以下还没有着手。《国务院关于实行分税制财政管理体制的决定》(国发〔1993〕85号)最后一条就是要求各地根据本决定制定对所属市、县的财政管理体制。但多年过去,我国省级以下财政体制尚未真正进入分税制状态,实际上是五花八门、复杂易变、讨价还价色彩还较浓厚的分成制与包干制。正是省级以下这种我们早知道其不能适应市场经济目标模式的分成制和包干制等,造成了上述种种为人诟病的问题。所以,在深化财政体制改革的大思路上要合乎实际、"对症下药"地以分税制在省级以下的实际贯彻落实为重点,设计可行的深化改革方案。

不得不改的金融体制

1993年,中国经济冲向新一轮高峰。全国"大干快上"中基建投资迅猛增加;社会总需求强力扩张,货币投放增发同比高达34%;信用扩张总需求又拉动了通胀。每天都有500家左右的新公司开业,每周有140家左右的老工厂改制成为股份企业;全国都在争建特区赶超深圳,中央政府批准了119个经济开发区,实际上各地总计设立了8 700个开发区。经济过热的资金来源是银行贷款,因为当时各级政府对银行存在严重的干预,银行成了官员和官商的提款机,而无论政府、企业还是银行,都不用承担投资失败的责任,因此,形成了严重的道德风险和通货膨胀风险。

1993年春夏之交,金融的混乱达到顶点,下面几个例子只不过是冰山的一角:一个姓李的湖南人提出公款100万元,在银行透支1 000万元,然后私刻公章,制造了操纵股价牟取暴利的"苏三山"事件;中国农业银行衡水中心支行把100亿美元交给了两个在纽约注册公司的骗子;一个叫沈太福的人以24%的年息集资10亿元,自己从中大肆贪污。

针对以上情况,1993年7月,朱镕基兼任中国人民银行行长,他约法三

---

① 刘胜军:《回眸"分税制"展望财政体制改革》,金融界网站,2018年9月27日。

章;清理违章拆借;不得竞相提高利率、不得收取贷款回扣;银行不得向自办实体注资,自办实体和银行脱钩。命令属下的行长们在 40 天内收回计划外的全部贷款和拆借资金。在朱镕基带头整顿下,截至 1994 年 7 月底,拆借的资金收回 332 亿元,储蓄增加了 405 亿元,以此为储备,银行发行了几百亿元货币收购夏粮,国库券市场恢复,股市止跌企稳。

1993 年 12 月 25 日,国务院颁布《关于金融体制改革的决定》,确立了我国金融体制改革的目标:建立在国务院领导下,独立执行货币政策的中央银行宏观调控体系;建立政策性金融与商业性金融分离,以国有商业银行为主体、多种金融机构并存的金融组织体系;建立统一开放、有序竞争、严格管理的金融市场体系。这样,从 1993 年年底起,中国人民银行总行作为国家中央银行,强化对货币信贷的宏观管理,集中掌握货币发行权、信贷总量和基础货币管理权,中国人民银行在各地区的分支行职能主要从事金融监管。与此同时,1994 年中央政府开始尝试运用公开市场业务和调整基准利率等政策工具,加强了中央银行在金融调控中的作用,保证全国统一货币政策的实施。

从 1994 年第三季度起,中国人民银行正式向社会公布金融机构的信用总量和货币供应量等指标。同时,对金融机构的建立、业务范围、资本金来源和法人体制等进行了规范化处理。按照政策性金融与商业性金融分离的原则,1994 年先后组建了国家开发银行、中国进出口银行和中国农业发展银行,专门承担政策性投融资业务。在明确了政策性金融转移到三大政策性银行后,1994 年,四大国有专业银行(中国工商银行、中国建设银行、中国银行和中国农业银行)比较平稳地将政策性业务分离出去后,对总行和部分分行的内设机构进行了调整,加强了对全行资金的统一调度。

1994 年,我国实现了汇率并轨,将官方挂牌汇价与调剂市场价格合并,基本上取消了经常项目下对外支付的行政限制,完善了以市场汇率为基础的、单一的、有管理的人民币浮动汇率制度,建立了银行间外汇交易市场,实行银行结售汇制度,取消外汇上缴和留成,取消用汇的制度性计划和审批,对境内机构经常项目下的外汇收支实行银行结汇和售汇制度;实现经常项目下人民币有条件可兑换,严格管理和审批资本项目下的外汇流出和流入。

停止发行并逐步收回外汇兑换券。严格禁止外币标价、结算和流通。中国人民银行集中管理国家外汇储备,根据安全性、流动性和盈利性的原则,完善外汇储备的经营机制,建立全国统一的外汇交易市场,外汇指定银行为市场的交易主体,根据宏观经济调控的要求,适时吞吐外汇,平抑汇价。

经济学家吴敬琏1997年回忆道:"那时既得利益者进行广泛的公关活动,宣传汇率并轨将引起巨大混乱,甚至导致人民币崩溃。可是中国政府顶住了压力如期实现并轨,虽然由于准备工作不充分而有过短期的小混乱,但是现在人们不得不承认,总的结果是好的。"①

1995年3月,八届全国人大三次会议审议通过了《中国人民银行法》。将中国人民银行作为中央银行的职能和责任以法律的形式固定下来,使其依法更好地执行中央银行的职能。《中国人民银行法》是新中国成立以来第一部金融大法。它在法律上规定了中国人民银行的职责:制定和执行货币政策;发行人民币、管理人民币流通;经理国库,持有、管理、经营国家外汇储备、黄金储备;维护支付、清算系统的正常运行;负责金融业的统计、调查、分析和预测等职责。它规定中国人民银行不得对政府财政透支。这在根本上使中国人民银行独立出来。它的颁布和实施标志着我国金融事业步入了法制化、规范化的轨道。随后,我国又颁布了《商业银行法》《保险法》《票据法》,其中《商业银行法》在法律上确立了国家专业银行的国有独资商业银行地位,明确国有独资商业银行要以效益性、安全性、流动性为经营原则,实行自主经营、自担风险、自负盈亏、自我约束。我国金融体制及其运行逐步走上有法可循、依法办事的轨道。

从1996年9月开始,全国5万多个农村信用社和2 400多个县联社逐步与中国农业银行顺利脱钩,农村信用社的业务管理和金融监管分别由县联社和中国人民银行承担。各市的城市信用社也于1996年分别合并组成了城市合作银行,并在1998年更名为城市商业银行。

1997年3月,中国人民银行建立了货币政策委员会,同年成立银行间债券市场,货币政策的操作手段逐步由过去的贷款规模直接控制为主转变为

---

① 《朱镕基的1994改革年》,《南方周末》2003年3月8日。

运用多种货币政策工具调控基础货币为主。中央银行的金融监管职能也逐步得到强化,在1998年取消贷款规模控制后,中央银行开始采用以市场为基础的间接调控方式,公开市场操作的力度不断加大,成为最重要的日常操作工具。

1997年,针对国有银行不良资产比例高,金融机构弄虚作假、违法经营等导致金融隐患和金融风险加大的状况,中共中央、国务院于11月17日至19日召开金融工作会议,并于12月6日发出《关于深化金融改革、整顿金融秩序、防范金融风险的通知》。这次改革不仅使金融机构体系同社会主义市场经济进一步适应,而且为人民币在东南亚金融危机的冲击下保持稳定打下基础。

1998年,财政部定向发行2 700亿元特别国债,专门用于补充工、农、中、建的资本金,使四家银行资本充足率按1996年标准达到8%;1999年,将1.4万亿元资产(其中9 800亿元为四家银行不良资产)剥离给新成立的四家资产管理公司。国家正式取消贷款规模控制,实行资产负债比例管理;将经营效益和资产质量纳入对四家银行管理者的考核,实现了由行政评价向经济评价的转变。同时,较大规模精简了机构和人员。通过上述改革,加之四家银行内部的多项改革,许多先进理念和方法被引入,四家银行经营绩效和风险内控机制得以初步建立。

1998年,中国进一步完善了分业管理的体制,国务院证券委员会与中国证券监督管理委员会合并为正部级的中国证券监督管理委员会。1998年11月8日,中国保险监督管理委员会成立,统一监管保险市场。这样便分离了中国人民银行对证券、保险业的监管职能,中国人民银行专司对银行业的监管,集中精力监管银行风险。

在金融改革中,中国也出现了一些风波,如流动性过剩风波、股市风波以及温州民间借贷风波。

流动性过剩风波持续时间较长,21世纪初我们防治的重点放在汇率改革、减少贸易顺差方面,2008年年初,国内学者发现,热钱涌入是重要原因。尽管2008年我国的贸易顺差已经开始下降,但是外汇储备仍然以前所未有的速度增加。我国的巨额外汇收入来自资本收入,而不是经常项目盈余。

中国社会科学院世界政治与经济研究所专家张明发文指出,2003年至2008年第一季度,流入中国的热钱达1.2万亿美元,热钱利润0.55万亿美元。两者合计高达1.75万亿美元,约为2008年3月底中国外汇储备存量的104%。在中国严格的资本管制的条件下,热钱竟如此疯狂涌入,带来流动性管理的巨大压力。热钱向处于高速发展的经济体流动,有一定的必然性,但问题在于热钱来得太多太急,超过了我们的接纳程度和机制适应程度。

自党的十三届四中全会以来,我国经济高速发展了多年,21世纪初GDP增速开始以两位数增长,2006年经济规模超过德国成为世界第三,但是我们的股市却还相对弱小,股价大起大落,股市风波频发。中国金融改革的核心是推动资本市场的改革与发展;资本市场的改革与发展是社会经济发展不可逾越的历史阶段,股市的挫折实际上是中国社会经济发展的挫折。

民间金融是著名的"温州模式"的基本特征之一,没有民间金融就没有"温州模式"。从历史上看,温州民间金融始于互助性质的"抬会"等。作为古老的民间信用形式,俗称"抬会""标会"的资金互助会,最初不具有营利性,亲友聚在一起筹集资金,轮流使用,主要是为了盖房子、办婚丧事或购买大宗物品。互助会蜕变为民间借贷组织,发生在市场取向改革之后。20世纪80年代中期,温州以招会方式进行流通的民间资金已超过3亿元。民间资金市场已成为家庭工商业的"齿轮",并催生"温州模式"的形成。大量分散的、沉淀的民间闲置资金按市场导向配置,对创业阶段的温州民营经济的发展壮大起着不可替代的作用。然而,由于缺乏法规和制度保证,这种自发的资本市场注定埋下风险的基因。20世纪80年代中后期以来,温州民间借贷风波几度爆发。

1998年年底,温州22家城信社资产不良率为7.7%,34家农村金融服务社资产不良率为20.6%,33家民间金融服务部资产不良率为22.4%,地方政府与金融监管联手,采取分步骤的市场退出政策以缓解事态。2008年之后,在世界金融危机冲击下,温州又出现了辖区内较大企业资金链纷纷断裂的"跑路事件",政府不得不采取应急举措,其后又在温州率先启动了金融综合改革试点。

1996年1月12日,我国首家主要由非公有制企业入股的全国性股份制商业银行中国民生银行在北京成立。主要大股东包括刘永好的新希望集团、张宏伟的东方集团、卢志强的中国泛海集团、王玉贵代表的中国船东互保协会、中国人寿保险股份公司、史玉柱等。民生银行A股于2000年12月19日在上海证券交易所公开上市，民生银行H股于2009年11月26日在香港联交所挂牌上市。2005年，民生银行开始酝酿公司业务组织架构改革，实行公司业务的集中经营；2007年，民生银行正式决定全面启动公司业务事业部制改革；2007年，民生银行董事会通过的《五年发展纲要》明确指出，将发展的重点指向中小企业金融服务。同年，中国开始在长三角地区实施中小企业金融服务试点。2008年，该行成立工商企业金融事业部，首批于上海、杭州、南京、宁波、苏州、温州专业化经营中小企业业务；同时，在监管机构指导下，积极推进六项机制建设。2009年，优化中小企业金融服务经营管理模式，将工商企业金融事业部更名为中小企业金融事业部。2009年12月，经银监会及上海银监局许可，其成立了上海市首家离行式中小企业金融服务持牌专营机构——中国民生银行中小企业金融事业部。此后，民生银行逐步将中小企业金融服务专业化模式优化复制到全行，包括长三角、环渤海湾、中西部及珠三角等30余家分行。截至2011年11月，中小企业金融事业部贷款余额超过1 000亿元，表外业务余额超过600亿元，服务的资产客户数超过1万户。

同时，民营资本已经渗透到中国金融业的银行、证券、保险、基金、信托、财务、金融租赁等各个领域，如果将深圳发展银行、民生银行、浦东发展银行和招商银行4家上市银行公众股东持有的股份计算在内，民营资本拥有的股份制商业银行总资产已经达到3 500亿元左右。此外，在全国110家城市商业银行和数以万计的信用社中，民营资本的参股比重也不低于在股份制商业银行中的占比。

2014年7月25日，原中国银监会主席尚福林透露，银监会正式批准三家民营银行的筹建申请。这三家民营银行分别是深圳前海微众银行、温州民商银行、天津金城银行。千呼万唤中，首批试点民营银行终于获准筹建。

"中国不缺银行，缺的是为广大小微企业服务的银行"，这句话道出了民营银行破冰的意义之一。此次民营银行发起人大部分本身就是民营公司，更了解小微企业需求。从 3 家率先获批筹建的民营银行可以看出，除天津金城银行定位对公业务外，深圳前海微众银行的定位是个人消费者和小微企业，温州民商银行定位于小微企业、个体工商户、小区居民、县域"三农"。民营银行未来应当成为服务小微企业的主力军。监管部门明确表示，三家试点银行目标是为实体经济发展提供高效和差异化的金融服务。依法做好风险管控和损失承担的制度安排，制定"生前遗嘱"，防止银行经营失败后侵害消费者、存款人和纳税人的合法权益。接下来，适时推进扩大试点，进一步调动民间资本进入银行业的积极性。民营银行批准设立是中国金融业进一步市场化的信号，可以以此为突破，激活国内银行业新一轮市场竞争。

统计显示，我国现有中小银行 50% 以上的股份是民间资本，其中农村中小银行 90% 是民间资本。因此，我国并非没有民营银行，而是没有真正实现"民有民治"的民营银行。新设民营银行要摆脱对旧制度的路径依赖，要从四方面进行改革：真正民有民治、真正民有民营、真正自担风险、真正优胜劣汰。从政府部门来讲，需结合存款保险制等改革，给民营银行提供一个能够生长的政策环境，这个环境本质上不是给民营银行以特殊待遇，而是帮民营银行建立宽严相济、有利于培养其长期行为的清晰、稳定、公平的政策环境。

投融资体制的适时调整

改革开放以来，我国投资体制市场化改革在促进经济增长方面发挥了重要作用，但体制中仍然存在一些突出的矛盾和问题：一是企业投资决策权没有完全落实，政府审批项目范围仍然过宽，审批程序也比较繁琐，企业难以成为真正独立的投资主体和市场主体；二是一些政府投资工程管理不够严格规范，投资决策的科学化和管理的专业化水平不高；三是投资的宏观调控方式尚不适应新形势的要求，低水平重复建设和盲目投资的现象比较普遍；四是投资监管制度不够完善，力度薄弱，使建设程序违规违章、招投标暗箱操作、资金使用失控等问题时有发生，缺乏严格有效的监督机制和责任追究机制，投资决策失误往往无人承担最终责任。投资领域存在的这些问题，制约了投资增长和投资资源配置效率的提高。

为此，国务院2004年年初通过由国家发改委起草的《投资体制改革方案》，该方案对我国投资领域的行政审批、投资方式以及投资管理方式进行改革和创新，基本方向是依据"谁投资、谁决策、谁受益、谁承担风险"的原则，在国家宏观调控下，更好地发挥市场机制对经济活动的调节作用，确立企业的投资主体地位，规范政府投资行为；逐步建立投资主体自主决策、政府宏观调控有力的新型投资体制。首先，缩小投资审批范围，简化程序。其次，按照不同性质的投资项目规定不同的投资方式。对于一般性的投资项目，将完全放权给企业投资主体；对于基础设施建设项目，各级政府将创造条件，利用特许经营、投资补助等多种方式，吸引社会资本参与有合理回报和一定投资回收能力的公益事业和公共基础设施项目建设；对于具有垄断性的项目，试行业主招标制度，开展公平竞争，保护公众利益。最后，在投资管理体制方面，健全政府投资决策和项目法人约束机制，国家主要通过规划和政策指导、信息发布以及规范市场准入，引导社会投资方向，抑制无序竞争和盲目重复建设。

与投资相关的政府融资和政策性金融，在改革开放后经历了一系列的探讨和开拓。

1979年、1980年我国连续两年出现财政赤字。为了弥补财政赤字，1981年1月16日国务院会议通过《中华人民共和国国库券条例》，决定正式恢复国债发行，发行国库券向老百姓"借钱"搞建设，并规定，国库券不得当作货币流通，不得自由买卖。国库券还本期限为5年，当年发行总额为40亿元，要求全民所有制单位和集体所有制单位购买20亿元，城乡人民购买20亿元，实际认购交款46.65亿元，超额1.66%完成任务。国库券是中期政府债券，年息定为4厘，以人民币为计算单位，自发行第6年起，按发行额分5年作5次偿还本金，每次偿还总额的20%，10年完成还本付息。国债发行对改革开放初期经济建设的贡献功不可没。1982年2月16日，中央国库券推销委员会成立。1981—1987年，中国国库券的年均发行规模为59.5亿元，尚不存在国债的一级市场（发行市场）和二级市场（流通市场），国库券发行采取的是行政摊派形式,面向国有企事业单位和个人,且存在利率差别(个人购券的年利率要高于单位4个百分点)。发行的券种也很单一,除1987年发行过54亿元的3年期重点建设债券外,其他各年份均为5年至9年的中长期国库券。1988年,国家对国库券发行办法作了重要改进,在提高利率、缩短还本期限(5年缩短到3年)的同时,国务院批准自1988年4月起在沈阳、上海、重庆、武汉、广州、深圳、哈尔滨7个金融改革试点城市首次进行开放国库券转让市场的试点工作,但国库券不得作为货币流通。可以进入转让市场的,限于1985、1986年度针对个人发行的国库券。1988年6月,第二批54个城市开始进行国库券转让试点。1991年,财政部和中国人民银行决定,扩大市场交易券种,从3月份开始,在全国范围内增加开放国债流通转让市场的城市。至此,国库券市场走向全面开放。

为推动国债发行推销方式从以行政手段发行为主逐步向市场推销方式过渡,1991年财政部决定在小范围进行国库券承购包销试点,并全面开放地市级以上城市的国债流通市场。承购包销是国际上通用的一种国债发行手段,由承销机构直接向国债发行主体财政部承购国债发行任务,然后通过各自的分销网点向社会(主要向城乡居民)发售。1991年4月20日,由58家国内金融机构自愿组成的国债承销团与财政部正式签订合同,承购包销25亿元国库券。

1993年,国内的通货膨胀率为14.7%,1994年的通货膨胀率达到24.1%。为了遏制通货膨胀,政府决定从1994年开始,禁止财政向银行透支或借款,全部财政赤字必须以发行国债的方式弥补。在此背景下,1994年我国国债发行规模出现跳跃性增长,当年发行额一举突破千亿元大关。1996年4月,中国人民银行首次向14家商业银行总行买进面值2.9亿元的国债,标志着中央银行公开市场业务的正式启动,表明中国政府已经开始运用国债市场进行宏观调控,国债政策已明确无疑地成为政府宏观调控工具。

在1998年之前,虽然强调国债筹集建设资金的功能,但国债的直接用途是弥补财政赤字,从1998年开始,在亚洲金融危机冲击下国内外经济环境的变化促使我国国债政策发生了质的变化,政府开始主动地通过增发国债(特别是长期建设国债)来增加投资性支出,以扩大有效需求,推动经济增长,形成中国国债发行的快速增长期。

自1988年政府决定放开国债流通转让,国债一级市场开始萌芽。1990年全国证券交易自动报价系统(STAQ)在北京正式开通并试运营,国债市场的发展达到一个新高度,同年11月,上海证券交易所成立,随后开始接受实物债券的托管,进行记账式债券交易,形成了场内和场外交易并存的市场格局。1991年财政部组织了首次国债承购包销活动,标志着我国国债一级市场机制开始形成,1993年12月建立国债一级自营商制度,完善了我国国债发行与流通的市场机制,进一步推动国债市场的发展。1996年国债一级批发市场建立,国债交易从根本上转变为通过一级自营商进行的批发交易,国债市场得到快速发展,下半年,国债日均交易量创历史新高,实现了国债一级市场和二级市场的协调发展。1997年全国银行间债券市场正式启动,我国国债市场场内与场外交易、批发与零售并举的框架基本确立。2000年银行间市场开始组建国债承销团,2002年凭证式国债承销团和交易所市场国债承销团相继建立,早在1991年确立的承购包销机制与拍卖销售机制之间逐步实现了整合。2002年开始,银行间国债市场和交易所国债市场得到统一,交易品种和交易机制等进一步完善。从2006年起,我国参照国际通行做法,开始实行国债余额管理制度,以科学管理调节国债规模,有效防范财政风险。

1994年,根据国务院把中国建设银行定位为以从事中长期信用为主的国有商业银行的决定,建设银行将政策性基本建设贷款业务分离给国家开发银行,将财政职能移交给财政部门,推行资产负债比例管理,试行贷款风险管理等制度,建立了统一法人管理体制,通过加强对全行业务运行和内部管理制度的规范与约束,建立"自主经营、自担风险、自负盈亏、自我约束"的商业化经营理念,实现了从国家专业银行向国有商业银行的历史性飞跃。2003年,国务院决定将建设银行作为实施股份制改造的试点银行之一,拉开其股改上市的大幕。建设银行通过资产重组改善财务状况,通过实施股份制改革建立现代公司治理框架,通过引入境内外战略投资者优化产权结构,通过境内外公开发行上市建立外部市场激励约束机制。2005年10月27日,建设银行在中国香港地区挂牌上市,成为四家大型国有商业银行中首家上市银行。建设银行因建设而生,因改革而兴,由当初一个管理监督国家基建资金、办理基建拨款的专业银行,发展成一家资产规模位居全球银行前列的大型商业银行。截至 2012 年 6 月末,建设银行资产规模达到 13.51 万亿元,是上市前的近 3 倍;不良贷款率为 1.00%,比 2005 年末下降 2.84 个百分点;年化平均资产回报率达到 1.65%,平均股本回报率达到 24.56%,处于国际领先水平;据测算,上市以来建设银行对国家的贡献超过 1.02 万亿元,其中,累计上缴税收 3 200 多亿元,国有股分红 1 700 多亿元,国有股权市值增加 4 400 多亿元。

为了更有效地集中资金保证国家重点建设,缓解经济发展的"瓶颈"制约,增强国家对固定资产投资的宏观调控能力,进一步深化投融资体制改革,1994 年 3 月 17 日,国务院发布《国务院关于组建国家开发银行的通知》,规定国家开发银行是直属国务院领导的政策性金融机构,对由其安排投资的国家重点建设项目,在资金总量和资金结构配置上负有宏观调控职责。国家开发银行的主要任务是:建立长期稳定的资金来源,筹集和引导社会资金用于国家重点建设,投资项目不留资金缺口,从资金来源上对固定资产投资总量及结构进行控制和调节,按照社会主义市场经济的原则,逐步建立投资约束和风险责任机制,提高投资效益,促进国民经济持续、快速、健康发展。1994 年 3 月底,国家开发银行正式成立。作为政府的开发性金融机构,坚持与时俱进,把融资优势与政府的组织优势相结合,用培育和建设市场的方法实现政府的发展目标,在支持中国经济发展中,力求实现项目建设和体制建设双成功。在重大项目建设中,国家开发银行发挥政府和市场之间的桥梁纽带作用,优化构造信用结构,积极"铺路""搭桥",引导社会资金投向。2008 年 12 月 16 日,国家开发银行转制为国家开发银行股份有限公司,当时的意向是由政策性银行向商业化银行转制,在党的十八大之后,再次明确了其作为政策性银行、开发性金融机构的定位。

建立新的社会福利和社会保障体系

改革开放后随着向市场经济体制的转轨,中国传统社会福利制度也进入改革与转型期,逐步向社会化、现代化的新型社会福利制度迈进。通过一系列改革,中国社会福利事业获得了较快发展,职工福利逐步向其原本应在企事业定位的性质、地位和功能回归,民政福利逐步由补缺型向适度普惠型转变,社区服务成为重要的具有社会福利性的服务行业。在中国,一个以国家、集体兴办的社会福利机构为主,以社会力量兴办的社会福利机构为新的增长点,以社区福利服务为依托,以居家供养为基础的社会福利体系正在形成。中国推进社会福利社会化,在政府的倡导、组织、支持和必要的资助下,动员社会力量建设社会福利机构与福利设施,为人们提供生活保障和福利服务,满足社会福利需要,具体表现为投资主体多元化、服务对象公众化、运行机制市场化、服务方式多样化、服务队伍专业化并与志愿者相结合。

社会福利制度转型的特点有几种表现。第一,随着社会福利保障范围的逐步拓展,推进社会福利制度由补缺型向适度普惠型的转变。第二,家庭、社区和福利机构相结合,进一步健全社会福利服务体系。通过实施"社区老年福利服务星光计划"和建设"星光老年之家",社区开展了入户服务、紧急援助、日间照料、保健康复等多种服务。通过为残疾人提供社区福利和社区服务,积极推进各级社区服务中心(站)的生活服务工作的发展,开展残疾人的社区康复、特殊教育及文化体育等活动。在孤儿较多的社区建立相应的保障机制,尤其是在开展社区青少年活动、社区医疗服务等方面,为孤残儿童提供优惠政策和便利条件。第三,政府主导与社会参与相结合,推动社会福利事业进一步发展,广泛调动社会力量参与兴办社会福利机构,逐步改变单纯由政府举办社会福利机构的模式。第四,社会福利的法制化、标准化、专业化提升了社会福利事业发展水平。社会福利制度方面已经形成了一个以《宪法》为依据,由《残疾人保障法》《未成年人保护法》《老年人权益保障法》《收养法》等多部相关法律及法规组成的保护老年人、残疾人、孤儿、弃婴等特殊困难群体合法权益的法制体系。国家还着手制定《慈善法》,修订《残疾人保障法》,并制定《残疾人就业条例》《养老机构管理条例》等行政法规,以更好地保障老年人、残疾人、孤儿、弃婴的权益,推行社会福利事业法制化、标准化,从而保证社会福利事业持续、稳定发展。此外,我国还颁布实施了《老年人社会福利机构基本规范》《残疾人社会福利机构基本规范》《儿童社会福利机构基本规范》等强制性行业标准，建立了养老护理员的职业资格制度。这些行业标准和服务人员资格制度的建立有效地增强了社会福利机构和服务队伍的专业化、规范化水平。然而，中国社会福利制度改革与转型的任务远未完成，新型社会福利制度的社会化发展方向和基本框架还在进一步确立和完善之中。

改革开放以来，中国恰逢其时地展开了社会保障制度的重构。从20世纪80年代开始，在部分城市实行社会保险制度的改革试点，继而在全国范围内实行，经过多年的努力，已初步建立起适应市场经济秩序的基本社会保障制度。广义的中国社会保障制度包括两部分：一是由国家财政支撑的项目，包括对社会弱势群体的救助、对军人及其军烈属的优抚安置、对无依无靠的孤老残幼、残疾人员以及社会弱势人群举办的社会福利和有关的社区服务，对低收入、无收入人群提供的最低生活保障属于国民收入再分配范畴，充分体现社会公平；二是由用人单位与职工个人缴费、国家给予适当补助的三方共同筹资的项目，包括养老保险、医疗保险、失业保险、工伤保险和生育保险等。有关社会保险法律规定，属于用人单位、职工个人和国家三方共同缴费的项目是养老保险、医疗保险和失业保险，生育保险和工伤保险主要由用人单位缴费、国家财政给予适当补助。其中，养老保险和医疗保险实行个人账户与统筹相结合，其他三项保险属于完全社会统筹的项目。市场经济是依法规范的竞争经济，市场主体的组织和行为、市场交易行为和秩序、与市场密切相关的劳动、社会保障等规范，都是以市场活动为核心的法律规范，但社会保障又为市场竞争中带有的一些风险因素配之以"减震器"和"安全网"，为弱势者的基本生活保障托底。在建立市场经济的过程中，不断建立和完善市场经济的法律体系，社会保障的制度建设还将在深化改革中进一步完善。

营造公平公正的法律环境

中国现行《宪法》颁布于1982年12月4日。作为国家的根本大法和建立市场经济法律体系的基础和依据,《宪法》的几次修订,对经济体制改革的现实做出了积极的反映,表现在1988年、1993年和1999年连续三次对《宪法》修正。1988年《宪法》修正案规定:"允许私营经济在法律规定的范围内存在和发展。私营经济是社会主义公有制经济的补充。国家保护私营经济的合法的权利和利益,对私营经济实行引导、监督和管理";同时还规定"土地的使用权可以依照法律的规定转让"。1993年的《宪法》修正案将"国家实行社会主义市场经济""国家加强经济立法"明确写入了《宪法》,并将"国营经济"改为"国有经济"。1999年的《宪法》修正案把"实行依法治国,建设社会主义法治国家"的法治目标写入《宪法》。上述三次《宪法》的修改使得有关的规范和内容进一步适应客观实际,为社会的全面发展与进步提供了有力的法律保障,从而更好地发挥其根本法的作用。

中国曾以所有制为标准来划分企业。企业工商登记,首先要标明其所有制性质,分为全民、集体、私营和个体四种。这四种划分标准不够科学,已不适应市场经济的要求。中国分别于1993年、1997年、1999年颁布了《公司法》《合伙企业法》《个人独资企业法》三部法律。这些法律,不是以所有制为标准来划分企业,而是按出资者的形态和出资者责任来划分的,如此使以往按照所有制来区分企业形式的做法得到改变。上述三部法律的颁布实施,标志着中国过去以所有制划分企业的标准正式过渡到以企业资本构成和投资者责任形式为标准,中国开始按照社会主义市场经济的要求,构建与社会主义市场经济体制相适应的市场经济主体结构。原国有企业将根据《公司法》的规定逐步改建为有限责任公司或股份有限公司,从而在企业的组织形式上,以公司制企业为主,包括合伙企业、个人独资企业等形式。这样,有利于落实明晰产权的立法要求,实现市场主体之间真正的平等,也有利于保障交易安全和公平竞争秩序,因而符合市场经济运行的客观需要。

中国已经颁布的规范市场主体行为的法律制度,包括《合同法》《票据法》《保险法》《证券法》《担保法》等①。

1999年10月1日生效的《合同法》对规范市场经济行为具有重要意义:

---

① 《中华人民共和国民法典》于2021年1月1日起施行,《合同法》《担保法》同时废止。

①实现了合同法律制度的统一;②对合同的订立做了详细的规定;③承认了法人越权订立的经济合同仍然对其产生约束力;④采纳了英美法系的隐名代理制度;⑤确立了合同履行抗辩制度和债的保全制度,保障交易的安全;⑥完善了违约责任制度;⑦建立了总则和分则并立的合同法体系,增强了合同法的适用性和现实性;⑧在立法技术上,力求简练,大量使用了参照条款,增强合同法的可操作性;⑨对合同的解释方法进行了明确规定。

《担保法》于 1995 年 6 月 30 日通过,是调整借贷、买卖、货物运输、加工承揽等经济活动中,债权人以担保方式保障其债权实现的法律规范。参照大陆法系的立法经验,中国担保法规定五种担保方式:保证、抵押、质押、留置和定金,适应了经济发展和融通资金的需要。

《票据法》于 1995 年 5 月 10 日通过,是调整公民、法人因票据而产生的各种社会关系的法律规范。它规定汇票、本票和支票三种票据制度,确定票据上的权利义务,具有强制性、技术性、国际统一性的特征。

《保险法》于 1995 年 6 月 30 日通过,2002 年 10 月修订,是调整公民、法人因保险而产生的各种社会关系的法律规范。

《证券法》于 1998 年 12 月 29 日通过,是调整因证券的发行、交易和管理而产生的各种社会关系的法律规范,旨在建立和发展统一的证券市场,创造公开、公平、公正的证券发行、交易环境,保护投资者合法权益,维护社会经济秩序和社会公共利益。

在市场管理秩序的法律制度方面,中国制定了《标准化法》《反不正当竞争法》《消费者权益保护法》《产品质量法》《广告法》《食品卫生法》《药品管理法》《拍卖法》等法律,分别对市场的公平竞争、产品质量的监督管理、消费者权益的保护、广告行为、拍卖规则等作了相应的规定。在规范金融市场秩序方面,国家制定了《中国人民银行法》《商业银行法》《外资金融机构管理条例》《外资保险公司管理条例》《金融机构撤销条例》等法律法规。这些法律法规的颁布实施,对理顺金融关系、完善金融体制,废除传统的结算方式,实现货币支付的票据化等都有着重大现实意义。在规范涉外管理秩序方面,国家颁布了《海关法》《进出口商品检验法》等法律,与此同时,国务院又制定了一批配套的涉外经济法律法规。

在知识产权保护方面,国家制定和修订了《商标法》《著作权法》《专利法》《知识产权海关保护条例》《计算机软件保护条例》《实施国际著作权条约的规定》《植物新品种保护条例》等法律法规。此外,1993年9月我国颁布的《反不正当竞争法》开始明文保护商业秘密,1997年修订后的《刑法》还列有专章,规定了对严重侵犯商标权、侵犯版权、侵害商业秘密及假冒他人专利者进行刑事制裁。可见,中国在努力建立一个比较完备的知识产权法律保护体系。

在资源和环境保护方面,国家颁布实施了《矿产资源法》《煤炭法》《森林法》《草原法》《渔业法》《电力法》《环境保护法》《大气污染防治法》《噪声污染防治法》《固体废物污染环境保护法》《海洋环境保护法》《水污染防治法》等法律,与此同时,国务院及其环境保护主管部门颁布了相应配套的有关环境保护的行政法规和规章。

在规范行政机关依法行政方面,1996年国家通过了《行政处罚法》,确立了处罚权限和处罚机关依法设定原则,处罚公正、公开原则,一事不再罚原则和保障权利原则,并对处罚的听证程序做了较为具体的规定。《国家赔偿法》《行政诉讼法》《行政复议法》,给予受行政机关违法行政行为约束或因此造成损害的行政相对人以法律程序和实体的救济。

此外,我国在规范劳动和社会保障立法方面,也制定了《劳动法》《工会法》。与此同时,国务院及劳动和社会保障部为了推进国有企业改革,又颁布了大量的有关劳动和社会保障的行政法规或规章。

中国还建立和完善了司法审查法律制度。在建立司法审查机构和司法审查程序方面,在人民法院中建立了行政审判庭,1989年颁布了《行政诉讼法》,建立了比较系统、完整的司法审查制度,包含着许多重要的实体性规范条款以及应当从实体法的角度加以理解的表现为程序形式的条款。中国按照WTO法律制定或者修订的法律法规已陆续对相关的司法审查作出了规定,如新修订的《专利法》《商标法》等知识产权法分别取消了行政机关的终局裁决权,均赋予当事人提起行政诉讼的权利;新制定的反倾销、反补贴、货物进出口、技术进出口以及其他有关商品贸易和服务贸易的行政法规,均对相应的司法审查作出了规定。2002年8月通过并于10月1日起施行的最高人民法院《关于审理国际贸易行政案件若干问题的规定》则进一步扩大了司法审查的范围,规定自然人、法人或者其他组织认为中华人民共和国具有国家行政职权的机关和组织及其工作人员有关国际贸易的具体行政行为侵犯其合法权益的,可以依照行政诉讼法以及其他有关法律、法规的规定,向人民法院提起行政诉讼。2002 年 11 月 21 日颁布并于 2003 年 1 月 1 日起施行的最高人民法院《关于审理反倾销行政案件应用法律若干问题的规定》和《关于审理反补贴行政案件应用法律若干问题的规定》,是最高人民法院为了适应中国加入世贸组织以后行政审判工作的新形势,继《关于审理国际贸易行政案件若干问题的规定》之后,出台的有关人民法院审查与世贸组织规则相关的反倾销、反补贴行政案件的重要司法解释,对于人民法院承担世贸规则和中国加入世贸组织法律文件规定的司法审查职责,保护参与反倾销、反补贴调查程序的组织和个人的合法权益,依法监督和维护反倾销、反补贴行政主管机关依法行政,产生重大而深远的影响。

第九章
建构资本市场

市场经济的发展客观上对于建构资本市场提出了要求,随着证券市场的建立和生产要素的资本化过程,还提出了建立股票交易市场的现实问题,股市既推进了中国市场经济建设的深入发展,也带来了一系列复杂而严重的挑战。

"要坚决地试"

在改革开放之初,我们保持了以国有企业为主体的生产要素(劳动力、资本和土地)的基本稳定,而将生产系统生产的消费品商品化,通过市场机制来配置,逐步推进市场化过程。可以说在这个阶段,计划经济仍然是经济体制的主体,甚至处于核心地位,而市场经济仅仅是表层和补充,这也是当时所说的"在公有制基础上的有计划的商品经济"。中国市场化的进程首先从农村家庭联产承包责任制拉开帷幕,建立了农产品市场,进一步通过乡镇企业和个体经济逐步建立起小商品市场,进而扩大到国有企业生产的消费品市场。这种生产要素计划配置下的商品市场,在一定程度上减少了改革的阻力,又能通过市场竞争释放相当的活力,推动改革较为平稳地向市场经济方向迈进。这种计划配置要素,市场调节商品生产的双元结构的资源配置方式,只能在短期内发挥作用,一旦市场经济发展到一定程度,必然要求生产要素的市场化。实际上,在20世纪80年代后期,两种资源配置方式的冲突已经非常明显,也出现了两种认识倾向,一种是限制或取消商品市场,恢复对商品生产的计划配置,回到单纯的计划经济模式。一种是推动生产要素的市场化,实际上要素市场的计划性已经有了一些松动,生产要素的资本化已经出现了很多萌动。但是在政治层面,深层的生产要素的市场化,比表层的商品市场化要更为复杂,首先就是意识形态的冲突。长期的计划经济形成固化的思维方式,商品经济属于资本主义,计划配置就是社会主义。证券、股市这些更早被打上了资本主义的标签。在当时人心目中,证券市场、股票,只是茅盾《子夜》里的疯狂场景。姓"社",还是姓"资"的问题,是生产要素市场化绕不过去的一个大槛。

在关键时刻,1992年邓小平站在社会主义历史发展的高度,作出了重要论断。他旗帜鲜明地提出判断姓"社"还是姓"资"的问题,判断的标准应该主要看是否有利于发展社会主义社会的生产力,是否有利于增强社会主义国家的综合国力,是否有利于提高人民的生活水平。他提出"改革开放胆子要大一些,敢于试验。看准了的,就大胆地试,大胆地闯。没有一点闯的精神,没有一点'冒'的精神,就干不出新的事业"。他一针见血地指出,"改革开放迈不开步子,不敢闯,说来说去就是怕资本主义的东西多了,走了资本主义道路。要害是姓'资'还是姓'社'的问题"。通过三个判断标准的论述,他解决了长期困扰和束缚在人们心中的疑惑,为深入市场化改革松了绑。他特别强调"计划经济不等于社会主义,资本主义也有计划;市场经济不等于资本主义,社会主义也有市场。计划和市场都是经济手段"。他明确提出,"证券、股市,这些东西究竟好不好,有没有危险,是不是资本主义独有的东西,社会主义能不能用?允许看,但要坚决地试"。他说:"看对了,搞一两年对了,放开;错了,纠正,关了就是了。关,也可以快关,也可以慢关,也可以留一点尾巴。怕什么,坚持这种态度就不要紧,就不会犯大错误。"①邓小平对这个试的过程可能出现问题的艰巨性和长期性已经有了清晰的预计,他指出"恐怕再有三十年的时间,我们才会在各个方面形成一整套更加成熟、更加定型的制度"。他语重心长地说,"社会主义要赢得与资本主义相比

---

① 《1992年邓小平南方谈话》,中国经济网,2014年8月11日。

较的优势,就必须大胆吸收和借鉴人类社会创造的一切文明成果,吸收和借鉴当今世界各国包括资本主义发达国家的一切反映现代社会化生产规律的先进经营方式、管理方法"。①

邓小平的这一重要论述,经过中国共产党的十四大、十五大、十六大、十七大、十八大在理论上不断突破,特别是党的十八届三中全会作出了重大理论突破,最终确立了市场在资源配置中起决定性作用的基本原则。

1992年,党的十四大提出了我国经济体制改革的目标是建立社会主义市场经济体制,"要使市场在社会主义国家宏观调控下对资源配置起基础性作用"。提出要加快市场体系的培育。除了继续大力发展商品市场特别是生产资料市场,还要"积极培育包括债券、股票等有价证券的金融市场,发展技术、劳务、信息和房地产等市场,尽快形成全国统一的开放的市场体系"。

1997年,党的十五大明确提出,公有制为主体、多种所有制经济共同发展,是我国社会主义初级阶段的一项基本经济制度;公有制经济不仅包括国有经济和集体经济,还包括混合所有制经济中的国有成分和集体成分;公有制实现形式可以而且应当多样化;股份制是现代企业的一种资本组织形式,资本主义可以用,社会主义也可以用;坚持按劳分配为主体、多种分配方式并存的制度,把按劳分配和按生产要素分配结合起来。

2002年,党的十六大提出要改革国有资产管理体制,探索公有制特别是国有制的多种有效实现形式,大力推进企业的体制、技术和管理创新;除极少数必须由国家独资经营的企业,积极推行股份制,发展混合所有制经济;实行投资主体多元化,重要的企业由国家控股;要在更大程度上发挥市场在资源配置中的基础性作用,健全统一、开放、竞争、有序的现代市场体系;推进资本市场的改革开放和稳定发展;发展产权、土地、劳动力和技术等市场;创造各类市场主体平等使用生产要素的环境;深化流通体制改革,发展现代流通方式;整顿和规范市场经济秩序,健全现代市场经济的社会信用体系,打破行业垄断和地区封锁,促进商品和生产要素在全国市场自由流动。

2007年,党的十七大提出,要深化对社会主义市场经济规律的认识,从

---

① 《1992年邓小平南方谈话》,中国经济网,2014年8月11日。

制度上更好发挥市场在资源配置中的基础性作用,形成有利于科学发展的宏观调控体系;加快建设国有资本经营预算制度;完善各类国有资产管理体制和制度;推进集体企业改革,发展多种形式的集体经济、合作经济;推进公平准入,改善融资条件,破除体制障碍,促进个体、私营经济和中小企业发展;以现代产权制度为基础,发展混合所有制经济;加快形成统一开放竞争有序的现代市场体系,发展各类生产要素市场,完善反映市场供求关系、资源稀缺程度、环境损害成本的生产要素和资源价格形成机制,规范发展行业协会和市场中介组织,健全社会信用体系。除了强调要进一步发展社会主义资本市场,还提出要创造条件让更多群众拥有财产性收入。

2012年,党的十八大明确提出必须更加尊重市场规律,更好发挥政府作用;要毫不动摇鼓励、支持、引导非公有制经济发展,保证各种所有制经济依法平等使用生产要素、公平参与市场竞争、同等受到法律保护;要深化金融体制改革,健全促进宏观经济稳定、支持实体经济发展的现代金融体系,加快发展多层次资本市场。①

2013年,党的十八届三中全会提出要使市场在资源配置中起决定性作用和更好发挥政府作用;要积极发展混合所有制经济,国有资本、集体资本、非公有资本等交叉持股、相互融合的混合所有制经济,是基本经济制度的重要实现形式,有利于国有资本放大功能、保值增值、提高竞争力,有利于各种所有制资本取长补短、相互促进、共同发展;允许更多国有经济和其他所有制经济发展成为混合所有制经济;国有资本投资项目允许非国有资本参股;允许混合所有制经济实行企业员工持股,形成资本所有者和劳动者利益共同体。②

在邓小平同志"要坚决地试"的鼓励下,中国社会主义资本市场在理论和实践上不断取得突破和发展。中国社会主义不仅接纳了国际资本,培养了民营资本,实现了国有资产的资本化,而且广大民众也通过股市等各种资本市场参加到社会资本的运行过程中。各种形式的资本已经成为中国社会主义市场经济肌体中不可分割的组成部分。

---

① 卫兴华:《更加尊重市场规律更好发挥政府作用》,《光明日报》2013年12月13日。
② 《中共中央关于全面深化改革若干重大问题的决定》,《人民日报》2013年11月16日。

证券交易所的成立

1978年后,中国的改革开放以市场取向为内在逻辑,一步步促进中国金融市场和证券市场的发展,而证券交易所的成立是经济发展和市场运行的内在要求。1990年上海证券交易所的成立,标志着以股票上市的方式打开了直接融资之门。

和中国其他方面的改革一样,上海证券交易所的成立也是经历了"摸着石头过河"的过程:高层默许由基层主动探索,先有股份制企业的出现,再有投资人的进一步参与,交易机构——上海证券交易所在此基础上应运而生,其后才有证监会等管理机构的出现。

改革之初,企业遇到的首要问题就是缺乏经营活力和发展资金,厉以宁等学者率先提出利用股份制来解决问题的思路,即通过股份制形式,把企业职工的钱筹集起来(以后又向社会筹资),统一使用、合理经营、自负盈亏、按股分红,这样不仅为企业筹集了资金,还调动了职工积极性,增强了企业活力。1984年5月,国家体改委印发《城市经济体制改革试点工作座谈会纪要》,明确允许"职工投资入股、年终分红"。1984年11月18日,上海飞乐音响股份有限公司公开发行股票,被誉为"新中国第一股"。如果细加考证,其实在此之前,各地已经有了不少被称为第一股的试点(至少北京天桥股份有限公司是与飞乐音响一起获批发行的),所以飞乐音响第一的身份似乎还存疑。但由于邓小平同志曾把飞乐音响股票作为礼物赠送给美国纽约证券交易所主席约翰·凡尔霖,它是中国领导人第一次向世界释放中国要发展证券市场的明确信号,对推动证券市场、资本市场的发展和上海证券交易所的成立,有着特别的意义,所以一般人们已认同了飞乐音响的"新中国第一股"的代表地位。

1986年9月26日,经中国人民银行上海分行批准,工商银行上海信托投资公司静安分公司正式开始柜台交易业务。它坐落在上海市南京西路1806号,只有12平方米,原来是一个理发店,经过改建成为改革开放后的第一个证券交易柜台。初办时,条件十分简陋,营业柜台是用两张桌子拼起来的。当时可供交易的股票只有飞乐音响和延中实业两家,成交价格经口头协商后,写在黑板上,通过柜台进行交易,形成了中国证券交易市场的雏形。在后来建设上海证券交易所的时候,则借鉴国际经验坚持高标准、高起点地建成了电脑交易系统。静安证券业务部还产生了有模有样的静安股票指数,是工商银行上海信托投资公司采用上海上市的6种股票的价格编制而成,这也是我国内地股票市场第一个股票价格指数。到上海证券交易所成立前夕,上海已有申银、万国、海通等25家证券经营机构,柜台交易点50多个。自1986年9月工商银行上海信托投资公司静安证券业务部开始股票柜台交易,到1988年上海又有海通、万国、振兴三家证券公司成立,从而初步形成了场外证券交易市场;到1990年上海证券市场上有延中实业、真空电子、飞乐音响、爱使电子、申华电工、飞乐股份、豫园商场、凤凰化工8只股票进行交易,这就是所谓的"老八股",到1991年除"老八股",还有1989年保值公债3种,1987年至1991年国库券4种,工行债券6种、交行债券1种、中行债券2种、建行债券1种,还有上海石化、氯碱化工等企业债券14种。深圳证券市场从1987年启动到1990年,已有发展、万科、金田、安达、原野5家上市公司的股票公开交易,证券公司12家,营业网点16个,深圳与上海不同,大宗的交易不是债券,而是股票。

在上海证券交易所成立两年后,才有中国证监会的成立,一年后才有《公司法》的颁布,到1999年,才有《证券法》的施行。在会计制度方面,也是逐步发展形成股份制公司会计准则的。由于股市的运行,离不开法律法规的约束,上海证券交易所在成立之初编制了《上海市证券交易管理办法》,这一规则包含了清算、上市、交易等各方面的内容,虽然还很粗糙,但为证券交易所的早期运作提供了制度保障。

1988年7月9日,中国人民银行在北京召开证券市场座谈会,决定由中国人民银行牵头组成证券交易所研究设计小组。11月9日,中央高层在国务院第一次听取了建立证券交易所的汇报。

1989年12月2日,时任上海市委书记兼市长的朱镕基主持召开金融改革会议,决定成立筹建上海证券交易所三人小组,由交通银行董事长李祥瑞、上海市体改办主任贺镐圣和中国人民银行上海分行行长龚浩成组成。

在三人小组下面成立了6人组成的筹备办公室,由中国人民银行上海市分行金融管理处处长王定甫牵头,成员有王华庆、金大健等。1990年1月,邓小平在上海提出,请上海的同志思考一下,能采取什么大的动作,在国际上树立我们更加改革开放的旗帜。朱镕基后来说,他给邓小平说到建立上海证券交易所的事情,邓小平回复"你们试吧"。1990年4月18日,时任国务院总理李鹏在上海宣布中央对于开放浦东的十大政策,其中之一就是决定建立上海证券交易所。

1990年9月19日,上海市政府和中国人民银行上海分行联合向国务院提交设立证券交易所的请示报告。10月8日,国务院批示同意请示报告。11月14日中国人民银行总行批复同意设立上海证券交易所。11月26日,在上海召开了上海证券交易所成立大会。

1990年12月19日,上海证券交易所在黄浦路浦江饭店底层正式开张营业。开业之初,共有30种证券上市,其中国债5种,企业债券8种,金融债券9种,股票8只。

在上海筹备证券交易所的同时,深圳也在紧锣密鼓地筹备。深圳证券交易所筹备更早,但获得批文比上海证券交易所晚,于是暗度陈仓搞了一个"试开业",1990年12月1日开始"试开业",直到5个月后才获批准,1991年7月3日举行了正式开业典礼。

上海证券交易所打开的这扇从资本市场直接融资之门,一旦开启,就再难合上,经过多年的发展,已经成为中国经济不可分割的组成部分。国有资产实现资本化,极大地扩大了社会主义国有企业对整个社会经济生产的控制力,广大民营资本积聚、交易、集中、蝶变,综合地激发了企业的活力,推进了企业制度和融资制度的深刻变革,并促进中国社会主义市场经济的发展完善。

1984年7月上海飞乐音响股份有限公司和北京天桥股份有限公司经中国人民银行批准向社会公开发行股票,到1989年,全国发行股票的企业达到6 000家,累计人民币35亿元,遍及北京、上海、天津、广东、江苏、河北、安徽、湖北、辽宁、内蒙古等地,其中债券化的股票占90%以上,经正式批准的比较规范的股票发行试点企业有100多家。除股票,1986年5月8日沈阳信托投资公司率先开展了债券买卖和抵押业务,到1988年全国61个大中城市开放了国库券流通市场,1989年全国有100多个城市的400多家交易机构开办了国库券转让业务,1990年全国累计发行各种有价证券2 100多亿元,累计转让交易额318亿元,证券中介机构网点达到1 600多家,1990年11月26日,上海证券交易所宣告成立,1990年12月全国证券交易自动报价系统(STAQ)正式落成并投入使用,1991年7月3日,深圳证券交易所开始营业。

  1992年5月上海和深圳相继开放股价,同时在两个交易所进行规范化的场内交易,两地综合指数分别达到1 429点和312点,到1992年11月又分别回落到386点和164点。1992年年底,在上海证券交易所上市的A股有29只,B股9只;在深圳证券交易所上市的A股有23只,B股9只。1993年2月,沪深股市的指数又上升到1 558点和369点,同时又有大批新股上市,到1993年年底,在上海证券交易所上市的A股107只,B股22只,国库券5种;在深圳证券交易所上市的A股76只,B股19只。1994年7月29日,沪深股市在扩容的压力下指数分别降到325点和94点,8月管理层提出暂停发行新股等三项政策,两市指数在9月又上升到1 052点和210点。到1994年年底,在上海证券交易所上市的A股有168只,B股32只,基金10只,国债现券5种,期货10种;在深圳证券交易所上市的A股有118只,B股18只,基金8只,国债期货15种。1995年年初由于大量资金云集国债期货市场,深沪股市指数分别降到524点和122点,5月18日国务院宣布停止国债期货交易并处罚违规的券商,3天之内沪深股市指数上升到927点和175点(成分指数1 473点),到1995年年底,在沪深证券市场上市的证券达到460种,全年累计成交额达64 097亿元;在上海证券交易所上市的A股有184只,B股35只,基金12只,国债现券6种,期货14种,国债回购8种;在深圳证券交易所上市的A股127只,B股34只,基金10只,国债现券6种,期货14种,国债回购7种。1996年年初沪深股市指数在522点和104点徘徊。

  从股票市场建立开始,中国股市就出现了大起大落的现象,牛市和熊市交替出现,与当时中国经济运行"一放就乱,一收就死"的态势有惊人的相似。在这一过程中,中国逐步建立起统一的监管系统和市场规范,但监管水平总是跟不上市场的快速发展,总是存在这样那样的问题,引发股市的急剧波动。在市场化的进程中,政府这只有形的手虽然化解了一次又一次的危机,但是有时候也会造成人为的波动。《人民日报》社论有时候也成为一个重要的信号灯。1996年随着中国香港即将回归等消息刺激,4月至12月,上证指数涨幅达120%,深证指数涨幅达340%。当时还没有涨停板,有些股票炒作起来,一天上涨可能就是20%、30%,涨幅往往像脱缰的野马一样狂热,投机气氛浓厚。从10月起,证监会连续发布了规范上市公司行为、制定证券交易所管理办法,以及坚决制止股票发行中的透支行为等方面的12项调控政策,后来被称为"12道金牌",但股市仍一路暴涨,丝毫没有理会政府干预。12月16日,证监会策划了以《人民日报》特约评论员名义在《人民日报》发表《正确认识当前股票市场》的文章,称最近一段时间的股市暴涨是不正常和非理性的。文章发表后,沪深两市当天就几乎全面跌停,不到一周,2 000多亿元的股市账面财富化为乌有,开始进入了长达两年的漫漫熊市。1999年6月15日,《人民日报》再次以特约评论员名义发表文章《坚定信心,规范发展》,指出证券市场具备了长期稳定发展的基础,极大增强了证券市场的人气,沪深股市出现"井喷"行情。2015年上半年,上证指数一路走高,4月10日《人民日报》发表了《4 000点才是A股牛市的开端》,释放出"政策市"的强烈信号,助推股市继续上扬,终于导致6月15日至7月8日,上证指数从5 178点下跌至3 421点,连续上演千股跌停的奇观,跌幅达34%。在政府强力救市的推动下,又出现千股涨停的异象。8月18日至26日,上证指数再由4 000点下跌至2 850点,跌幅为29%。

经过多轮暴涨暴跌的刺激,证监部门决定引入指数熔断机制,让投资者在价格发生突然变化的时候有一个冷静期,防止作出过度反应。经有关部门同意,2015年12月4日正式发布指数熔断相关规定,于2016年1月1日起正式实施。2016年1月4日,A股遇到史上首次"熔断"。早盘,两市双双低开,随后沪指一度跳水大跌,跌破3 500点与3 400点,各大板块纷纷下挫。午后,沪深300指数在开盘之后继续下跌,并于13点13分超过5%,引发熔断,上海证券交易所、深圳证券交易所、中国金融期货交易所三家交易所暂停交易15分钟,恢复交易之后,沪深300指数继续下跌,并于13点34分触及7%的关口,三家交易所暂停交易至收市。1月7日,早盘9点42分,沪深300指数跌幅又扩大至5%,再度触发熔断线,两市在9点57分恢复交易。复盘后,仅3分钟,沪深300指数再度快速探底,最大跌幅至7.21%,二度熔断触及阈值。这是2016年以来的第二次提前收盘,同时也创造了休市最快纪录。1月7日晚间,三家交易所发布通知,为维护市场稳定运行,经证监会同意,自1月8日起暂停实施指数熔断机制。

证券市场经过多年发展,可以说所有的市场化行为的方式和表象我们都学会了,但学会的还是形式,背后的实质还没有学好。行政性的推动一再出现,说明计划经济的思维方式和管理方式还在背后起着作用。但是也要看到,政府调控的因素还是在逐渐缩小,市场化的因素也在逐步放大。完全肯定市场化的因素,还需要一个很长的过程。市场建设在开放的条件下,政府应选择"制度自强"的路径,发力的重点应始终放在以制度、规则、手段的合理化,封堵可能的漏洞和缝隙。

要素资本化的过程

《资本论》将商品及其流通作为社会经济系统的直观表层结构,以劳动力、资本、自然资源、科技、制度与管理等为轴心的生产要素的配置所形成的社会生产系统,则是深层结构。中国的渐进式市场化改革,正是走了这样一条由表及里推进的道路。在新的历史条件下,表层商品的市场化必然要求深层的生产要素的市场化,这是中国市场经济发展的内在逻辑。

人力资源是两种不同性质劳动能力的总和。一种是劳动者从事非技术性体力劳动的能力,另一种是劳动者经过学习(如教育、培训、经验传授)之后凝结于体内的技能、知识等生产要素所构成的技术性生产能力。能够资本化的人力资源,即是劳动者所表现的外在生产能力,特别是创新(技术创新、知识创新、信息渠道创新等)能力和经营管理能力,以及"因掌握了某种技巧和知识,能够将其应用到实践中的能力"。[1] 技术创新能力的资本化,如

---

[1] 贝克尔:《人力资本论》,郭虹等译,中信出版社,2007年版,第250页。

公司成立之初技术人员与货币出资者同为合伙人或出资人；信息渠道创新能力的资本化，如营销人员为企业签下新客户、增加了营业收入而获得业务收入提成；知识创新能力和经营管理能力的资本化，如企业家分红制。"因掌握了某种技巧和知识，能够将其应用到实践中的能力"的资本化，例如，封建社会的资本主义萌芽，即工场手工业时期，有些行业（如染布行业）的手艺人在薪酬方面可以向工场主讨价还价甚至可享受干股，这些手艺人凭借的是所掌握的技艺，此处干股的性质是"身股"（人力资本），而不是"技术股"（技术资本）。在奴隶社会和封建社会，那些被强制服役的手艺人往往是领主们之间买卖的对象。在工场手工业和机器大工业时期，劳动者是操作机器生产的劳动力，工场主付给他们工资。在资本时代，核心智力劳动往往发展为企业最关键的人力资本。对于特殊劳动——管理活动，在市场经济高度发达的国家，随着生产经济活动日益复杂化和企业管理工作日益专门化，企业纷纷雇佣那些具有专业技能和系统管理知识的经营者，这样的经营者称为职业经理人。职业经理人的出现，是经营者市场化的结果，是人力资源资本化的典型情况。企业人力资源资本化主要有四种形式：股权激励、员工持股、入选合伙人和控制权承诺。

技术、知识和信息的资本化，使企业具备对外直接投资的条件并据此获利。原因在于，资本化后的技术、知识和信息由一般性生产要素变为独占性生产要素。这一转变过程不仅是整个宏观经济环境变迁的结果，更需要市场经济主体以及自然人的灵活操作，技术、知识和信息的资本化过程也就是识别其技术身份、知识身份、信息身份，并开发其商业价值的过程。例如，"技术标准、技术规格和技术秩序"的商业化，它们会以"商业秘密、专利或其他类型的知识产权形式"表现出来。技术、知识和信息的资本化往往存在"时空局限性"，已经在我国境内得到申请注册和合法确认的专利、商标及知识产权，要想抢占国际市场，必须进行国际注册，得到他国政府的合法保护，以防被抢注而遭受知识产权壁垒甚至丢失国内原有市场。

生产要素还包括土地及其代表的自然资源。20世纪70年代末至80年代初，中国农村实施了家庭联产承包责任制度。该制度实质上是把农村土地使用权和所有权分开，打破了人民公社体制下土地集体所有、集体经营的旧的农业耕作模式，实现了土地集体所有权与经营权的分离，确立了土地所有制基础上以户为单位的家庭承包经营的新型农业耕作模式。这奠定了后续农村经济改革和土地资本化的基础。20世纪90年代初至20世纪末，家庭联产承包期限得到延长和稳定。1993年提出延长农村土地承包期限，由15年变成30年，并提倡"增人不增地，减人不减地"的政策。2003年3月实行的《农村土地承包法》也重申了"耕地承包期为30年"，在此基础上规定"承包合同生效后，发包方不得因承办人或负责人的变动而变更或解除，也不得因集体经济组织的分离或合并而变更或者解除"并规定"承包期内，发包方不得收回承包地，不得调整承包地，且不得单方面解除承包合同"。

21世纪初，我国初步建立了土地承包流转制度。2003年3月生效的《农村土地承包法》，从制度上创造了我国农村土地使用权可转让的基础。

此时沿海地区已出现农村土地股份合作制和土地产权流动的几种类型，如珠三角地区的南海农村土地股份合作制模式，长三角地区的上海农村土地股份合作制模式，闽南地区晋江农村土地股份制模式，京津冀地区的北京农村土地股份合作制模式。中西部还出现了农村土地其他资本化的形式，如2007年国务院批准重庆为统筹城乡综合配套改革实验区，支持当地探索农村土地流转新模式，即农村土地入股，就是明确农村在土地集体所有的基础上，稳定农户家庭承包权，激活农村土地使用权流转，由有经济实力的大户或经济组织发起，农户以土地使用权作价入股，按照自愿入股、风险共担、利益共享原则的股份合作制农业企业。此外，山东潍坊推进农村物权资本化，扩大农村抵押物范围，如蔬菜大棚、农村住房、土地承包经营权、土地承包收益权、海域使用权等，实现农村金融改革创新，有效地解决农村融资问题。

毋庸讳言，在当今还有很多因素制约着农村土地的资本化，如农村土地（包括"集体建设用地"）使用权流转的规范性和可操作性、土地抵押制度、农民转让使用权后一系列的社会问题。但是随着中国工业化与城市化的发展，农村土地资本化是必然趋势，也是农业现代化必不可少的过程。

随着市场经济发展，城镇土地使用权的有偿出让、转让也开始放松，逐步形成了土地资源的一级市场和二级市场，加快了土地资本化的进程。从

20世纪80年代起,中国开始土地使用制度改革,实现了土地使用权和所有权的分离,使用权由过去的无偿和无限期使用转变为有偿和在一定期限内使用,土地出让采取拍卖、招标、协议等方式。1987年12月1日,深圳市政府以定向协议的方式出让了中国第一块商品土地使用权,此后又以公开招标、拍卖的方式出让土地使用权。1988年3月,七届全国人大一次会议修改了《宪法》,删除了土地不得转让的规定,明确"土地使用权可以依照法律的规定转让"。国务院决定在全国城镇普遍实行土地使用费制度,即国家以土地所有者的身份将土地使用权在一定年限内让予土地使用者,并由土地使用者向国家支付土地使用权出让金。同年12月,通过《土地管理法》的修改议案,规定"国家依法实行国有土地有偿使用制度"。1990年国务院发布《城镇国有土地使用权出让和转让暂行条例》,对土地使用权出让、转让、出租、抵押、中止等问题作出规定。1998年通过修改后的《土地管理法》,规定建设单位使用国家土地应当以出让等有偿方式取得。2004年又对《土地管理法》进行再次修订,将原来国家因需要对集体多有土地的"征用"改为"征收"并提出要"给予补偿"。这一系列的制度改变标志着我国土地使用制度的重大改变,土地这一资源要素恢复了其商品属性,实现了初步的市场配置。

第十章

建构现代企业制度

企业是市场经济的微观主体,搞活企业是"解放生产力"的基本着眼点。市场取向的改革开放不断突破传统所有制的束缚,形成多种所有制经济共同发展的格局,国家调整了国有资产管理体制,实行国有经济战略性改组,进行现代企业制度建设,发展股份制和混合所有制企业。

国有资产管理体制的改革探索

改革开放初期,邓小平同志对经济体制改革做了精辟的论述:"改革的内容,首先是党政要分开,解决党如何领导、如何善于领导的问题,第二个内容是权力要下放,第三个内容是精简机构。"[①]这为正确处理企业和政府的关系问题、建立新型的国有资产管理体系的探索提供了基本原则。我国经济体制改革的主要问题是如何改革传统的计划经济体制。计划经济体制由三部分组成:一是公有制下众多的国有企业,二是资源配置方式采用高度集中的指令性计划,三是庞大的政府管理机构,三者相互依存。

国有资产管理体制一直是我国经济体制改革的难点,建立新型的社会主义国有资产管理体制经过了艰难曲折的过程。1978—1984 年,针对政府干预企业过多、企业缺乏必要的经营自主权、职工没有积极性的问题,中国

---

① 王亚群:《邓小平提出的人才评价标准》,《中国组织人事报》2017 年 7 月 16 日。

开始放权让利的改革,即企业如果完成本年度国家计划任务,可从利润总额中提取一定比例的资金作为企业基金,用来给职工发奖金、福利和扩大再生产。在此基础上,扩大企业的自主计划权、自主销售权、自主定价权、自主技术改造权和劳动人事权。在放权让利改革的同时,1981年,部分省市开始企业承包制改革试点,并于1987年到1992年在全国广泛推行,但承包制只是在旧的计划体制范围内改善政府管理企业的一种方式,并没有从实质上改变政府与企业的关系。

中国国有资产管理体制改革取得重要进展是在党的十四大以后。党的十四大明确提出,要把建立社会主义市场经济体制作为改革的目标模式。党的十四届三中全会作出了《中共中央关于建立社会主义市场经济体制若干问题的决定》,进一步把国有企业改革的目标确立为建立现代企业制度,其特征是"产权明晰、权责明确、政企分开、管理科学",并且针对国有资产管理体制改革明确提出:按照政府的社会经济管理职能和国有资产所有者职能分开的原则,积极探索国有资产管理和经营的合理形式及途径,加强中央和省、自治区、直辖市两级政府专司国有资产管理的机构。中央从1993年开始,加大了对政府机构改革的步伐,相继撤销了纺织工业部、轻工业部以及机械电子工业部等7个部门。1998年又撤销了煤炭、电力、化工等9个工业部门。原工业部门的部分职能分别由国家计委、财政部、国家经贸委、劳动和社会保障部、中央企业工委等部门承担。与此相适应,在原工业部门的基础上组建了国家行政性公司,由这些行政性公司管理原工业部门的下属企业。地方政府也对建立新的国有资产管理体制进行了一系列探索。

随着社会主义市场经济的发展,国有资产管理体制的改革探索也不断深入。党的十五大报告提出:建立有效的国有资产管理、监督和运营机制,保证国有资产的保值增值,防止国有资产流失。党的十五届四中全会通过《中共中央关于国有企业改革和发展若干重大问题的决定》,将探索建立国有资产管理有效形式的基本原则,概括为"国家所有、分级管理、授权经营、分工监督"。"国家所有"即由中央政府代表全体人民统一行使国有资产的所有权;"分级管理"是指由中央政府和各级地方政府分别对所管企业中的国有资产进行管理;"授权经营"是指企业与原主管部门脱钩后,政府把国有资产的一部分出资人的权能,授予企业集团母公司或国有资产经营公司,由其原下属企业以持股方式行使资产所有权;"分工监督"是指对中央政府所属企业的管理分工,由中央企业工作委员会负责任免企业经营者,国家经济贸易委员会负责企业改革及运营的工作,财政部负责国有企业的资产和财务的管理工作。在这个框架中,国有资产依行政级次而设定了分级产权。除国务院保留了最终控制权,地方政府同样也享有出资人的权利。在继续推进政企分开的过程中,通过授权经营,将原由政府各部门行使的国有资本营运职能让渡给大型企业、企业集团和国有控股公司。通过授权经营推进政企分开,是国有资产管理改革的一个重大举措。政企分开推动了一系列的职能分离:首先,需要通过政府机构改革实现各级政府的社会管理者职能与国有资产所有者职能的分离;其次,需要通过授权经营实现国家所有权内部对国有资产的管理职能与产权主体的经营职能的分离;再次,需要通过建立和完善现代企业制度,在产权主体的经营活动中实现资本的营运职能与生产经营职能的分离。所有这些职能分离的关键在于出资人的有效管理和监督,需要按《公司法》规范建立的企业监事会制度和稽查特派员制度,从体制和机制上强化这种管理和监督。

党的十六大和十六届二中全会提出深化国有资产管理体制改革的重大任务,明确了国有资产管理体制改革"三分开、三统一、三结合"原则。"三分开":政企分开,政府授权国有资产监督管理机构对企业国有资产履行出资人职责,不直接管理国有企业;政资分开,国有资产监督管理机构不行使政府社会公共管理职能,政府其他机构、部门不履行企业国有资产出资人职责;所有权与经营权分开,国有资产监督管理机构不得直接干预企业的生产经营活动。"三统一"即权利、义务和责任相统一。"三结合"即管资产和管人、管事相结合。

八届全国人大四次会议通过的《国民经济和社会发展"九五"计划和2010年远景目标纲要》提出:按照国家统一所有、政府分级监管、企业自主经营的原则,建立权责明确的国有资产管理、监督和运营体系;按照政企职责分开、出资者所有权与企业法人财产权分开的原则,建立与社会主义市场经济相适应的国有资产出资人制度、法人财产制度。政府提出了调整国有经济结构的指导思想：除了关系国民经济命脉和国计民生等关键行业和重要自然资源，对于一般竞争性行业，通过企业出售、拍卖、产权转让、股权转让、关闭破产以及上市公司国有股向外商转让等方式，不断调整和优化国有经济布局，收缩国有经济战线，大力改善国有经济结构。2003年国务院成立国有资产监督管理委员会（以下简称"国资委"），以经营业绩考核为切入点，层层落实保值增值责任；以财务监督和风险控制为重点，形成了一套强化出资人监管的制度和办法，初步解决了部门分割、多层管理的国有资产管理状况。国资监管的体系基本建立，设立了三个层次的国资管理机构：在中央政府建立了国务院国资委，在省级政府建立了省、自治区、直辖市国资委或国资局，在地市级城市建立了地市级国资委或国资局。

经过国资委成立后十多年的探索，形成三个层次的国有资产管理体系：第一层次为国有资产监督管理委员会，把国家资产所有权集中起来，统一经营性国有资产的管理权；第二层次为国有资产营运机构，它不仅使国有资产产权经营、资本营运有了体制载体，而且建立了国有资产的出资人制度，使现代企业制度建设有了明晰产权的先决条件；第三层次为从事产品和劳务经营的各类国有企业。由于董事会制度是现代企业制度的核心，在公司治理结构中，董事会是关键。国资委成立后，积极推进在中央企业层面的股份制改造，建立董事会制度，并根据国际惯例制定治理机制，加快在国有大中型企业中建立现代企业制度，不断完善以董事会制度为重点的法人治理结构。

国资委依据《公司法》规定的国有资产监管条例使国有资产出资人职责逐步到位。按照国际惯例，出资人到位首先是把出资人职责落实到机构，其次在机构内部再把职责落实到人。《公司法》明确出资人作为股东依法享有资产收益、重大决策、选择管理者这些基本权利。国资委在实际工作中按照产权关系把这三大职责细化为十八项，比如，在重大决策里就进一步细化为战略规划、重大投资、改制上市、产权流动、资产重组、抵押担保、大额借贷和收入分配等。国资委按照监管条例要求每家企业把这十八项基本职责细化、量化、具体化，并且不断深化符合现阶段实际的考核体系和收入分配制度改革。在大型企业中积极探索年薪制和持股制，根据企业的实际情况鼓励职工持股。对于一些中小企业,探索管理层收购(MBO),深化在岗位工资激励的基础之上职工的工资制度和经营管理收入体系的改革。

国有资产管理的新体制具有诸多特点:在所有权上,国有资产所有权由中央和地方分级行使;在管理上,设置专职机构,将各政府部门的多头分散管理统一到一个部门上来管理,行使政府对国有资产的行政管理职能;在经营上,建立以资本经营这一纽带为基础,以国有资产经营公司为联结,向上对政府管理部门负责,向下对经营实体公司负责的完整体系;在目标上,构建一个中央统一所有、中央与地方分级行使国有资产出资人权利,权利、义务和责任相统一,管资产和管人、管事相结合的国有资产运营体系。国有资产管理体制改革是一个不断发展完善的过程,不能简单期望"毕其功于一役"。随着改革的深入,深层次的矛盾和问题也逐渐显露,需要在全面深化改革的过程中加以解决。党的十八大提出要推行公有制的多种实现形式,深化国有企业改革,完善各类国有资产管理体制。党的十八届三中全会进一步提出要积极发展混合所有制经济,完善国有资产管理体制,以管资本为主加强国有资产监管,改革国有资本授权经营体制,组建若干国有资本运营公司,支持有条件的国有企业改组为国有资本投资公司。

现代企业制度的建设

20 世纪 80 年代,国有企业改革的基本思路是对国家与企业之间在权利分配关系上做下放权力的调整,在扩大企业自主权改革过程中,先后实施了完善经济责任制、利改税、推行承包制、税利分流等举措,1991 年 9 月中央工作会议强调要转换企业经营机制。1992 年 7 月国务院公布了《全民所有制工业企业转换经营机制条例》,该条例根据两权分离的思路明确了企业经营权、企业自负盈亏责任、企业和政府的关系、企业和政府的法律责任等问题。但是人们很快发现,仅靠企业内部转换机制,难以达到充分搞活企业的预期目标,全面启动现代企业制度建设势在必行。

1993 年,农民企业家禹作敏被判处 20 年徒刑。虽然这一事件新华社只向全国统发了一条不到两百字的新闻稿,然而其引起的反响却如平地惊雷。

中国改革潮流中的风云人物都在问同一个问题：对禹作敏的打击，是不是冲着改革来的？日后看来，禹作敏案并不带有很强的政治色彩，它是一个视法律为无物又缺乏现代企业制度制约的农民企业家自酿自饮的一杯苦酒。1993年11月11日至14日，党的十四届三中全会举行，全会作出了《中共中央关于建立社会主义市场经济体制若干问题的决定》，进一步把企业改革的目标确立为建立现代企业制度，即"产权明晰、权责明确、政企分开、管理科学"，指出国有企业改革要进行制度创新，建立以股份制为主要形式的现代企业制度。

1994年，国务院选择了100户不同类型的大中型企业进行现代企业制度试点。试点内容包括7个方面：确定企业法人财产权，健全企业法人制度；建立、明确国有产权运营主体；建立和完善企业组织制度；完善企业领导体制和组织管理体制；健全适应市场经济要求的企业财务会计制度；建立新的企业内部劳动人事制度；实行政企分开，建立新型的政企关系。同时，企业分别按3种类型改制：多元股东持股的有限责任公司和股份公司；国有独资的集团公司；国有投资控股公司。国有企业改革开始进入转换经营机制、建立现代企业制度的阶段。与此同时，国家经贸委在18个城市进行"优化资本结构"的配套改革试点，主旨为以市场为依托，在整体推进国有企业转换经营机制的前提下，采取多种政策，通过破产、兼并探索建立国有企业优胜劣汰机制，在补充企业资本金、减轻企业债务负担、分离社会服务功能、分流富余人员、资产多元化等方面实行重点突破，尤其是在企业破产、兼并和职工再就业方面取得了一定成效。百户试点企业的改革直接促进了经济效益的提高。据统计，1995年百户试点企业销售收入约为2 343.4亿元，比上年增长11.67%；实现利润约为129.4亿元，比上年增长12.6%。在全国预算内国有工业企业实现利润比上年下降20%还多的严峻情况下，百户试点企业则呈扶摇直上之势，这说明试点是有基础、有成效的，建立现代企业制度有希望给国有企业带来新的生机。

国务院逐步扩大了"优化资本结构"试点范围，1996年增加到58个城市，1997年扩大到111个城市。"优化资本结构"试点虽然取得了一定的成效，但是由于国有企业亏损面太大，亏损额太高，无法从根本上为国企解困。

党的十五大进一步明确了国有企业改革方向,提出力争到 20 世纪末大多数国有大中型骨干企业初步建立现代企业制度,经营状况明显改善,开创国有企业改革和发展新局面的目标。党的十五大后,以建立现代企业制度为重点的改革攻坚全面展开。贯穿 20 世纪 90 年代现代企业制度建设的主题是国有企业解困,与非公经济迅速发展形成鲜明对照,国有企业由于诸多自身因素陷入了发展困境,效益逐年下滑,亏损面逐年增大。据不完全统计,1996 年上半年亏损的国有企业达到 43.3%,1998 年第一季度出现了全国性的亏损,国有资产的损失数额也逐年上升。1997 年,党的十五届一中全会将国企改革的目标确定为在三年内在大多数国企初步建立起现代企业制度,并使大多数国有亏损企业走出困境。

据有关资料,到党的十六大召开之际,中国国有中小企业中有 80% 以上已完成改制。国务院确定的建立现代企业制度百户试点企业和各地选择的 2 700 多户试点企业中,绝大部分企业实行了公司制改造。另据国家统计局调查,截至 2001 年年底,所调查的 4 371 家国有重点企业中已有 3 332 家实行了公司制改革,改制面达 76%;2006 年,中央企业总资产为 12.2 万亿元,利润总额为 7 682 亿元。2007 年美国《财富》杂志评选的世界 500 强企业中,中国有 30 家,其中 16 家是中央企业。这些都表明,国有企业经过多年改革,不但走出困境,而且成为具有较强盈利能力和竞争力的市场主体。其中,大多数企业投资主体多元化步伐加快,法人治理结构日趋完善,劳动、人事、分配三项制度改革措施落到实处,科学管理水平有所提高。国企改革的影响传递或覆盖到宏观层面:一是整个国有经济布局得到优化,整体素质及效益状况明显改善;二是整个国有企业的组织结构得到调整,不合理状况明显改变。同时,国企改革以建立现代企业制度为方向,也产生了"溢出效应",带动或促进了非公经济发展,众多民营企业纷纷按照现代企业制度的要求,走规范化发展之路,进一步解放和培育了企业生产力和社会生产力。这实际上也是进入新世纪后中国国民经济具有更加稳健和快速发展后劲的重要微观基础。

进入 21 世纪,随着经济全球化加剧,以及中国加入世界贸易组织、国有资产管理方式的变化和资本市场的改革,现代企业制度建设仍在继续深化。

国有企业的现代企业制度建设以抓大放小为主，同时以产权多元化和治理结构建设为中心。2003年10月，党的十六届三中全会提出的《中共中央关于完善社会主义市场经济体制若干问题的决定》(以下简称《决定》)中指出，要建立健全现代产权制度，产权是所有制的核心和主要内容，包括物权、债权和知识产权等各类财产权。建立归属清晰、权责明确、保护严格、流转顺畅的现代产权制度，有利于维护公有财产权，巩固公有制的主体地位；有利于保护私有财产权，促进非公有制经济发展，有利于各类资本的流动和重组，推动混合所有制经济发展；有利于增强企业和公众创业创新的动力，形成良好的信用基础和市场秩序。《决定》提出"产权是所有制的核心和主要内容"，进一步明确具体了国企改革的任务和目标：这一阶段的现代企业制度建设以理顺和重组企业产权关系为基础，以建立企业法人制度为核心，以股份公司为主体形式，以实现政企分开和企业自主经营、自我发展、自我约束和自负盈亏为主要目标，以对国有企业进行股份制改造，建立纵向授权的企业领导制度、规范化的企业财务会计制度、合理的分配制度、双向选择的企业用工制度等为主要内容，进行综合配套的改革。现代企业制度建设上，进一步解放思想、转变观念，从单纯的扩权让利转变为转换企业经营机制；从实行所有权和经营权的分离转变为重组企业的产权关系；从给国有企业某些优惠政策转变为给国有企业减轻债务负担和社会负担，创造平等的竞争环境；从消极地维护国有资产的完整和不受损失转变为促进国有资产的流动和保值、增值。

经过深化改革，中国国有企业特别是国有大中型企业中，公司制股份制和上市公司已经成为中国国有大中型企业的主要财产组织形式，并初步构建了公司法人治理结构。国有经济布局调整和国有企业战略性改组，按照"抓大放小"的原则，实施了国有大型骨干企业和中小型企业的分类改革，开展部分垄断行业改革和国有大型企业的战略重组，使国有经济从某些竞争性领域退出的同时，向一些关系国家命脉的重要行业、关键领域、大企业集中。国有企业建立适合国情的国有资产监督管理体系、确立了以现代产权制度为基础的国有资产出资人制度，从制度上初步解决了所有者缺位、政企不分、政资不分等问题。《企业国有资产法》的颁布为建立和完善国有资产出资人和国有资本预算制度、有效保护和管理国有资产提供了法律保障。

现代企业制度建设的成效体现在国有企业数量显著减少的同时，资产规模大幅增加，经济效益和运行质量显著提高，活力和竞争力进一步增强。

混合所有制企业

混合所有制企业和混合所有制经济的发展，是推进社会主义市场经济发展中的重要实践。党的十五大就提出混合所有制经济作为公有制经济的重要组成部分。党的十八届三中全会更明确地把混合所有制表述为我国现阶段基本经济制度的重要实现形式，大会通过的《中共中央关于全面深化改革若干重大问题的决定》明确提出"积极发展混合所有制经济"，2014年政府工作报告提出"加快发展混合所有制经济"，预示着混合所有制将是新一轮国资国企改革的重头戏。国有企业改革不断向纵深推进，最深刻的变化之一就是国有独资企业减少，混合所有制企业日益增多，国有控股上市公司成为我国上市公司群体中的重要力量。2013年，全国90%以上的国有企业、72%的央企完成公司制或股份制改革；中央企业资产总额的52%、营业收入的60%、利润的83%来源于上市公司。在很多上市公司中，国有资本虽然是第一大股东，但从资本绝对值来讲，非公有制资本往往占有50%以上的比例。正是这样的股权结构成为国有上市公司保持活力和竞争力的重要原因，把民营企业的财务投资人吸纳进来，让全社会分享国企改革发展成果，同时在资本市场中，国企也接受了民间资本参与的改制，使管理体制和经营机制发生深刻变化，竞争力明显提高。央企快速发展的动力主要是源于央企的市场化改革，源于央企的海内外上市，广泛开展与民营企业合资的混合所有制带动了企业机制的变革。实践证明，混合所有制企业有利于开放民间资本的投资领域，有利于国企完善现代企业制度、引入市场机制和发挥企业家精神，有利于我国企业国际化战略的顺利实施。在国企改革进入攻坚期和深水区的形势下，大力发展混合所有制企业，可以充分发挥国有企业和民营企业两种积极性、两种优势，推动共进、共赢。

2013年7月15日，国资委宣布在所监管的央企中开展"四项改革"试点，其中一项重要内容就是在中国医药集团、中国建材集团开展发展混合所有制经济试点，贯彻党的十八届三中全会要求的"要推进国有经济与其他经济相融合"，有利于国有资本放大功能、保值增值、提高竞争力，有利于各种所有制资本取长补短、相互促进、共同发展，探索提升央企经营效率、加快混合所有制企业建设的经验。

中国建材集团处于充分竞争的建材领域，面对多、散、乱和产能严重过剩的行业局面，选择了资本运营、联合重组、管理整合、集成创新的发展道路，独特的发展模式使得中国建材集团一开始就注重与民营企业的融合。中国建材集团重组联合了上千家民营企业，构筑了包括海外上市公司在内的混合所有制产业平台，在促进产业转型升级和提升企业发展质量的基础上实现了企业的快速成长，营业收入、利润均增长100倍，迅速成为营业收入超过2000亿元、利润过百亿元的世界500强企业。中国建材集团在改革发展的实践中形成了"央企市营"的经验，包括推行央企控股的多元化股份制、规范的公司制和法人治理结构、职业经理人制度、公司内部机制市场化、依照市场规律公平竞争等。在积极探索混合所有制企业模式的过程中，中国建材集团坚持"央企的实力+民企的活力=企业的竞争力"的原则，推行央企和民企资本、资源和文化的深度融合。第一，资本融合。在重组过程中，通过权益融资施行股份制，给民企创业者留30%左右的股份，使众多民企进入中国建材集团后有了共同奋斗的事业平台并共享企业发展的利益和成果。例如，作为集团核心企业香港H股的中国建材股份公司，其国有资本只占48%，社会资本和股民持股占到52%，成为产权多元化混合所有制的新型央企。第二，资源融合。通过系统的管理整合，将人才、资金、技术等各种资源优化重组，提高了经济效益。第三，文化融合。提倡竞合的市场理念、包容的企业文化，充分信任民企创业者并把他们转化为合格的职业经理人，实现共同发展。混合所有制探索不仅推动了中国建材集团自身发展，而且带动了产业结构的转型升级和行业良性竞争。以水泥为例，中国建材集团按照国家产业政策，短短数年时间里，从无到有、做大做强，重组了900多家水泥和混凝土企业，水泥产能达到4亿吨，位居全球第一，通过联合重组实现行业适度集中，改变区域市场无序竞争格局，引领行业实现价值理性回归，使众多挣扎在亏损边缘的民营企业扭亏为盈。在新型建材领域，原民营石膏板企业泰山石膏在进入中国建材集团后获得了母公司北新建材强大的技术支持，产能规模迅速由不到 2 亿平方米扩大到 12 亿平方米；同时，北新建材产业布局更加完善，成为全球最大的新型建材企业。中国建材集团于 1999 年与浙江一家民营企业振石公司合作，成立中国玻纤股份有限公司并上市，产能从成立之初的 1 万吨发展到 2013 年的 100 万吨，成为全球最大的玻纤企业，其中国有控股资本只占总资本的 15%。混合所有制企业的探索是中国建材集团带动众多其他所有制企业实现包容性发展、取得共生多赢的关键。

中国医药集团也是依照"央企市营"的改革思路发展壮大起来的。中国医药集团引入民营企业资本构筑平台公司，再通过在香港发股，用募集的资金进行大规模并购，并在并购企业中留给民企创业者 30% 的股份，把市场机制真正引入央企内部，实现双方共赢。中国医药集团已建起了覆盖全国的医药物流配送网络，2014 年发展成为营业收入近 2 000 亿元的世界 500 强企业。

上海市委、市政府为贯彻落实党的十八届三中全会关于积极发展混合所有制经济的要求，于 2014 年 7 月 7 日发布了《关于推进本市国有企业积极发展混合所有制经济的若干意见（试行）》（以下简称《若干意见》），主要目标是经过 3～5 年的推进，基本完成国有企业公司制改革，除国家政策明确必须保持国有独资，其余企业实现股权多元化，发展混合所有制经济。《若干意见》从上海实际出发，明确了"要求与目标、形式与途径、比例与结构、激励与持股、对象与程序、评估与保障"六个方面的问题。其中，"形式与途径"方面，强调推动具备条件的企业集团实现整体上市，推进竞争类企业主营业务资产、功能类和公共服务类企业竞争性业务资产上市。探索建立特殊管理股制度，试点设立优先股。"比例与结构"方面，首次提出了要国有资本管理公司保持国有独资；功能类和公共服务类国有企业保持国有全资或控股；战略性新兴企业等保持国有控股或相对控股；一般竞争性国有企业有序进退、合理流动。"激励与持股"方面，则是鼓励发展非公有资本控股的混合所有制企业；鼓励整体上市企业集团的经营者、技术管理骨干实施股权激励；竞争类企业集团及下属企业完成股份制改革后可实施股权激励。

混合所有制企业建设是积极发展混合所有制经济的关键，也是带动国有企业整体改革的突破口。混合所有制能够有效促进国有企业资产管理体制、授权经营体制、管理体制、职业经理人制度、发挥企业家作用等方面的改革。混合所有制企业需要把握难得的历史机遇，充分利用政策利好，在全面深化改革的过程中大胆探索高效合理的中国特色社会主义企业机制，为社会主义市场经济发展做出新的贡献。

实践证明，无论是国有还是民营，单一所有制企业的市场活力都不及多元化股份企业。我国国企改革的方向也定位于构建多元化股份公司。在发达国家的国家投资企业中，一般也把非绝对控股的企业视同股份制企业而不视同国有企业。因此，在未来我国混合所有制企业中国有资本低于50%的企业，可以不按国有企业模式管理，这类混合所有制企业应与一般国企和民企区分开来，制定更加灵活的政策。企业的进一步市场化，对于发挥混合所有制的内在激励作用有着特别重要的现实意义。

积极发展混合所有制经济，必然要求完善职业经理人制度。董事会解决了现代企业制度建设中决策层面的问题，但其执行层应该是职业经理人，由董事会在市场中进行选聘，这就需要加大对董事会放权和进一步完成职业经理人制度建设。从现代治理理论和委托代理关系的优化来看，国家把资产经营权授权给投资公司，投资公司委托给混合所有制公司的董事会，董事会再把经营权委托给管理层，形成一个完整的闭环。职业经理人既可以由现有国有企业领导人转化而来，也可以从市场招聘，并且应适当加大市场招聘的力度。在混合所有制企业发展过程中，应考虑用中长期的激励机制调动企业管理人员的积极性，允许实行企业员工持股。把国有企业干部转换为职业经理人后，也应该按市场通行做法为企业管理层设立一定量的期股期权，新办企业也可以让员工直接投资持股，把资本要素和管理者劳动要素结合起来，最大限度调动企业管理者、技术骨干的积极性和创造热情。

从混合所有制企业长远利益考虑，势必继续探索制度创新，保障国家对一些重要混合所有制企业的特定方面的控制力，改变目前国家仅靠出资比例控制企业的现状。根据国际上推行"金股"制度的情况，国家在非控股的企业中实施"金股"制度可以有效地解决国家对企业的控制力问题。

"金股"最早出现于 20 世纪 80 年代英国国企私有化改革中，通常由政府或创业者持有，股权通过与其他股东协商确定，包括知情权、受益权和表决权。作为一种政府持有的对特定事项行使否决权的股份，其主要作用体现在否决权，而不是收益权。法国并不强调同股同权，为了鼓励长期拥有，持有时间越长权限越大。国有股东与其他股东不同之处在于它的长期性，它既是保护国家资产利益的唯一负责者，又是国有企业的稳定者，起到推动和保证企业及国家利益共同增长的作用。在运营国家战略性资产的公司中，国家股权无论多少都具有"金股"作用——"金股"的专业名称为战略资产，凭借"金股"，政府可以监测和否定企业损害或者不利于国家整体利益和战略的发展方向，同时减少对企业的干预，让市场在资源配置中更好地起到决定性作用，充分提高企业经营效率。

第十一章
市场经济的另一面

发展市场经济犹如打开了潘多拉的魔盒,所有的东西都飞了出来,不管是希望的,还是不希望的,都会一起飞出来,如收入差距的拉大、环境污染趋于严重、商品的假冒伪劣、食品安全问题多发……在金钱至上思想的影响下,与市场相关的负面因素多有表现,人们的道德意识淡漠,缺乏基本的诚信与社会责任意识。这些也是我们深化市场经济体制改革进程中必须面对和解决的严重问题。

国民收入分配格局的演变

国民收入经过初次分配和再分配,形成政府、企业、居民的收入和各主体可支配收入的通盘配置。国民收入初次分配是在生产经营领域进行的,是企业内部的分配,其中居民收入是企业支付的劳动者报酬,政府收入是企业以税金和利润形式上缴形成的国家纯收入,企业利润的另一部分由企业支配。

改革开放以来中国国民收入初次分配格局经历了逐渐演变的过程。1978—1990年,政府初次分配收入所占比重比较平稳,经由1978年的12.8%小幅升至1990年的13.1%,一般在13%到15%;企业初次分配收入比重则先降后升,从1978年的37.5%下降到1985年的26.9%,又上升到1990年的33.5%;由于改革开放以来国民收入初次分配开始向劳动者个人倾斜,因此居民初次分配收入比重基本保持持续上升的趋势,从 1978 年的 49.7%提高到 1990 年的 53.4%。

1991—1999 年,政府、企业、居民初次分配收入比重有升有降,但升降幅度很小。政府初次分配收入比重由 13.3%提高到 13.5%,其最大波动幅度为 1.2 个百分点;企业初次分配收入比重由 34.5%降低为 34.1%,最大波动幅度为 2.9 个百分点;居民初次分配收入比重由 52.2%上升至 52.4%,最大波动幅度为 3.3 个百分点。2000 年以后,政府初次分配收入比重非常稳定,保持在 14%左右,但企业和居民初次分配收入比重波动较大,企业初次分配收入比重上升了 10.8 个百分点,居民初次分配收入比重相应地下降了 10.8 个百分点。

国民收入在初次分配的基础上经过再分配形成了政府、企业、居民可支配收入,可支配收入是可以直接用于消费、投资或储蓄的收入。与初次分配格局相比,国民收入再分配格局中企业收入比重有较大幅度下降,而政府和居民收入比重上升。国民收入再分配是通过国家预算、价格、税收、保险等经济杠杆在国民经济各部门之间进行的分配。

1978 年以来,中国国民收入再分配格局的总体变化趋势为：20 世纪 90 年代以前政府、企业、居民可支配收入比例波动较大,之后三者比例波动相对稳定。

1978—1990 年,政府可支配收入占 GDP 的比重大幅度下降,企业可支配收入占 GDP 的比重有所提高,而居民可支配收入占 GDP 的比重持续上升,国民收入分配向居民倾斜。这一阶段,政府、企业、居民三者分配比例由 1978 年的 31.6∶19.1∶49.3 变为 1990 年的 14.5∶23.8∶61.7。其中,政府可支配收入所占比重下降了 17.1 个百分点,企业可支配收入所占比重小幅上升了 4.7 个百分点,而居民可支配收入所占比重大幅上升了 12.4 个百分点。因为 1978 年以来的经济体制改革有力推动了经济发展,国民收入分配向个人倾斜使居民收入水平显著提高,企业收入也有所增加,相应地,政府收入比重降低。首先,这一时期农村普遍实行家庭联产承包责任制,国家多次提高农副产品收购价格、控制农业生产资料价格上涨并放开了农民的生产经营自主权,农业高速发展,农村居民收入迅速增加。农村居民家庭人均纯收入由 1978 年的 133.57 元增加到 1990 年的 686.31 元,增长了 5.14 倍,其中 1979—1985 年为农村居民收入高速增长时期,年均增长率高达 15.8%,1986—1990 年年均增长率为 2.97%。其次,1985 年以后经济改革的重心由农村转向城市,国家通过普调升级增加职工基本工资并恢复奖金制度,实行经营承包和工效挂钩等新政策,使城镇居民收入呈现多元化、奖金化等特征,城镇居民收入水平提高。1978 年城镇居民家庭人均可支配收入为 343.4 元,1985 年达到 739.1 元,1990 年进一步增加到 1 510.2 元,1986—1990 年城镇居民收入年均增长率为 4.31%。再次,为了搞活企业,国家相继推行了企业基金制、扩大企业利润留成制、利改税等分配制度改革,对企业放权让利、扩大企业自主分配权,企业利润得到增加。以国有独立核算工业企业为例,企业利润由 1978 年的 508.8 亿元增至 1989 年的 743.01 亿元,共增长 1.46 倍。

1991—1999 年,政府可支配收入比重上升,但有波动;企业可支配收入比重大幅回落;居民可支配收入比重继续上升,国民收入分配开始向政府倾斜。这一阶段,中国国民收入分配格局基本稳定,政府、企业、居民之间的分配关系由 1991 年的 14.3∶24.9∶60.8 变为 1999 年的 18.6∶14.3∶67.1。其中,政府可支配收入比重上升了 4.3 个百分点。由于我国 1994 年财税体制改革的重点在调整税制结构而非增加总体税负,因此,1994 年、1995 年政府所得占比有所减少。随后政府加大税收征管力度、提高税率水平,政府所得比重又继续上升。同期企业可支配收入比重下降 10.6 个百分点,虽然,1993 年、1995 年、1997 年企业所得比重有所回升,但总体看企业所得占比下降,这是因为:第一,企业经营自主权扩大之后,我国并未建立起有效的企业分配约束机制,企业盈利时过多将企业收益以奖金、福利等形式分配给职工,企业亏损时仍然发放工资、奖金,造成企业生产发展基金不足,企业所得减少;第二,企业过度负债经营,1999 年全部国有及规模以上非国有工业企业资产负债率高达 61.83%,企业负债率高无疑加大了企业的经营风险,企业亏损额也随之增加,例如,我国国有工业企业中亏损企业的亏损额由 1984 年最低时的 26.61 亿元上升到 1997 年的 830.95 亿元,远远超过当年国有工业企业的利润总额 427.83 亿元;第三,企业负担重,一是企业税收负担重,企业需缴纳增值税、营业税、资源税、企业所得税等,而且税率水平较高,以企业所得税为例,1994 年税制改革之前,盈利的国有大中型企业缴纳的企业所得税税率为 55%,1994 年以后内资企业所得税税率统一为 33%,二是企业非税负担重,特别是国有企业普遍为"企业办社会",长期负担职工的医疗、养老、住房及职工子女的教育等费用,包袱沉重;此外,企业还要负担一些行政事业性收费、集资、摊派项目。因此,这一阶段企业收入增速缓慢,企业可支配收入比重下降。1993 年 10 月我国进行了工资制度改革,居民收入增长较多,因而这一时期居民可支配收入比重继续上升了 6.3 个百分点。

2000 年后,国民收入分配格局相对稳定,政府、企业、居民可支配收入比重变动不大。2000—2004 年政府可支配收入比重提高了 0.9 个百分点,企业可支配收入比重提高了 6.1 个百分点,而居民可支配收入比重下降了 7 个百分点。①

国民收入分配格局变化后带来了一些问题:

第一,形成"低消费、高投资"格局。在中国居民消费增长速度提升的过程中,资本形成平均增长速度更高,消费支出增长速度依然难以挽回消费在 GDP 中比重下滑的局面。我国最终消费占 GDP 的比重从 2000 年的 62.3% 下降到 2006 年的 49.9%。

第二,收入分配格局造就"穷居民"。尽管居民可支配收入水平在不断提高,但由于收入的增速低于财政收入和企业盈利的增长速度,其结果是在高速经济增长过程中,居民可支配收入占国民收入的比重不断下滑。2000—2006 年,居民总收入平均增长速度为 11.2%,工资平均增长速度达到 11.6%,但是同期财政收入的平均增长速度达到 19.1%,规模以上工业企业利润的平均增长速度达到 25.5%。这种收入分配增长速度的差异直接导致了中国高经济增长过程中在收入分配格局上,劳动者报酬占 GDP 的比重从 51.5% 下滑到 40.6%,下降了 10.9 个百分点,企业营业盈余及固定资产折旧的占比从 34.5% 上升到 44.8%,上升幅度达到 10.3 个百分点,而生产税

---

① 彭爽、叶晓东:《论 1978 年以来中国国民收入分配格局的演变、现状与调整对策》,《经济评论》2008 年第 2 期。

净额占比从 14.1% 上升到 14.6%。这种"富政府、富企业、穷居民"的格局在很大程度上决定了中国的投资—消费格局的消费比重偏低。过高的企业留利和财政收入直接导致企业投资规模和政府支出规模高速增长,使消费—投资增长速度长期保持在较高水平之上。居民消费支出占 GDP 的比重从 2000 年的 46.6% 下降到 2006 年的 36.3%。同时全社会总存款中,居民储蓄存款的比重降低,从 2000 年的 53.6% 下降到 2006 年的 50.7%。因此,全社会储蓄率过高主要不是由于居民储蓄过高,而是由于初次分配不合理导致的企业存款和政府储蓄的增长过高。

第三,居民收入分配结构中形成高低差距过大,基尼系数的提高超过警戒线的 4.3%。在发展的初期,要允许一部分人先富起来,这是符合客观规律的,但又需要在取得一定进展之后把过程引向"共同富裕",其中相关的制度建设和再分配政策优化形成严峻考验,面临利益固化的"藩篱",特别是与分配秩序的紊乱、分配的不公和腐败之风存在内在的关联。

第四,居民收入差距扩大与财产配置中的"两极分化"关系密切,中国社会中住房等不动产的市场价格及人均占有水平随城镇化过程迅速变化,财产的基尼系数扩大与收入的基尼系数扩大如影随形,互相促进,特别是财产差距的拉大在很大程度上决定着居民收入差距过大。收入差距、财产差距及其背后的"不公"问题,实已成为新阶段中国人际关系方面"矛盾凸显"的最主要表现之一。

第五,大量具有公共服务性质的支出费用提高,如医疗保健支出、教育支出以及居住支出大幅度提升,且增长速度超过了居民消费的平均增长速度。在 1998 年之前,这些服务性支出大量由国家承担,具有一定的公共福利特性,1998 年之后市场化改革使这些服务的支付较多地由居民支付。可以看到,这些服务支出的比重在 2000—2006 年达 32.1%,且逐年提高。这大大挤压了居民对于其他消费的支付。

股市的风险

1992 年 8 月 10 日,深圳数千人因为排队数日没买到新股认购抽签表而爆发"8·10"事件。新股超额利润的魔力,吸引了数以百万计的中国人对新股疯狂抢购。哪里发行新股哪里就爆发一次排山倒海般的抢购狂潮。到1992年8月,当深圳发售新股认购抽签表时,一百多万股民汇聚深圳,展开了一场惊心动魄的抢购战。

1992年8月10日之后,国家在长达一年的时间里停止了新股发行,也促使国家证券管理部门开始考虑探寻更为科学合理的新股发行方式,从而导致了以后这方面的重大变革。

中国股市如同过山车,经历了巨大的波动和转折,1990年12月19日至1992年5月26日为第一次大牛市:上海证券交易所正式开业以后,挂牌股票仅有8只股票,人称"老八股"。当时交易制度实施1%涨跌停板(后改为0.5%)限制,股指从96.05点开始,历时2年半的持续上扬,终于在取消涨跌停板的刺激下,一举达到1429点的高位。冲动过后,市场开始价值回归,波动极大,仅仅半年时间,1992年11月17日股指已从前面的1429点下跌到386点,跌幅高达73%,进入第一次大熊市。

快速下跌,快速上涨,半年的跌幅,3个月就全部涨回来。从1992年11月17日的386点开始,到1993年2月16日的1558点,只用了3个月时间,大盘涨幅高达303%,进入第二次大牛市。快速牛市上涨完成后,股市的大扩容也就开始了,伴随着新股的不断发行,上证指数也逐步走低,进而在777点展开长期拉锯,后来777点位失守,大盘再度一蹶不振持续探底。到1994年7月29日,股指回到325点,但这次熊市带来的"成果"是上市公司数量急速地膨胀。第二次大熊市形成后,证券市场一片萧条,在人们对股市信心几乎丧失殆尽的时候,市场中甚至一度传言监管层将关闭股市。为了挽救市场,相关部门出台三大利好因素救市,股市再度亢奋,1994年7月29日至1994年9月13日,股指涨幅为200%,最高达1052点,形成第三次大牛市。早期的股市不讲究价值投资,业绩好坏也是无所谓,最重要的是流通盘要小,这样好炒。但是随着股价的炒高,总有无形的手将股市打低,到1995年5月17日,股指又回到577点,跌幅接近50%,跌出了第三次大熊市。1995年5月18日至1995年5月22日,股市受到管理层关闭国债期货消息的影响,全面暴涨,3天时间股指就从582点上涨到926点。但这第四次牛市只有三个交易日,此轮行情充分反映了我国股市对相关"政策"的敏感程度,"股市政策市"的说法也被投资界普遍接受。短暂的牛市过后,股市重新下跌,进入第四次熊市。从1995年8月开始,当时仅仅3倍市盈率的四川长虹开始悄悄走强,业绩白马股票逐步受到主流资金的关注。至1996年1月19日,股指到达阶段低点512点,绩优股股价普遍超跌,新一轮行情条件具备,1996年1月19日至1997年5月12日形成第五次大牛市,崇尚"绩优"开始成为市场主流投资理念,深发展、四川长虹、深科技、湖北兴化等龙头股均为业绩极佳的绩优成长股,在这些股票的带领下,股指重新回到1510点,这些股票创造的"投资神话"也对当时的普通投资者进行了一场鲜活的投资教育。在绩优股得到了充分炒作之后,因为过度投机导致新一轮大调整,至1999年5月18日,股指已经跌至1047点——这两年间,股市的扩容继续进行,规模出现难以想象的扩张。严重的供需矛盾使二级市场出现极度失血,造成持续两年的第五次大熊市。1999年5月19日开始的第六次牛市,俗称"5·19"行情,多数的投资者都记忆犹新,网络概念股的强劲喷发将上证指数推高到2000点以上,并创出2245点的历史新高点,伴随一轮波澜壮阔的大牛市,证券投资基金也出现了历史上罕见的大发展。"5·19"行情过后,市场最关注的就是股权分置的问题。投资者普遍认为这是利空因素,解决股权分置也成为股市下跌的理由,2001年6月14日至2005年6月6日的第六次大熊市中,股指从2245点一路下跌到998点。2005年4月底,证监会宣布启动股权分置改革。6月6日上证综指破1000点心理底限后,市场开始一轮基于价值回归的反转行情,至2007年5月29日上证综指最高升至4335点。从998点上升到4335点只用了400多个交易日。2007年10月15日更上升到6124点,形成第七次大牛市。

其后,巨大数量的解禁股压得股指暴跌,一年时间股指被打回原形。尤其是2008年5月股指跌到3000点又反弹到3600点左右,诱使许多人重新杀入,结果再一路狂跌直到1664点,一时间股市"横尸遍野,血流成河",一片哀鸣,甚至有的个股跌去九成。2007年10月15日至2008年10月28日的第七次大熊市后在全世界陷入金融危机的情况下,中国政府推出庞大的以四万亿元政府投资为代表的一揽子经济刺激计划,股市应声而起,于是在

90%的人对股市陷入绝望后,在汇金公司几次推出巨额回购上市银行股票试图挽回股市颓势失败后,股市进入第八次牛市。2009年8月4日重新回到3 478点,之后的第八次熊市跌幅不大,但是时间跨度太久,使许多人又对股市失去了信心。2014年8月至2015年6月,上证综指由2 000点附近上涨至5 178点,上涨幅度超过150%。但2015年6月15日尾盘开始大幅跳水,百股跌停,开启新一轮熊市,6月19日,沪指连续跌破4 700点、4 600点、4 500点整数关口,出现千股跌停的奇观,截至终盘,上证指数收报4 478.36点,暴跌307点,跌幅高达6.42%;深证成指收报15 725.47点,暴跌1 009.37点,跌幅高达6.03%;中小板综暴跌6.14%;创业板综暴跌5.46%。到7月8日,上证综指下跌至3 421点,跌幅达34%。8月18日又发生第二轮暴跌,上证综指从4 000点下跌至2 850点,下跌29%;创业板指由2 721点下跌至1 843点,跌幅达32%。2016年新年开市,就因熔断新制造成"开门绿",四天四次熔断(两次触发5%熔断阈值,两次触发7%熔断阈值),保守估算,由于四次熔断A股累计蒸发超过6.8万亿元。

中国股市短短二十多年,就多次发生股灾,漫长的熊市让广大股民刻骨铭心,筋疲力尽。

建立食品安全保障体系

马克思在《资本论》里有句名言:"资本来到世间,从头到脚,每个毛孔都滴着血和肮脏的东西。"①马克思还给他加了个注释,是引述托马斯·约瑟夫·登宁的一段话:"资本逃避动乱和纷争,它的本性是胆怯的。这是真的,但还不是全部真理。资本害怕没有利润或利润太少,就像自然界害怕真空一样。一旦有适当的利润,资本就胆大起来。如果有10%的利润,它就保证到处被使用;有20%的利润,它就活跃起来;有50%的利润,它就铤而走险;为了100%的利润,它就敢践踏一切人间法律;有300%的利润,它就敢犯下任何罪行,甚至冒绞首的危险。如果动乱和纷争能带来利润,它就会鼓励动

---

① 马克思:《资本论:政治经济学批判(第一卷)》,中央编译局译,人民出版社,2004年版,第871页。

乱和纷争。走私和贩卖奴隶就是证明。"这段话经常被作为马克思的话引用,甚至改造成"资本家为了300%的利润率可以冒上断头台的危险"。虽然这不是马克思说的,但也反映了没有制约的市场经济中"资本无序扩张"形成的困境与偏颇。许多国家的发展历程表明,在市场经济初级阶段,特别是发展转型阶段,都曾出现社会上负面影响严重的食品安全问题。比如,在美国进入高速工业化的发展阶段之初,资本集中步伐加快,政府腐败现象突出,商人道德也大幅滑坡,假冒伪劣商品泛滥,特别是食品安全和空气污染到了令人发指的地步。厄普顿·辛克莱的名著《屠场》(*The Jungle*)描写了芝加哥的一个肉食罐头加工厂,为了填满食品罐,装罐工人在老板的指使下,毫不犹豫地使用腐肉、痘肉、内脏,甚至老鼠肉。那个时期也被称为美国历史上的"镀金时代"。

随着人们生活水平的提高和保健意识的不断增强,人们的饮食观念也从简单的"温饱型"向"小康型"转变。民以食为天,安全、健康的"进口"观念越来越被广大的消费者所接受和重视。健康长寿成为人们最大的共同愿望。然而,2000年11月21日,国家有关组织对肉类食品的产品质量抽查结果显示:香肠制品不尽如人意,抽样合格率仅为65.4%,而且亚硝酸盐残留量超标问题突出。在该次抽查中,20种被抽查的香肠制品中有7种亚硝酸盐含量不合格。此外,部分肉类产品水分多、脂肪高,影响产品的感官质量。武汉市5个菜市场中,48种菜样中竟有44种存在药物残留指标不合格,其中有机磷剧毒农药残留高达30%。北京市有18%的农产品有害残留超过了国家标准。

在2001年第一季度,国家质量技术监督局①对7类共362种食品进行了抽查,结果平均抽样合格率仅为70.7%。卫生部通报了2001年第二季度在全国范围内开展的食品打假专项斗争中10个重大案件,其中包括江西的河豚流入市场案件、内蒙古海拉尔死因不明的羊肉案件、天津的输液瓶灌装香油案件、江西的病死畜肉加工食品案件等。

由食品引起的中毒伤亡事件数量居高不下。据卫生部提供的信息,

---

① 2001年,国家质量技术监督局与国家出入境检验检疫局合并,组建国家质量监督检验检疫总局。

1998年共收到食物中毒报告55起,5 836人中毒,88人死亡;1999年1月至9月共78起,4 394人中毒,79人死亡;2000年第一季度,全国共发生重大食物中毒事件38起,其中农药引起的就达24起,40人死亡。2000年11月上旬,北京14位"瘦肉精"(盐酸克伦特罗)中毒者,被送进了北京协和医院。这是继广东河源发生含"瘦肉精"猪肉导致群众中毒事件之后,北京发生的第一起。2000年以来,中国媒体还相继曝光了"毒大米""毒油""毒茶叶""毒面粉""毒木耳""毒瓜子"等事件。2003年卫生部共收到全国重大食物中毒事件报告379起,12 876人中毒,323人死亡,与2002年比较,重大食物中毒的报告起数、中毒人数、死亡人数分别增加了196.1%、80.7%、134.1%。这还不包括在中国规定的法定传染病报告制度中,大量肠炎、痢疾等散发食源性疾病病例以及病毒、寄生虫所引起的食源性疾病病例。①

国家质量监督检验检疫总局于2005年2月23日发出紧急通知,要求各地质检部门加强对含有"苏丹红一号"食品的检验监管,严防含有"苏丹红一号"的食品进入中国市场。2005年3月4日,北京市有关部门从亨氏辣椒酱中检出"苏丹红一号"。接着,湖南长沙坛坛香调料食品有限公司生产的"坛坛香辣椒萝卜"也被检出含有"苏丹红一号"。2005年3月15日,肯德基新奥尔良烤翅和新奥尔良烤鸡腿堡调料中发现了"苏丹红一号"成分。几天后,北京市有关部门在食品专项执法检查中再次发现,肯德基用在"香辣鸡腿堡""辣鸡翅""劲爆鸡米花"3种产品上的"辣腌泡粉"中含有"苏丹红一号"。随后,全国11个省(市)30家企业的88个样品被检出含有"苏丹红一号",苏丹红事件波及面扩大。②

2008年9月11日,经卫生部及甘肃省卫生厅揭露,三鹿牌婴幼儿配方奶粉受三聚氰胺污染。经核查,事件起因是不法分子在收购原奶时非法添加三聚氰胺,而企业在原料进厂和产品出厂时没有进行有效的针对性检测,直接导致含有超水平浓度的三聚氰胺奶制品流入市场。该事件直接造成29.4万婴幼儿出现泌尿系统异常,住院的有52 019人,重症的有154人,并有6例患儿死亡,该事件对中国经济社会稳定及食品安全声誉造成了十分恶

---

①② 邓国兴,姜随意,高志贤:《1999—2014年全国重大食物中毒通报资料的汇总与分析》,《食品研究与开发》2015年第10期。

劣的影响,并进一步暴露了中国食品安全监管体系存在的严重问题。①

从"红心蛋"到"地沟油",从"毒大米"到"皮革奶",问题食品层出不穷,后果严重。国家食品安全风险评估中心监测系统显示,2010年至2022年全国共报告食源性疾病暴发事件4.6万余起。

2001年5月26日,国家经贸委、财政部、卫生部、交通部、铁道部、国家环保总局②、国家工商总局③、国家质量监督检验检疫总局等部委有关领导和专家曾汇集青岛,共商食品安全大计。会议指出,近年来,我国"菜篮子"工作取得巨大成就,商品供应充足、品种丰富、价格基本稳定。同时,食品污染与安全问题也比较突出。在种植过程中,由于过量使用化学农药和化肥,造成农产品有害残留物严重超标的情况严重。在畜禽养殖过程中,超量使用抗生素、瘦肉精、激素、避孕药、睡眠灵等问题不同程度存在。在食品加工过程中,由于非法使用吊白块、工业用油、福尔马林、防腐剂等,一些加工食品含有大量有害物质,而私屠滥宰使病害肉、注水肉绕过检疫检验环节,危害人民身体健康。在流通环节,由于物流设施落后,缺乏有效的检测手段,往往还会使本来卫生的食品形成后续污染。由这几个部门共同组织实施的"三绿工程",涉及食品种养、加工、流通、消费全过程,旨在通过"提倡绿色消费、培育绿色市场、开辟绿色通道",着力解决密切关系人民生活和生命健康的"菜篮子"商品污染问题。"三绿工程"将从提倡绿色消费抓起,加快绿色市场的培育和绿色通道的开通,引导绿色生产的发展,解决千家万户分散生产、难以开展卫生质量管理的问题。同时,实行全程质量控制,形成以绿色消费为目标、以绿色市场为载体、以绿色通道为物流网络的绿色食品产业链。原国家经贸委副主任张志刚介绍说,"三绿工程"是以保障食品安全为目的,以建立食品安全保障体系为手段,实行全程质量控制的一项系统工程,这是新时期"菜篮子"工作的一项重要内容,是整顿和规范市场经济秩序的重要方面,是迎接入世挑战的一项应对措施,也有利于促进农业结构调整

---

① 邓国兴,姜随意,高志贤:《1999—2014年全国重大食物中毒通报资料的汇总与分析》,《食品研究与开发》2015年第10期。
② 2008年3月,组建中华人民共和国环境保护部,不再保留国家环境保护总局。
③ 2018年3月,将国家工商总局的职责整合划分,组建中华人民共和国国家市场监督管理总局。

和农民增产增收。这项工作展开至今已二十余年,虽取得一定效果,但总体的食品安全问题仍是社会生活中的严峻挑战,有待在标本兼治综合治理中,切实有效地建立一整套食品安全保障体系。

对环境污染问题的遏制

中国的"经济起飞"奠定了"世界工厂"的地位。然而,粗放式增长模式的扩张,使中国在人均 GDP 达到 5 000 美元这一中等发达水平的时候,同时也进入了环境压力高峰。国家环境保护部[1]环境规划院公布的《2009 年中国环境经济核算报告》显示,中国经济发展的环境污染代价持续上升。环境污染治理压力日益增大。如何对经济发展的资源环境代价进行货币化评价,真实地反映国民经济福利,一直是环境经济学研究的重点内容之一。环境保护部和国家统计局于 2004 年联合开展了绿色国民经济核算(绿色 GDP)研究。考虑到当时开展的核算与完整的绿色国民经济核算还有差距,2005 年这项研究更名为"环境经济核算研究",研究报告名称也调整为《中国环境经济核算研究报告》。研究报告称,2009 年中国直接物质投入由 2006 年的 80 多亿吨增加到 2009 年的 100 多亿吨,增速较快,但资源产出率远低于发达国家水平。据介绍,"十一五"期间中国资源产出率处于 320~350 美元/吨的水平,且有下降的趋势,而先进国家已达到 2 500~3 500 美元/吨。[2]

在粗放式增长的工业化模式下,不断增长的 GDP 数字,是建立在资源环境和公众健康不断透支的基础之上的。这种高消耗、高污染、高风险的发展方式不可持续。环境污染事故密集发生,由此引发的群众信访数居高不下,导致的群体性事件在部分地区暴发。雾霾式的环境危机因素频发,引起公众极大不满,相关管理部门高度重视;环境污染事故造成的损失、危害和影响触目惊心,并呈增长之势,造成恶劣影响。

污染事件的发生是环境保护滞后于经济发展的必然结果。"GDP 至上"

---

[1] 2018 年 3 月,组建国家生态环境部,不再保留国家环境保护部。
[2] 国家环境保护部、国家统计局:《中国环境经济核算研究报告》,中国环境出版社,2019 年 6 月。

的政绩观是重经济发展轻环境保护、导致污染事故多发的重要根源。GDP是上升了,但环境质量下降了;财富是增加了,但群众的幸福感减少了。同时,随着环境问题的日益突出、群众环保意识的逐步提高,污染问题已经成为引发群体性事件的一个新的诱因。环境信访问题如果得不到合理的解决,许多会转化为群体性事件。因为环境保护本质是发展问题,更是民生问题,解决得不好,就可能累积矛盾并显性暴发,影响政府形象、损害政府公信力。只有优先解决了环境问题,才能以最小的行政成本实现群众的根本利益,赢得解决群众问题的主动权。安全、环保、稳定,关系发展、关乎民生,任何时候都不能掉以轻心。

在工业革命后的市场经济发展史上,曾出现过严重的伦敦烟雾事件、水俣病事件、鲁尔污染区事件、琵琶湖污染事件等。随着英国工业化进程,二氧化硫污染日益加重,首都伦敦因常年为烟雾环绕,得到了"雾都"的"恶誉"。1952年伦敦烟雾事件,致使上万人丧命。鲁尔区是德国工业的发祥地,有着德国工业"发动机"之称,历经百年的采煤、炼铁、制钢,产生了巨大环境污染问题,1958—1973年,鲁尔区经济持续衰减,数以千计的企业倒闭,38万人失业。德国诗人写道:"在这里,白色只是一种梦想!"一个德国生态学家更是悲观地说:"鲁尔区犹如是在一片寻不出生机的焦土中残喘。"1956年,日本水俣湾附近发现了一种奇怪的病,轻者口齿不清、步履蹒跚、面部痴呆、手足麻痹、感觉障碍、视觉丧失、震颤、手足变形,重者精神失常,或酣睡,或兴奋,身体弯弓高叫,直至死亡。因这种病症最初出现在猫身上,被称为"猫舞蹈症"。后来发现是当地的化工厂把没有经任何处理的废水直接排放到水俣湾中,致使水俣湾的甲基汞含量达到了足以毒死日本全国人口的程度。这种病被称作"水俣病",严重危害了当地人的健康和家庭幸福,使很多人身心受到摧残,经济上受到沉重的打击,甚至家破人亡。"水俣病"是世界上最早出现的由于工业废水排放污染造成的公害病。日本的水污染事件不断发生,愈演愈烈。琵琶湖曾被誉为日本的"母亲湖",但到了20世纪60年代,正遇日本经济转型发展期,随着大阪经济的振兴,琵琶湖也被严重污染,臭气熏天,生态受到严重破坏。

中国市场经济发展之初,曾经想避免走上西方市场经济国家"先污染,再治理"的老路,但20世纪后期开始,中国一些地区环境污染和生态恶化到了比较严重的程度。

如何正确处理环境保护与经济发展的关系,是市场经济建设中的一大难题。环境问题的凸显引起了党和国家的高度重视,在20世纪90年代就明确提出,在社会主义市场经济建设进程中必须把实施可持续发展作为一项重大战略。党的十七大提出"走出一条科技含量高、经济效益好、资源消耗低、环境污染少、人力资源优势充分发挥的新型工业化路子"。生态文明建设,要基本形成节约能源资源和保护生态环境的产业结构、增长方式、消费模式;循环经济形成较大规模,可再生能源比重显著上升;主要污染物排放得到有效控制,生态环境质量明显改善。党的十八大更进一步把生态文明建设提升到与经济建设、政治建设、文化建设、社会建设并列的战略高度,作出"五位一体"总体布局。党的二十大报告指出,"中国式现代化是人与自然和谐共生的现代化",明确了我国新时代生态文明建设的战略任务,总基调是推动绿色发展,促进人与自然和谐共生。

总体布局以求实现可持续发展

1997年,世界银行发布了《2020年的中国》的研究报告,对市场经济体制确立后中国的发展趋势作了预测,在做出高增长预期的同时,也提出可能因改革的不完全出现宏观经济不稳定,就业得不到保证,环境压力越来越大,社会不公平增加,贫困问题难以削减,从而削弱中国的可持续发展,从而使中国的前景黯淡。这些问题在此后发展过程中都相继出现,而且有些还出现加剧趋势。从西方市场经济国家的发展历程看,这是有一定共性。虽然"工业革命"后,各国在制度体制方面可能有很大差异,但是在发展上似乎都走了同一条道路,贫富的分化、环境的破坏、食品安全的失控、金融的巨幅震荡、市场的垄断、官商的勾结,也引发了很多社会的动荡,然后再痛定思痛,回过头来治理,在制度和体制上进行完善。中国曾力图避免走西方国家"先污染,再治理"的"倒U"型道路,但有些问题最终还是没能避免。这首先有共性的问题,西方经济学家很早就注意到这个现象,并提出了"市场失灵"

理论。当然我们国家还有转轨过程中出现的政府失灵的问题,如调控脱节、市场发育不足、防范机制不成熟等。发展市场经济必须处理好"市场"和"政府"的关系,处理好"公平"与"效率"的关系,处理好"发展"与"环境"的关系。这就需要全面深化改革,在制度创新、管理创新与技术手段创新的结合中,兴利除弊,全面推进市场经济的发展。

中国已清醒地认识到经济、社会和自然协调发展的重要性。党的十八大提出了经济建设、政治建设、文化建设、社会建设和生态文明建设的"五位一体"的发展总布局。党的十八届三中全会在强调要让市场在资源配置中发挥"决定性作用"的同时,也提出要更好发挥政府的作用,明确要求政府要保持宏观经济稳定,加强和优化公共服务,保障公平竞争,加强市场监管,维护市场秩序,推动可持续发展,促进共同发展,弥补市场失灵。《中共中央关于制定国民经济和社会发展第十三个五年规划的建议》中提出了"创新、协调、绿色、开放、共享"的发展理念,提出"绿色是永续发展的必要条件和人民对美好生活追求的重要体现;必须坚持节约资源和保护环境的基本国策,坚持可持续发展,坚定走生产发展、生活富裕、生态良好的文明发展道路,加快建设资源节约型、环境友好型社会,形成人与自然和谐发展现代化建设新格局,推进美丽中国建设,为全球生态安全作出新贡献";提出"必须坚持发展是为了人民、发展依靠人民、发展成果由人民共享,作出更有效的制度安排,使全体人民在共建共享发展中有更多获得感,增强发展动力,增进人民团结,朝着共同富裕方向稳步前进"。《中华人民共和国国民经济和社会发展第十四个五年规划和2035年远景目标纲要》,明确了在未来五年内的发展方向和目标,将以构建绿色可持续发展为中心,旨在推动经济结构的优化升级,提升人民生活质量,实现可持续发展的目标。

第三篇

市场经济重燃中国梦

第十二章

市场的作用：从"基础性"到"决定性"

2012年11月29日，中国国家博物馆迎来当选中共中央总书记仅15天的习近平和他的中共中央政治局常委同事们，他们前来参观《复兴之路》展览。以表现中国近代以来奋斗历程的展览为背景，习近平向13亿中国人民勾画了中华民族伟大复兴的中国梦。中国共产党是带领中国人民实现中国梦的领导核心，中国特色社会主义是实现中华民族伟大复兴的必由之路。在带领中国走什么样的路这个问题上，习近平展示了他的坚定自信——"我们的制度必将越来越成熟，我国社会主义制度的优越性必将进一步显现，我们的道路必将越走越宽广。我们就是要有这样的道路自信、理论自信、制度自信。"习近平在当时新进中共中央委员会的委员、候补委员学习贯彻党的十八大精神研讨班开班式上指出，"道路问题是关系党的事业兴衰成败第一位的问题，道路就是党的生命"。他强调，要"毫不动摇坚持和发展中国特色社会主义"。

习近平以总书记身份第一次赴外地考察就选择了广东。2012年12月11日，习近平来到深圳，向莲花山邓小平雕像敬献花篮。他要以此向世人昭示深化改革的决心。他对在场群众说："改革开放的决定是正确的，我们今后仍然要走这条正确的道路。这是富国之路、富民之路，要坚定不移地走下去，而且要有新开拓，要上新水平。"[①]在广东重走邓小平20年前的考察之路

---

① 《为了民族复兴的梦想——〈复兴之路〉展览巡礼》，新华社，2012年11月29日。

时,在中共中央政治局第二次集体学习时,习近平反复强调要坚定不移推进改革开放——改革不停顿,开放不止步;敢于啃硬骨头,敢于涉险滩;改革开放只有进行时没有完成时;必须以更大的政治勇气和智慧,不失时机深化重要领域改革。习近平在党的十八届二中全会上深刻指出,转变政府职能是深化行政体制改革的核心。转变政府职能实质上要解决的是政府应该做什么、不应该做什么,重点是政府、市场、社会的关系,即哪些事应该由市场、社会、政府各自分担,哪些事应该由三者共同承担。他还着重强调,不论政府职能怎么转,为人民服务的宗旨都不能变。① 新的一轮改革由此拉开序幕,中国特色社会主义进入新时代。

改革再出发,进入新时代

2013 年 11 月 9 日至 12 日,党的十八届三中全会在北京召开,全体会议通过的《中共中央关于全面深化改革若干重大问题的决定》(以下简称《决定》),明确提出了全面深化改革的战略部署。这是一场关系改革开放以来中国"生产关系自我革命"再上新台阶的盛会,也是一场中国的生产力解放使经济总量成为全球第二之后又开启新起点的盛会;是一场联系国内国际两个大局的盛会,也是一场确立国家民族重燃中国梦创新发展路径的盛会。沿着时间纵轴回望:1978 年党的十一届三中全会的中心议题,是把党的工作重点转移到社会主义现代化建设上来,开展改革开放新时期;1984 年党的十二届三中全会的中心议题,是贯彻执行对内搞活经济、对外开放方针,加快以城市为重点的经济体制改革步伐;1988 年党的十三届三中全会的中心议题,是治理经济环境、整顿经济秩序、全面深化改革;1993 年党的十四届三中全会的中心议题,是建立社会主义市场经济体制;1998 年党的十五届三中全会的中心议题,是建设有中国特色社会主义新农村;2003 年党的十六届三中全会的中心议题,是研究完善社会主义市场经济体制问题和修改《宪法》部分内容;2008 年党的十七届三中全会的中心议题,是研究推进农村改革发

---

① 《为了13亿人的中国梦——记中国国家主席、中央军委主席习近平》,新华网,2013 年 3 月 17 日。

展问题。

曾参与过三个三中全会文件起草工作的高尚全说:"从历史经验来看,三中全会都是关于改革的重大会议,每次确立新的改革目标,指引我国改革前进的几个重要文件几乎都是在历次三中全会上做出的。"①2013年党的十八届三中全会的中心议题是全面深化改革,可谓新一代领导核心形成后于关键的时点以前所未有的广泛性深刻性开启历史发展的新篇章。全面深化改革的重点是经济体制改革,经济体制改革的核心是处理好政府和市场的关系,统领全局的导向,是实现国家治理体系和治理能力的现代化,为此必须打造现代市场体系。我国最高决策层自1978年改革开放以来,首次旗帜鲜明地提出"市场在资源配置中起决定性作用"这一具有划时代意义的表述,配之以"政府更好发挥作用"的要求和加快完善社会主义市场经济的一系列措施。有人把文件中有改革具体切入点和操作要求的事项一一排列出来,一共是336项。从市场的"基础性"作用跨入"决定性"作用的新时代,整个中国改革进程激动人心地全面重启。

党的十八届三中全会通过的《决定》作出60条重大改革部署,涉及15个领域,包括336项改革举措,力度之大、范围之广前所未有。《决定》强调全面深化改革核心问题是处理好政府和市场的关系,提出"使市场在资源配置中起决定性作用和更好发挥政府作用",在基本经济制度方面提出完善产权保护制度、积极发展混合所有制经济、推动国有企业完善现代企业制度、支持非公有制经济健康发展;在现代市场体系建议方面,提出建立公平开放透明的市场规则、完善主要由市场决定价格的机制、完善金融市场体系、深化科技体制改革;在转变政府职能方面,提出健全宏观调控体系、全面正确履行政府职能、优化政府组织结构;在城乡发展一体化体制机制方面,提出加快构建新型农业经营体系、赋予农民更多财产权利、推进城乡要素平等交换和公共资源均衡配置、完善城镇化健康发展体制机制;在构建开放型经济新体制方面,提出放宽投资准入、加快自由贸易区建设、扩大内陆沿边开放;在文化建设方面,提出要完善文化管理体制、建立健全现代文化市场体系、

---

① 高尚全:《我参与起草的那些三中全会〈决定〉》,《改革重启中国经济》,东方出版社,2014年版,第2页。

构建现代公共文化服务体系、提高文化开放水平;在社会改革方面,提出健全促进就业创业体制机制、形成合理有序的收入分配格局、建立更加公平可持续的社会保障制度、改进社会治理方式、激发社会组织活力、创新有效预防和化解社会矛盾体制;在生态环境建设方面,提出健全自然资源资产产权制度和用途管制制度、划定生态保护红线、建立使用制度和生态补偿制度、改革生态环境保护管理体制;在财税体制改革方面,将财政的功能定位明确表述为"国家治理的基础与重要支柱"的高度,提出改进预算管理制度、完善税收制度、建立中央与地方事权和支出责任相适应的财政体系等三大任务。

党的十八届三中全会通过的这一《决定》,引发中外媒体高度关注。为此,国务院新闻办公室邀请中央部门有关负责人举行系列吹风会,深入解读党的十八届三中全会精神及《决定》的有关内容。

2013年11月20日,国务院新闻办公室邀请中央财经领导小组办公室副主任杨伟民解读党的十八届三中全会刚刚通过的《决定》。杨伟民将之形象地称为"全面改革六十条",并指出这份2万多字的《决定》释放的改革力度空前,16个部分中有15个部分是改革的领域,60条中有55条是重大改革任务,可谓"句句是改革,字字有力度"。党的十八届三中全会的《决定》在我国全面推进改革过程中带有顶层规划意义,公布之后,各方感觉这份文件新意扑面,国内外好评如潮。

党的十八届三中全会及《决定》,是全面深化改革的又一次总部署、总动员。2013年12月30日,中央全面深化改革领导小组成立,习近平任组长。以党的十八届三中全会和中央全面深化改革领导小组成立为标志,全面深化改革在各领域吹响新一轮进军号。

2014年两会政府工作报告提出:"以壮士断腕的决心、背水一战的气概,冲破思想观念的束缚,突破利益固化的藩篱,以经济体制改革为牵引,全面深化各领域改革。"这样铿锵有力的话语,也显示进入改革深水区后的改革难度,丝毫不亚于1978年开启改革开放之时,而且在某种意义上可以说,任务更加复杂、艰巨。

于是,2014年被媒体称为"深化改革元年"。

走向"决定性"

2013年11月9日,在党的十八届三中全会上,中共中央总书记习近平受中共中央政治局委托,就《中共中央关于全面深化改革若干重大问题的决定》(以下简称《决定》)向全会作说明。习近平首先向全会介绍了《决定》的起草过程,然后对《决定》涉及的几个重大问题和重大举措做重点介绍。习近平指出:"理论创新对实践创新具有重大先导作用,全面深化改革必须以理论创新为先导。"①第一个重大理论创新就是关于使市场在资源配置中起决定性作用和更好发挥政府作用。习近平指出,这是这次全会决定提出的一个重大理论观点。这是因为,经济体制改革仍然是全面深化改革的重点,经济体制改革的核心问题仍然是处理好政府和市场关系。《决定》提出市场在资源配置中起决定性作用,强调政府的作用是加强和优化公共服务,保障公平竞争,加强市场监管,维护市场秩序,推动可持续发展,促进共同富裕,弥补市场失灵。

早在改革开放初期,邓小平在接见来自美国的外宾时,就已明确地表示,社会主义为什么不能搞市场经济?我们也要搞市场经济。但他的这个观点,当时对内不做传达,秘而不宣。之所以如此,应是邓小平考虑到这一突破性的认识在当时还很难被普遍接受,传达了会引起激烈争论,而他的基本倾向性是"不争论",先引导各方集中精力把经济建设抓起来。他说,"不搞争论,是我的一个发明。不争论,是为了争取时间干。一争论就复杂了,把时间争掉了,什么也干不成。不争论,大胆地试,大胆地闯"。② 在以后波澜起伏的中国改革实践中,政府计划与市场机制的作用及相互关系如何认识,在主导性的话语表述上几经变化,从"计划经济为主,市场调节为辅",到"计划经济与市场调节相结合",再到"有计划商品经济"与"国家调节市场,

---

① 《习近平关于〈中共中央关于全面深化改革若干重大问题的决定〉的说明》,《〈中共中央关于全面深化改革若干重大问题的决定〉辅导读本》,人民出版社,2013年版,第69页。
② 邓小平:《在武昌、深圳、珠海、上海等地的谈话要点》(1992年1月18日—2月21日),《人民日报》1993年11月6日第1版。

市场引导企业"（即间接调控）的认识突破，又经历了 20 世纪 90 年代初期邓小平不得不策略性地表示间接调控的"那两句话可以先不说"，体现的是思想解放的过程中认识进步的渐进与曲折迂回。直到皇甫平系列文章后、1992 年年初邓小平具有历史意义的南方谈话，才终于由他以清晰通透的逻辑、一言九鼎的影响力说清楚了：资本主义也有计划，社会主义也要搞市场，这些都是运行机制层次的问题，不可贴姓"资"姓"社"这种根本制度层次上的标签。于是在不久后，党的十四大正式提出和确立了建设"社会主义市场经济"的改革目标模式。由当时表述的发挥市场在资源配置中的"基础性"作用开始，到 2013 年党的十八届三中全会通过的《决定》中明确提出市场在资源配置中起"决定性"作用，决策层对市场在"中国特色社会主义市场经济"中资源配置方面的认识，在不断深化中，终于将这一新的表述合乎逻辑地说到位了。

这里需提到 1990 年秋，时任国家体改委主任的陈锦华安排国外经济体制司副司长江春泽整理的《外国关于计划与市场问题的争论和实践以及对中国的计划与市场关系的评论》这一内部材料，上报最高决策层领导同志，以及其后的内部专题研讨会纪要和 5 省座谈会上报信，都为实现进一步的认识突破作了很好铺垫。1991 年第四季度，江泽民先后主持了十多次专家学者座谈会，系统研究国际国内的经济社会发展和体制改革。不久，即有了震动全国的邓小平南方谈话。1992 年 6 月 9 日，江泽民在中央党校省部级干部进修班上作了《深刻领会和全面落实邓小平同志的重要谈话精神，把经济建设和改革开放搞得更快更好》的讲话，从九个方面阐述了如何深刻领会和全面落实邓小平谈话的精神。江泽民在谈到计划与市场的问题时，他列举了关于对计划与市场和建立新经济体制问题上的几种不同的提法，并表示自己比较倾向于使用"社会主义市场经济"这个提法。这表明了当时的领导人已经认识到市场的自发性方面虽然可能会带来一些消极作用，但是市场机制对激励企业竞争、推动经济发展更会具有积极作用，并认识到市场也是一种配置资源的方式，能够在很大程度上对优化资源配置起到促进作用。针对当时党内和学界表现出的某些不想摆脱计划经济体制而着意贬低、曲解市场经济体制的思想，江泽民认为"显然是一种认识上的片面性"。分析

1978年改革开放以来的大量事实,总结发展趋势,中国领导人越来越意识到市场是配置资源和提供激励的有效方式,它可以通过竞争和价格杠杆把稀缺物资配置到能创造最好效益的环节中去,并且对各种信号的反应灵敏迅速,给企业带来压力和动力,对经济发展形成积极作用,应当抛弃过去对市场的片面认识和偏见。

与此同时,领导人还强调在充分看到市场优点的同时,警惕"市场全面万能"的思想,并深刻认识到市场的弱点和局限性。例如,市场不可能自动地实现宏观经济总量的稳定和平衡;市场难以对相当一部分公共设施和消费进行调节;在某些社会效益重于经济效益的环节,市场调节不可能达到预期的社会目标;在一些垄断性行业、规模经济显著的行业,市场调节也不可能达到理想的效果。基于这种认识,我们的市场经济改革有了独具特色的、在充分发挥市场分配资源优势的同时特别注重发挥计划调节优势的思路。这是从计划经济向市场经济转轨过程中的必经阶段,也是市场经济在中国得以顺利发展的必要手段,通过政府更好发挥作用的计划等协调手段,可以实现弥补和抑制市场调节的不足和消极作用,保障宏观经济的平衡,弥补市场调节力所不能及的若干环节,保证整个经济的全面发展。特别值得注意的是,由于市场作用更多的是注重效率,认识中还包括了对利用计划手段来加强社会保障和社会收入再分配调节、防止两极分化的重要内容。

1992年10月12日至18日,中国共产党第十四次全国代表大会在北京召开。这一里程碑式的会议总结了自改革开放以来我党对经济发展形态与体制的思想变化历程。传统的观念认为,市场经济是资本主义特有的东西,计划经济才是社会主义经济的基本特征。党的十一届三中全会以来,随着改革的深入,我们逐步摆脱这种观念,形成新的认识,对推动改革和发展起了重要作用。党的十二大提出计划经济为主,市场调节为辅;党的十二届三中全会指出商品经济是社会经济发展不可逾越的阶段,我国社会主义经济是公有制基础上的有计划商品经济;党的十三大提出社会主义有计划商品经济的体制应该是计划与市场内在统一的体制;党的十三届四中全会后,提出建立适应有计划商品经济发展的计划经济与市场调节相结合的经济体制和运行机制。特别是邓小平同志南方谈话进一步指出,计划经济不等于社会主义,资本主义也有计划;市场经济不等于资本主义,社会主义也有市场。计划和市场都是经济手段。计划多一点还是市场多一点,不是社会主义与资本主义的本质区别。这个精辟论断,从根本上解除了把计划经济和市场经济看作属于社会基本制度范畴的思想束缚,使我们在计划与市场关系问题上的认识有了新的重大突破。在此基础上,会议在中华人民共和国成立以来首次正式提出我们要建立"社会主义市场经济体制",并将这一目标定义为:要使市场在社会主义国家宏观调控下对资源配置起"基础性"作用。

1997年9月,中国共产党第十五次全国代表大会召开,会议对建立社会主义市场经济体制的认识仍延续了党的十四大的提法。

2002年11月8日至14日,中国共产党第十六次全国代表大会在北京召开,国家领导人在报告中提出了要在"更大程度上"发挥市场在资源配置中的基础性作用的认识,是在总结我国经济体制改革实践,从完善社会主义市场经济体制的角度出发,对发挥市场配置资源作用提出的新要求。

2007年10月15日至21日,中国共产党第十七次全国代表大会在北京召开,会议提出从"制度上更好发挥"市场在资源配置中的基础性作用。自党的十四大提出建立社会主义市场经济体制这一目标以来,截至党的十七大召开前夕,我国已经取得了一系列举世瞩目的成效。在市场准入方面,坚持和完善公有制为主体、多种所有制经济共同发展的基本经济制度,毫不动摇地巩固和发展公有制经济,毫不动摇地鼓励、支持、引导非公有制经济发展,国有经济的战略性调整和布局加快进行,非公有制经济快速发展。在市场体系方面,包括土地市场、资本市场、劳动力市场、技术市场在内的生产要素市场迅速发展,商品交易市场规模庞大,服务市场不断完善,同时消除行政壁垒,打破地区封锁,全国统一的市场体系初步形成。在市场运行方面,价格机制在资源配置中发挥着主导作用,除了少数关系国计民生的工农业产品实行政府指导价,在社会商品零售总额、农副产品收购总额和生产资料销售总额中,市场调节价比重分别达到95.6%、97.7%和91.9%。在宏观调控方面,以财税、金融和计划为主,辅之以用地审批、环境评价的调控体系逐步完善,调控的科学性、有效性明显提高。同时,收入分配领域的改革力度不断加大,社会保障体系进一步完善,政府职能加快转变,都为更大程度地发挥市场在资源配置中的基础性作用提供了条件。

但是，由于市场在资源配置中的基础性作用没有制度化的硬约束，在一些地方和一些领域，市场在资源配置中的作用常常不能得到有效发挥。从资金资源看，我国长期实行低利率政策，加之间接融资占主导地位，造成利率和贷款的投向不能正确反映资金的市场供求，资金的市场配置常常被扭曲。从土地资源看，国家规定工业用地必须实行招标、拍卖、挂牌的市场方式出让，但一些地方为吸引投资仍然采用协议方式或"零地价"出让，土地资源被大量浪费，市场配置资源的基础性作用没有得到落实。从矿产资源看，一些关系国计民生的煤炭、金属等矿产，国家要求实行资源有偿使用制度，但一些地方任意采用变通办法，无偿行政审批或低价承包，没有形成反映市场供求关系、资源稀缺程度、环境损害成本的资源价格形成机制，导致一些不可再生资源私采滥挖等问题，"挖煤开矿"成了一个暴利行业。

市场在资源配置中的基础性作用常常被削弱的根本原因在于，我国社会主义市场经济体制还不完善，市场在资源配置中的基础性作用还没有形成规范的制度，加之对市场资源配置影响最大的政府职能转变还不到位，政府配置资源的权力过多过大，直接影响了市场在资源配置中的基础性作用的有效发挥。这些情况说明，对市场在资源配置中基础性作用，不能停留在一般性的要求上，而要让这种作用通过制度的方式体现出来、规范下来、运行起来。制度是带有根本性的东西。党的十七大报告强调"从制度上更好发挥市场在资源配置中的基础性作用"，就是要将那些经过实践检验、行之有效的经验上升到制度的层面，用制度加以固定，使之成为保证我国社会主义市场经济体制平稳运行、健康发展的基础。适时提出这样的要求，有利于加快完善社会主义市场经济体制，促进市场在资源配置中的基础性作用制度化，使社会主义市场经济彰显强大的生机活力。

2012年11月8日，中国共产党第十八次全国代表大会在北京召开，提出要"更大程度更广范围"发挥市场在资源配置中的基础性作用。

到了党的十八届三中全会，进一步提出，要使市场在资源配置中起"决定性"作用，突出显示了这一表述上的重大理论突破和创新，放入前述的多年认识深化过程，也足以令人感受这个理论突破的来之不易。习近平指出：

"在这次讨论和征求意见过程中，许多方面提出，应该从理论上对政府和市场关系进一步作出定位，这对全面深化改革具有十分重大的作用。考虑各方面意见和现实发展要求，经过反复讨论和研究，中央认为对这个问题从理论上作出新的表述条件已经成熟，应该把市场在资源配置中的'基础性作用'修改为'决定性作用'。"①考虑到我国社会主义市场经济体制框架已经建立，市场化程度大幅提升，我们对市场规律的认识和驾驭能力不断提高，宏观调控体系更为健全，对这个问题从理论上作出新表述的主客观条件已经成熟，我们应该在完善社会主义市场经济体制上迈出新的步伐。从实践背景看，国际经济环境和国内发展阶段的重大变化，迫切要求我国经济加快转型升级，进一步增强发展活力和创新动力；而当前经济发展中不可持续的突出矛盾，都与政府对资源配置干预过多和干预不当、市场功能发挥不够有密切关系。"决定性作用"的表述，在理论上更为明确、到位，对于现阶段经济体制改革的指导更有针对性，是我国改革理论在新的历史条件下的重大发展。这个新表述有利于在全党全社会树立关于政府和市场关系的正确观念，有利于转变经济发展方式，有利于转变政府职能，也有利于抑制消极腐败现象。

所有经济活动最根本的问题，就是如何有效地配置资源。一般来说，资源配置有两种主要方式，一种是市场，另一种是计划。市场决定性作用就是让价值规律、竞争和供求规律在资源配置中起决定性作用。市场决定资源配置的优势在于，作为市场经济基本规律的价值规律，具有通过市场交换形成分工和协作的社会生产的机制，通过市场竞争激励先进、摒弃落后的优胜劣汰机制，通过市场价格自动调节供给和需求的机制，可以引导资源配置实现以较少投入取得最大产出的要求。因此，市场决定资源配置的本质要求，就是在经济活动中遵循和贯彻价值规律、竞争和供求规律。市场决定资源配置是市场经济的一般规律，我国经济体制改革总体上是遵循这一规律不断深化的，因而推动经济社会发展取得了举世瞩目的辉煌成就。实践证明，社会主义和市场经济能够有机结合。市场经济为社会主义注入蓬勃生机和

---

① 《习近平关于〈中共中央关于全面深化改革若干重大问题的决定〉的说明》，《〈中共中央关于全面深化改革若干重大问题的决定〉辅导读本》，人民出版社，2013年版，第70页。

发展活力,社会主义为市场经济提供崭新境界与制度优势。

我国的社会主义市场经济体制框架虽已基本建立,但在完善的过程中也出现了不少问题与矛盾,如市场秩序不规范,以不正当手段谋取经济利益的现象时有发生;生产要素市场发展滞后,要素闲置和有效需求得不到满足并存;市场规则不统一,地方保护、市场封锁、政府职能部门间相互扯皮的情况时常出现;市场竞争不充分,阻碍优胜劣汰和结构调整,等等。这些问题不解决好,社会主义市场经济体制难以成熟定型。因此,必须积极稳妥地从广度和深度上推进市场化改革,大幅度减少政府对资源的直接配置,推动生产要素自主高效流转与配置,在激烈的市场竞争中实现效益最大化和效率最优化。一是市场规则方面,要实行统一的市场准入制度,在制定企业负面清单基础上,各类市场主体可依法平等进入清单之外领域。其包括推进工商注册制度便利化,削减资质认定项目,由先证后照改为先照后证,把注册资本实缴登记制逐步改为认缴登记制;企业投资项目,除关系国家安全和生态安全、涉及全国重大生产力布局、战略性资源开发和重大公共利益等项目,一律由企业依法依规自主决策,政府不再审批;允许具备条件的民间资本依法发起设立中小型银行等金融机构;推进股票发行注册制改革,等等。二是市场竞争方面,清理和废除妨碍全国统一市场和公平竞争的各种规定及做法,严禁和惩处各类违法实行优惠政策行为,反对地方保护,反对垄断和不正当竞争。其包括建立健全社会征信体系,褒扬诚信,惩戒失信;健全优胜劣汰市场化退出机制,完善企业破产制度,等等。按照使市场在资源配置中起决定性作用的要求,全面贯彻落实《决定》提出的深化经济体制改革各项部署,对于建立完善的社会主义市场经济体制,激发各类市场主体创业、创新活力,加快我国经济转型升级,建设高效廉洁的服务型政府,构建开放型经济新体制,都具有重大现实意义。

构建现代市场体系

首先,党的十八届三中全会明确提出要"加快完善现代市场体系",并对"现代市场体系"作出科学的阐释:它是企业自主经营、公平竞争,消费者自由选择、自主消费,商品和要素自由流动、平等交换的市场体系。其次,会议还提出了加快完善现代市场体系的五项要领:一是要建立公平开放透明的市场规则;二是完善主要由市场决定价格的机制;三是建立城乡统一的建设用地市场;四是完善金融市场体系;五是深化科技体制改革。

在市场发挥"决定性"作用大方向下加快完善现代市场体系,其分别涉及市场经济的三大重要方面:

第一,针对生产者。强调现代市场体系在针对生产者方面,要实现"企业自主经营、公平竞争",这无疑是进一步释放市场经济活力的重要信号。所谓自主经营,是指企业的一种基本属性,包括自主经营、独立核算、自负盈亏三个方面。自主经营,就是企业独立行使其经营管理自主权,充分自主地做出决策,主动地开展生产经营活动;独立核算,就是企业单独对其生产和经营活动的成果和耗费进行记录、核算分析、比较和评价,自主地确定其收入和支出;自负盈亏,就是企业的盈利作了社会扣除以后,由自己分享,而企业的亏损也同样由自己承担责任。这三者的统一构成了企业经济实体的独立性。我国社会主义市场经济的性质决定了企业必然是独立的经济实体,有自身独立的权益,这样才能增强企业的竞争力,成为自我发展、自我调节的有机体。我国企业经济体制改革的一项重要任务就是要通过各种各样的手段、方法和途径,达到自主经营、独立核算、自负盈亏的要求,使企业真正具有应有的性质,发挥应有的作用。自主经营是企业独立性的根本问题,企业只有实行真正的自主经营,并开展独立核算,才能做到自负盈亏。[1] 我国国有经济是具主导性的经济组织形式,而国有企业从计划经济体制一路走来,虽然经历了诸多改革阶段,但是目前仍然存在管理体制不良、运转效率较低等问题,主要原因就在于企业自己无法掌控自主经营权,许多还不能称之为真正的市场经济主体,一方面不能够跟随市场经济的信号进行自行的生产调整,另一方面也不必跟随市场经济的信号作自行的生产调整,结果是表现为低下的效率和过剩的产能,而这些成为经济转轨和国企改革的桎梏。全面放开企业自主经营权,将企业放入市场中实现公平竞争,无论国有、私

---

[1] 张首吉、杨源新、孙志武等:《党的十一届三中全会以来新名词术语辞典》,济南出版社,1992年版,第50页。

有还是混合所有,都应成为真正的市场主体,按照市场的规则办事,符合市场的运转机制,才能更大程度上解放生产力。

第二,针对消费者。强调现代市场体系在针对消费者方面,要实现"消费者自由选择,自主消费"。《消费者权益保护法》对消费者自主选择权作出明确规定,消费者有权根据自己的需求、意向和兴趣,自主选择自己满意的商品或服务,包括:自主选择提供商品和服务的经营者;自主选择商品品种和服务方式;自主决定购买或者不购买任何一种商品,接受或者不接受任何一项服务;在自主选择商品或服务时,有权进行比较、鉴别和挑选。客观而言,我国消费主体自由选择、自主消费方面的放开,较之我国生产主体的自主经营、自由竞争的放开程度要更高、时间要更早,但在此过程中要特别注重税收和法律应当发挥的作用,以保障市场机制起到自我调节消费主体消费结构的作用。

第三,针对商品和生产要素。强调现代市场体系在针对商品和生产要素方面,要实现"商品和要素自由流动、平等交换"。发展现状中,我国经济发展还存在严重的不均衡,从发展中国家走向发达国家的道路上,城乡二元结构有待打破,城乡一体化发展亟待实现,而推进城乡一体化发展的过程实质上就是逐步实现商品和生产要素在城乡之间双向自由流动和平等交换的过程。对于整个市场而言,无论是针对商品还是生产要素,在市场经济调节下,都可以自由地选择到城市还是到农村。

关于党的十八届三中全会关于加快完善现代市场体系提出的五大要点,还有必要展开作一些论述:

第一,要建立公平开放透明的市场规则。目前,我国市场体系仍不完善,市场的开放性、竞争的公平性和运行的透明度都有待提高。市场公平性方面的主要问题在于市场的格局和地方的保护,有些地方为了保护本地企业的利益,甚至通过立法等手段制定利于本地企业发展的技术、卫生、准入标准来设置进入壁垒。此外,在市场经济不断完善的进程中,经济发展一直位于高速增长期,从整体上来看需要大量的资金、人员、资源,从结构上来看区域发展很不均衡,势必导致各地为了招商引资发展自己而不适当地降低税率、降低环境保护和资源能源利用标准来换取经济发展。市场开放性方面的主要问题在于市场准入条件方面的不平等。在电信、石油、电力、铁路、金融保险、教育卫生、新闻出版、广播电视等领域,民营企业面临完全壁垒和诸多限制,甚至由于缺乏相关准入规定及相关细则的落实,因而遭遇"弹簧门""玻璃门""旋转门"阻碍着市场机制配置资源的体系运转。市场的透明度不够直接导致设租寻租现象横生,在许多特定领域,竞争规则和程序的透明度还较低,项目招标、政府采购、审批外包等环节往往是"潜规则"强制替代"明规则",腐败滋生。此外,信息披露和信息建设落后、市场监管设置不清晰、权力缺少制衡等,都阻碍了市场经济体系的运转。

第二,完善主要由市场决定价格的机制。我国价格体系中仍存在严重扭曲情况,市场体系中部分基础产业和服务价格关系尚未理顺,尤其是要素市场发展更显滞后,已经表现出难以适应产业转型升级和经济发展方式转变的缺陷。扭曲的价格直接导致了生产资源错配、经济结构失衡、分配不公、粗放发展,并且造成市场信号的失灵导致企业产能过剩,将经济结构推向不合理发展的一端,推高了整个经济社会的发展成本。完善主要由市场决定的价格形成机制是我国经济发展转型的重要契机,并要充分发挥税收调节资源价格的优势,从制度上真正落实节约能源的体系建设,让生产者和消费者都自觉节约能源来实现可持续发展。

第三,建立城乡统一的建设用地市场。在要求各类要素平等交易的前提下,农村集体经营性建设用地自然也不能例外,针对长期以来农村集体土地所有权与国有土地所有权地位不对等、产权不明晰、权能不完整、实现方式单一等阻碍统筹城乡发展的问题,完善农村集体经营性建设用地权能是治本之策的重要切入点。农村经营性建设用地实行与国有土地同等入市、同权同价,意味着农村集体经营性建设用地可以与国有建设用地以平等的地位进入市场,可以在更多的市场主体间、更宽的范围内、更广的用途中进行市场交易,能够享有与国有建设用地相同的权能。这些改革措施将为农村土地制度改革带来强劲的动力。

第四,完善金融市场体系。金融行业要逐步扩大对内和对外的开放,随着多级多元资本市场的建立,我国民间资本的作用越来越受到重视,在加强监管、防范系统性金融风险的前提下,应当探索民间资本设立中小型银行等金融机构、政策性金融机构改革、注重发展股权债券融资体系、规范股票债券市场、完善保险制度、发展普惠金融、鼓励金融创新。

第五，深化科技体制改革。第三次科技革命以来，时代瞬息万变、日新月异。本着"科学技术是第一生产力"的认识，以科技为核心解放和发展生产力、解放和发展社会活力，已是经济发展的重中之重。我国科技与经济"两张皮"的问题还很严重，"科技成果在天上飞、经济发展在地上爬"。在全球经济一体化发展环境中，我国作为后发经济体在技术上是具有后发优势的，能够学习发达经济体的技术，实现自身的经济赶超发展。然而，我国科技基础前沿领域的自主创新能力还不强，创新机制不够健全，资源分配方面管理落后，科研项目经费安排低效封闭且管理水平低下，科技金融战略虽然缓解了作为科技创新核心主体的部分科技型中小企业融资难问题，但仍然是"杯水车薪"。整个科技界和产业界，都存在着较为严重的创新动力不足的问题，亟待深化科技体制改革来焕发经济增长的活力。

勾勒全面深化改革路线图

党的十八届三中全会通过的《中共中央关于全面深化改革若干重大问题的决定》（以下简称《决定》），勾勒了全面深化改革的路线图。政府的职责清晰界定为：宏观调控，加强市场监管、公共服务、社会管理、保护环境等。其中前所未有地特别强调了"保护环境"。宏观调控的任务被概括为"总量平衡、结构优化、防范风险、稳定预期"。在这样的理念下，要使市场在资源配置中起决定性作用，必须以改革转变政府职能，改进和完善宏观调控。

《决定》强调必须更加注重改革的系统性、整体性、协同性，加快发展社会主义市场经济、民主政治、先进文化、和谐社会、生态文明，让一切劳动、知识、技术、管理、资本的活力竞相迸发，让一切创造社会财富的源泉充分涌流，让发展成果更多更公平惠及全体人民。《决定》提出经济、政治、文化、社会、生态"五位一体"总体布局下的全面深化改革的具体目标和各项重大改革措施，在完善社会主义市场经济制度建设方面，重申完善基本经济制度，推动国企完善现代企业制度，加快完善现代市场体系的各项制度，加快政府职能转变,建立现代财政制度,并要求健全城乡发展一体化体制机制,构建开放型经济新体制,形成全方位开放新格局。

在总体"路线图"下,还要配之以多轮"最小一揽子"的改革"时间表"设计。党的十八届三中全会之后,中共中央政治局先后审批通过了多个具体领域与方向的配套改革方案,第一个通过的是财政税收的配套改革方案。

过去我国经济持续多年高速增长,与财税改革的推进密不可分,在几轮重大的经济体制改革中,财税改革都成为先行者和突破口。财政是国家政权"以政控财、以财行政"的分配体系,财税问题实质是公共资源配置体系与机制问题,具有"牵一发动全身"的联动效应,与公共权力主体的改革息息相关,也和社会整体资源配置机制的优化息息相关。

20世纪80年代以来,我国以放权让利和"分灶吃饭"财政体制为突破口,启动了经济体制改革。1993—1994年,以统一财务会计制度起步,实行税利分流制度开路,特别是以1994年的分税制改革和统一税制为主旋律,理顺国家与企业的分配关系,并结合转移支付理顺中央与地方的分配关系。其后20余年来,国内外经济形势和我国经济社会运行状况又发生了巨大变化,社会经济发展中面临的新情况、新问题、新矛盾,需要在深化财税改革中加以解决。比如,中央与地方政府分权方面,《宪法》中仅有原则性规定,实际上除外交、国防等少数事权专属中央,地方政府事权在很多方面与中央政府事权同构。各级政府之间的职责也缺乏立法层面的界定,出现财力向中央集中,而事责向地方尤其是基层政府下移的现象。有人将其形容为"中央财政喜气洋洋,省级财政满满当当,市级财政勉勉强强,县乡财政哭爹喊娘"。由于收入能力有限,地方政府对土地出让金依赖严重,加上"GDP挂帅"机制作怪,地方平台公司的大规模隐性举债渐趋失控,财政风险积累不容忽视。如果不能在不太长时期内使改革有较大突破、缓解各种矛盾、加快经济发展方式转变,不但会丧失发展机遇,还可能使各种矛盾集中爆发,危及国家稳定和长治久安。

现实生活也正在呼唤新一轮价、税、财配套改革。当时在我国一般商品价格已由市场决定的情况下,资源产品价格、不动产价格等方面仍存在着严重的比价关系未能理顺、价格形成机制扭曲问题,愈益形成对国民经济的负面影响。最突出的例子是社会再生产命脉层面"从煤到电"的配置机制扭曲,比价关系不能反映资源的稀缺性,不能有效形成产业上、中、下游全程各相关主体的节电、节能、降耗、低碳发展的内在激励。与此同时,从资源开发到社会总产品分配中的重要制度——地方税体系和地方政府阳光融资制度建设严重滞后,省以下财政分税制迟迟不能落实,成为政府职能转换、行为优化方面的明显障碍。基层财政困难、地方大量隐性负债、过度依赖"土地财政"等为人们所诟病的问题,都与此有关。

在新一轮价、税、财配套改革中,"营改增"改革在减轻税负、推动产业结构优化和提振消费及经济增长质量方面产生深远影响;资源税改革成为我国基础品价改和电力体制改革攻坚克难的重要切入点,并在长远意义上产生节能降耗的杠杆作用;房产税改革试点适时扩大范围引致地方税体系框架建设及其配套改革事项的一系列积极拓展,并在房地产调控、收入再分配优化等方面产生正面效应;个人所得税分步走向"综合加专项扣除"模式的改革,是我国打造现代税制中直接税制度从而调节分配促进社会和谐、共富的重要改革内容之一;而以省以下财政真正进入分税制为重点的财政体制与行政框架扁平化和政府职能的进一步转变,会降低行政成本,优化财政支出结构和更好地释放千千万万市场主体的创业创新活力,缓解资源环境、人际关系等方面的矛盾约束,进一步打开我国未来可持续、高质发展的潜力空间。

化解既得利益阻碍,是改革的最难之处。在几十年改革开放之后,中国改革的实质性深化却成为一个颇有些沉重感的话题。走到了改革"深水区",阻力前所未有,所有"帕累托改进"式的"只有人受益而不会有人受损"的改革事项都已做完,任何一项深化改革的任务都会面临既得利益的"固化藩篱"形成的强有力的障碍。而且各项改革大都已经深度关联交织,"牵一发动全身",过去在局部发力寻求突破就可以改观全局的空间,已明显收窄,更多更大的考验,正集中于"全面改革"这个基本概念之上。自党的十一届三中全会开始,到邓小平南方视察后实施1994年宏观层面以财税为重点的配套改革,再到千年之交前后以"入世"锁定全面开放格局,一系列改革创新打开了生产力解放和国家现代化的新时代。但如前所述,渐进改革中既得利益也渐成局面,尾大不掉,虽然深化改革、加快转型自20世纪90年代后一路强调,但在"利益固化的藩篱"面前步履维艰。党的十八大之后,高层关于"壮士断腕"的改革决心已有明确表述,但社会上、企业界、市场中对于在体制内"自我革命"的怀疑仍未消除,且与意识形态因素的阴晴变化叠加。在深化改革努力与既得利益阻力的博弈背后,是改革与社会"矛盾累积"问题的赛跑,被人形象比喻为"两只老虎的赛跑",这两只老虎各自要素齐全,似乎也看不大清楚对方,但都在往前跑,谁跑得更快一些,将决定国家的前途、民族的命运、中国梦的成败。

第十三章

开放倒逼体制改革,引致"新动能、新机制"

新一届领导集体开启了在市场经济改革中推进现代化的新时代。通过简政放权,压缩"三公"经费,激发市场的活力、建立统一的城乡居民基本养老保险制度等一系列有力措施,增强人民对未来的信心。通过建立自贸试验区等高水平的开放措施,催化和倒逼改革昭示了发展社会主义市场经济的新境界,让人耳目一新。

上海自贸试验区:入世的"笔法"

在党的十八届三中全会召开前,2013 年 8 月 22 日,国务院正式批准设立中国(上海)自由贸易试验区(以下简称"上海自贸试验区")。9 月 29 日,上海自贸试验区正式挂牌,试验面积为 28.78 平方千米,包括上海市外高桥保税区、外高桥保税物流园区、洋山保税港区和上海浦东机场综合保税区 4 个海关特殊监管区域。这一重大举措释放出的信号,很快将国内外的眼光都吸引到黄浦江畔。中国的市场经济体系将在进一步对外开放中开始新一轮的重大改革。在正式公布的上海自贸试验区总体方案中,要求将上海自贸试验区办成推进改革和提高开放型经济水平的"试验田",并形成可复制、可推广的经验。有外媒评论说,中央选择在党的十八届三中全会前夕公布这一重大方案,彰显了中国政府矢志改革的信心和决心,从中更可解读中国下一步改革的思路和方向。也有媒体认为,上海自贸试验区的建立,作为新一轮改革的试验田,是中华人民共和国实行改革开放以来继建立经济特区、开发上海浦东和加入世贸组织之后的"第四轮开放",意在以开放更有力地催化和倒逼改革,进一步与国际接轨。前面已经历的三轮开放,第一轮以建立深圳经济特区为代表,第二轮以 20 世纪 90 年代开发浦东为代表,第三轮以加入 WTO 为代表,现在上海自贸试验区就是第四轮开放。此次建立自贸区的核心之意,是寻求"改革复制"而不是新辟"政策洼地"。中央意在以上海自贸试验区"先行先试"的改革"清理文件柜",修改一些与国际通行做法相悖的法律法规,从而形成循序渐进的法治建设,并在未来的国际竞争、对外谈判中掌握话语权和影响力。上海自贸试验区在外商及所有企业享有"准入前国民待遇和负面清单管理"方面实现了突破,"先行先试"后还将进一步把负面清单简化优化。

　　成立上海自贸试验区的重大战略意义值得充分肯定。中国的改革走了几十年之后进入深水区,党的十八大提出"五位一体"全面改革的价值取向,需要跟上一些实质性进展的具体安排。这里有两大视角,一个是顶层规划,大家期盼着三中全会有重要指导文件的公布,另一个是鼓励先行先试,"顶层规划看三中,先行先试看自贸"。这次第四轮开放,以开放倒逼改革,相关的宏观经济运行背景可以由几句话概括:一是黄金发展和矛盾凸显相伴随已经看得很清楚;二是下行和上行因素在对冲,已经感受到了经济潜在增长率无可回避地在下台阶,如果处理不好,这个台阶下来以后,升级版出不来,以后上行因素对冲下行因素的力量就不够,要把活力潜力激发出来,真正如愿地在中高速增长期中以中高速再发展 20 年以上——中国仍有工业化、城镇化可观的成长空间,应该具有这种可能性,但必须以改革激发所有的城镇化红利、科技创新红利、社会管理红利等潜力;三是深化改革的努力和既得利益的阻力相互博弈,中国的改革千难万难,就是"帕累托改进"式的改革空间没有了,任何一个事项都牵一发而动全身,既得利益的阻碍往往使局面陷入胶着状态。这样的背景下,中央力排众议的强启动,有两个重大突破:一是"准入前国民待遇",二是"负面清单"管理,鲜明体现规则、思维逻辑的解放。不是搞一个政策洼地而形成一个特定的倾斜式支持,而是希望先行先试,后面一轮又一轮开放之后给出可复制性。这时讲的"自贸区改革",还多少带些邓小平当年说的"杀出一条血路来"的历史进取姿态和破釜沉舟的胆魄。

改革深水区实质的矛盾点,也是突破路径,一个形象化比喻的相关概念是"变法":当年是否加入世贸组织,学者有过激烈争论,有的辩论者说"入世"所有好处都是不确定的,所有坏处都是确定的,甚至把积极主张入世的这一派称为民族罪人。但是如果全面分析起来,哪怕有多少不确定性,其中有一个好处却是绝对确定的,就是逼着我们"清理文件柜",杜润生同志把它称为"变法"。从历史上的商鞅变法、王安石变法,到了现在改革开放的变法,它的意义不言自明。中央的表述为"打造国际化、法治化、高标准营商环境",一开始"负面清单"多达一千多项,是先把"文件柜"清出来,能罗列的都罗列上去的。后面还要授权积极修改法规,把"负面清单"简化、优化。

另一个概念是"倒逼"。自贸区确立起来以后,所有的现行法规,凡是与它有矛盾的,不是改自贸区框架内的概念,而是要就势改原有法规,这个取向非常清楚。战略意图上是可领会的,中央认为中国必须在这一轮再总结"入世"经验,被动跟随是人家制定好规则以后,不得已跟着人家走,但如果积极主动试验,则有可能在规则制定中形成一定的发言权和影响力。既然"清理文件柜"是必然的,以自贸区建设倒逼这个清理过程,也属于法治建设的循序渐进。只要经验可复制,会有一批又一批其他地方经过选择以后跟进试验。

全球都将目光聚焦到了上海自贸试验区。洋山保税港区、上海浦东机场综合保税区、外高桥保税区、外高桥保税物流园区4个海关特殊管辖区域,贸易年成交额总量已超过1万亿元,而上海港也已蝉联全球集装箱吞吐量首位。作为新中国的经济金融中心,得天独厚的政策环境、经济环境、金融环境、人力资本条件与卓越的自身素质相结合,上海开创自贸区先河的梦想成真。

回溯既往,上海设立自贸区的作为,并非一两日之功。早在2009年,中国生产力促进中心协会起草的一篇题为《关于中国在浦东建立自由贸易区设想》的文章得到时任总理批示后,就由"自由贸易区"改为"自由贸易园区"

而开启有关部门联合组织的调研,但并未随之获得实质性进展。直至2013年3月末,李克强在上海外高桥保税区调研时明确表示,支持上海积极探索,在现有综合保税区基础上,研究如何试点先行,建立一个自贸区,进一步扩大开发,推动完善开放型经济体制。

起初,上海最希望的是将整个浦东新区都纳入自贸区的范围,这一点其实并不难理解。改革开放以来,中国已经历过三次重大开放高潮,如果上海自贸试验区能够申请成功,那么必将成为新中国自改革开放以来的第四次重大开放高潮,作为已经历过1992年设立浦东新区的上海人,将浦东新区设立为自贸区显然具有更深层的含义。然而,浦东新区在2009年5月原南汇区并入后全区面积达到1 200平方千米,2012年常住人口更是达到518万,是上海市人口最多的行政区。广泛的地域、庞大的人口会直接导致各方面管理难度系数急剧加大,而对于没有任何经验的自贸区而言,显然在一开始时是不太合适的。经过调整,上海市正式提出申报仅包括洋山保税港区、上海浦东机场综合保税区、外高桥保税区、外高桥保税物流园区在内的"上海自由贸易区",而审批的回复却更加意味深长。上海市申报得到的批准回复有两个亮点:一是开头由"上海"变成了"中国(上海)",这意味着自由贸易区这一事件绝不仅仅是地方层面的事情,而是关乎国家经济改革与发展全局;二是名称由"自由贸易区"变成了"自由贸易试验区",这无疑彰显了决策层开放的决心和可复制的诉求,要先行先试地逐步推进制度创新,并且暗示要在全国范围内逐步推开的深层含义。

上海自贸试验区显然是中国在全球经济贸易一体化大背景下掀起的新一轮开放高潮的破冰一步,对于我国社会主义市场经济体制改革而言,具有里程碑意义,原因就在于开放浪潮势必会产生催化和倒逼改革在深水区实质性推进的效应,将我国社会主义市场经济体制改革中的外资外贸体制改革、国有企业改革、金融体制改革、财税体制改革、要素价格改革、政府职能转变、社会管理体制改革等重点内容,推至更为深化的层面。

其后一路推进,至2020年11月,中国已经分多次批准了21个自贸试验区。

企业"负面清单"：以有所不为换大有所为

上海自贸试验区的企业"负面清单"，一经推出就受到广泛关注。从企业行为的"正面清单"到"负面清单"，一字之差，标示着中国政府对企业管理方式的重大转变。从原先的设置门槛、严进宽管，转变到动态门槛、宽进严管，企业"法无禁止即可为"，充分给予市场主体试错、创新、发挥潜力的空间。"准入前国民待遇"匹配"负面清单"式管理，意味着市场监管不再主要依靠资格审查、审批来前置式防控风险，而是主要通过动态的、全流程的监督与管理，在市场运行的过程中不断发现和剔除风险。一方面大大降低了市场准入门槛，另一方面也有利于消除由于审查、审批容易导致的设租寻租空间，以制度安排在激发创业创新潜力的同时促进反腐和廉政建设。

"负面清单"的推出，标示着只要法律法规没有明确禁止的领域，市场主体都可以进入，不碰"负面清单"，企业便可获得"海阔凭鱼跃，天高任鸟飞"的宏阔境界，极大地提升市场主体的活跃度。有上海自贸试验区率先切入的"负面清单"制度，明显有利于放宽市场准入、鼓励公平竞争、健全信用体系、建设法治经济，也会更多释放改革红利、激发社会创造活力、稳定市场预期。建立企业"负面清单"，是要以政府的"有所不为"，换来市场的"大有所为"。

"负面清单"其实可以说是发达国家常见的一种管理方法，也被用于国际贸易领域。我国最早使用"负面清单"，是在2013年7月的中美第五轮战略与经济对话中，这次对话在华盛顿举行，由中国国家主席习近平特别代表、国务院副总理汪洋和国务委员杨洁篪同美国总统奥巴马特别代表、国务卿克里和财政部部长雅各布·卢共同主持，双方同意以"准入前国民待遇"和"负面清单"为基础进行投资协定实质性谈判。这是"负面清单"概念第一次出现在中国民众的视野。中美对话结束的第二天，中国商务部新闻发言人沈丹阳就此发表谈话，特别对"负面清单"概念进行解读：所谓"准入前国民待遇"是指在企业设立、取得、扩大等阶段，给予外国投资者及其投资不低于本国投资者及其投资的待遇；"负面清单"是指凡是针对外资的与国民待遇、最惠国待遇不符的管理措施,或业绩要求、高管要求等方面的管理措施,均以清单方式列明。沈丹阳表示:"准入前国民待遇和负面清单的外资管理模式已逐渐成为国际投资规则发展的新趋势,世界上至少有 77 个国家采用了此种模式。我们同意采用这种模式是适应国际发展趋势的需要,与我国正在推进的行政审批制度改革的方向是一致的,有利于为各类所有制企业创造公平竞争的市场环境,激发市场主体活力,促进经济发展。"①

这一提法在中国虽是第一次出现于汉语语境,但其实在中国改革的过程中,我们已经有过相类似的探索。如进出口贸易人民币结算,最开始是授权特定地区、获得资格的企业以"正面清单"开展此项业务,后来就是除了部分重点监管企业,其余在全国全面放开了。上海自贸试验区正式推出"负面清单",一开始是列出了 18 个门类 1 069 个小类,其中对约 190 个小类有管理措施,也即超过 80% 的外商投资项目由核准制改为备案制,放权力度前所未有。

2015 年 10 月,国务院印发《关于实行市场准入负面清单制度的意见》,提出自 2015 年 12 月 1 日起至 2017 年 12 月 31 日,在部分地区试行市场准入负面清单制度,并从 2018 年起正式实行全国统一的市场准入负面清单制度。文件明确了我国实行市场准入负面清单制度的总体要求、主要任务和配套措施。《关于实行市场准入负面清单制度的意见》的颁布,在正式启动这一重大制度建设进程的同时,也为未来我国更高水平的对外开放和更深层面的推进改革拉开了大幕。此项制度建设将有望大幅降低投资、创业的门槛,从供给侧充分激发各类市场主体的潜力活力,其最直接的表现在于,"负面清单"式管理必结合"准入前国民待遇",将市场准入管理模式,从以往的前置审批,转向事中和事后管理。这形成了全新的管理思维和理念,企业"法无禁止即可为",有利于进一步放开搞活,解放生产力。

改革开放作为重要的基本制度供给,支持了中国前面几十年所取得的成就,但进一步深化改革的任务又是异常艰巨的;而外部环境的新变化也凸显了深化改革开放的必要性和紧迫性。我国经济仍然面临严重的供给

---

① 《商务部新闻发言人沈丹阳就中美积极推进投资协定谈判发表谈话》,商务部网站,2013 年 7 月 12 日。

约束和供给抑制,是我们在改革深化中所必须解决的实质性问题,而市场准入制度改革,作为一项制度供给,正是其中的破冰口之一。综合地看,实施市场准入的负面清单管理制度,是我国在以全面开放匹配全面改革而求和平发展崛起、实现现代化中国梦战略目标的长期努力中,积极主动对接高规格国际自由贸易规则形成过程的一个良好铺垫,打下了在党的十八大后历史新起点上"继续大踏步跟上时代"的一块基石,具有重要的支撑性质。

政府"权力清单"与"责任清单"

企业"负面清单"意味着"法无禁止即可为",而政府方面匹配的却是"正面清单",即"法无授权不可为"。市场主体的"负面清单"与公权主体的"权力清单"一道,使有形之手与无形之手握在一起。全面实施市场准入负面清单制度,意味着我国境内企业不分国有与非国有、内资和外资,也不再论规模大小,在市场经济中生产经营主体的境界是:"负面清单"之外可以大胆地试错、开拓、创新发展;而其逻辑上相应联结着的是政府的"有权必有责",是把政府权力"关进法治笼子"的"正面清单"。这种"正面清单"也就是"权力清单",要依法明确政府权力的边界,要和"责任清单"一起,明确政府必须作为的法定职责,并引出问责机制。

2014年2月11日,在国务院召开的第二次廉政工作会议上,李克强明确指出:对市场主体而言,"法无禁止即可为";对政府而言,则是"法无授权不可为"。2014年3月13日,十二届全国人大二次会议闭幕后,李克强在人民大会堂金色大厅与中外记者见面并回答记者提问。针对中央电视台、中国网络电视台记者关于"简政放权"的提问时,李克强在回答中再次强调:"放并不是说政府就不管了,我们讲的是放管结合。要让政府有更多的精力来完善和创新宏观调控,尤其是加强事中事后的监管。对一些搞坑蒙拐骗、假冒伪劣、侵犯知识产权、蓄意污染环境,违背市场公平竞争原则的行为,那就要严加监管、严厉惩处。放管结合都要体现公平原则。当然,我们在推进简政放权当中,也确实遇到了像避重就轻、中间梗阻、最后一公里不通畅等问题。开了弓哪还有回头箭？我们只能是一抓到底、一往无前。我们还要继续去啃'硬骨头'，至于说到什么程度满意，那就是正确地处理好政府和市场的关系，市场经济也是法治经济，我们要努力做到让市场主体'法无禁止即可为'，让政府部门'法无授权不可为'，调动千千万万人的积极性，为中国经济的发展不断地注入新动力。"①"法无禁止即可为"，给出了市场的边界，市场投资主体在法律没有禁止的情况下，都可以介入、都可以投资。"法无授权不可为"则是给出政府权力的边界，在没有法律授权的情况下，政府就不能有所为。

2014年9月10日，李克强在第八届夏季达沃斯论坛上的致辞中提出要拿出"三张清单"："中国全面深化改革未有穷期，政府带头自我革命，'开弓没有回头箭'。我们将继续深化行政管理体制改革，力争用更短的时间完成取消和下放行政审批事项的五年任务，释放市场潜能和发展动力。如果说简政放权是'先手棋'，那么制度建设就是'连环炮'。一方面，要拿出'权力清单'，政府应该干什么，'法无授权不可为'，这样才能防止公权滥用，减少寻租现象，使政府真正履行为人民、为大众服务的职责。另一方面，要给出'负面清单'，企业不能干什么，'法无禁止即可为'，这样才能形成公开透明、预期稳定的制度安排，促进企业活力充分迸发。还有一方面，就是要拿出'责任清单'，政府该怎么管市场，'法定责任必须为'，以建立和维护诚信经营、公平竞争的市场环境，激发企业动力，鼓励创新创造。政府要加强事中事后监管，当好市场秩序的'裁判员'和改革创新的'守护者'。"②

有媒体比喻，"三张清单"相当于先给企业松绑，再捆住政府可能乱作为的手，待明确政府责任后，则研究如何发挥好政府"有形之手"的作用，确立政府与市场的新关系、新秩序。在经济学家常修泽看来，"三张清单"三位一体，具有清晰的改革逻辑。"负面清单"从经济改革切入，瞄准政府与市场关系，打破许可制，扩大了企业创新空间。"权力清单"和"责任清单"从行政体制改革切入，瞄准规范政府权力，做出明细界定，是自上而下的削权。

---

① 《李克强：简政放权是激发市场活力、调动社会创造力的利器》，中国政府网，2014年3月13日。
② 《李克强：中国全面深化改革未有穷期，开弓没有回头箭》，中国网，2014年9月10日。

简政放权减少审批

在明确"三张清单"的同时,中国政府开始了大规模简政放权。2014年是全面落实党的十八届三中全会精神的第一年。当年1月8日,李克强召开国务院办公会,提出要把简政放权作为"当头炮",要求公开国务院各部门全部行政审批事项清单,推动进一步取消和下放,促进规范管理,接受社会监督,切实防止边减边增、明减暗增。除公开的事项,各部门不得擅自新设行政审批事项,逐步做到审批清单之外的事项,均由市场主体依法自行决定。面对简政放权,李克强表达了坚强的决心。2013年3月17日十二届全国人大一次会议闭幕,在总理记者会上,他说:"现在触动利益往往比触及灵魂还难,但再深的水我们也得蹚,因为别无选择,它关乎国家的命运、民族的前途。""不是说政府有错位的问题吗?那就把错装在政府身上的手换成市场的手。这就是削权,是自我革命,会很痛,甚至有割腕的感觉,但这是发展的需要,是人民的愿望。我们要有壮士断腕的决心,言出必行,说到做到,决不明放暗不放、避重就轻,更不能搞变相游戏"。①

有一次在办公会上,李克强讲起他在广东自贸试验区南沙片区考察时,当地负责人向他展示的一张长达4米,全流程耗时800天的投资项目审批流程图。李克强说,"那个流程图,我看得都头疼啊!不光中央政府的前置审批,市一级、县一级也都有很多前置审批,而且没有时间限制"。据媒体报道,"万里审批图"由广州地产商人曹志伟制作,这张图标明了一个投资建设项目由拿地到建成、办理房产证的漫长征程:经过20个委、办、局,53个处室、中心、站,累计审批工作日达2 020个,即便按最短的关键线路走,仍需799个工作日。李克强说,到基层调研时,各方反映问题突出的是目前在投资创业过程中,前置审批太多,时间太长。"想加快速度?也行,走'绿色通道'!但要打通'私人关系',或者干脆要加钱!"讲到这里,李克强明显加重了语气,"我就不明白,多交点钱走'绿色通道',就能保证符合标准了?这是权力寻租啊!"②

---

① 《国务院总理李克强答中外记者问》,人民网,2013年3月17日。
② 《李克强:多交钱走绿色通道是权力寻租》,《新京报》2015年2月7日。

2014年9月,李克强在天津滨海新区全国首个行政审批局调研时看到将过去分散在18个不同单位的216项审批职责归并到1个部门,由1枚公章取代了原来的109枚公章。不由得高兴地说:"这章做得多结实啊!不知束缚了多少人?你们用1枚公章,取代了过去109枚审批公章,这相当于为百姓办事减少了108道手续,为他们大大节省了精力、降低了成本。"①在李克强的见证下,天津滨海新区行政审批局将这109枚公章永久封存。李克强叮嘱道:"这些公章一旦封存绝不能再打开,要让它们彻底成为历史。"②2014年11月15日下午,天津滨海新区行政审批局将这109枚公章送进了中国国家博物馆。时任国家博物馆副馆长黄振春专程到天津接收了这些公章,他说:"这些公章是政府简政放权的生动见证,也是中国当代改革开放史的重要文物。"③

李克强还多次在国务院办公会上讲到审批的弊端。有一次他讲道:"我看到有家媒体报道,一个公民要出国旅游,需要填写'紧急联系人',他写了他母亲的名字,结果有关部门要求他提供材料,证明'你妈是你妈'!"④李克强气愤地说道:"这怎么证明呢?简直是天大的笑话!人家本来是想出去旅游,放松放松,结果呢?这些办事机构到底是出于对老百姓负责的态度,还是在故意给老百姓设置障碍?"⑤李克强还讲到,在海南,一位基层优秀工作者参与评选全国劳模时,仅报送材料就需要盖8个章,结果他跑了几天也没盖全,最后还是省领导特批才得到解决。这位基层优秀工作者盖完章当场就哭了。李克强发问:"老百姓办个事咋就这么难?政府给老百姓办事为啥要设这么多道'障碍'?"⑥而一些政府该做的事情却没有认真履职。在一次常务会上,李克强说,他在福建考察时遇到一位中国台商代表。这位中国台商代表对他讲,在大陆营商最大的困难,不是优惠政策不够,而是知识产权得不到足够保护,"研究出来一个东西,马上就有人模仿、打官司、找政府,没人给解决!"李克强说,"我们现在的确存在这样的问题:政府一些'该管的

---

① 《李克强见证封存审批章叹"不知束缚了多少人"》,《新京报》2014年9月13日。
②③ 《总理见证封存的公章真的走入了历史》,人民网,2015年3月4日。
④ 《李克强:让民众证明"你妈是你妈"是天大的笑话》,中国政府网,2015年5月7日。
⑤ 《李克强痛斥某些办事机构:办个事儿咋就这么难?》,中国政府网,2015年5月6日。
⑥ 《李克强:中国经济奇迹进入提质增效"第二季"》,新华网,2013年9月12日。

事'没有管到位,但对一些'不该管的事',手却'伸得特别长'!"①

厘清政府和市场的界限,可以说是市场经济体制改革的关键,简政放权是"牵一发而动全身"的改革。

李克强在第七届夏季达沃斯年会上,向全世界宣布:"今天,中国经济发展的奇迹已经进入提质增效的'第二季',后面的故事会更精彩。"②李克强上任之初曾提出计划在任期内将1 700多项审批事项减少1/3,但截至2014年12月,就取消和下放了581项行政审批项目,提前完成了削减1/3的行政审批项目的目标。接着各种放开价格管制的措施也紧锣密鼓地展开。

2014年11月22日,交通运输部、国家发改委联合下发《关于放开港口竞争性服务收费有关问题的通知》,宣布自2015年1月1日起,放开港口劳务性和船舶供应服务收费标准。集装箱、外贸散杂货装卸作业,国际客运码头作业等劳务性收费,以及船舶垃圾处理、供水等服务收费,由现行分别实行政府指导价、政府定价统一改为市场调节,由港口经营人、船舶供应服务企业根据市场供求和竞争状况、生产经营成本自主制定收费标准,堆存保管费继续实行市场调节价。

2014年11月25日,中国民用航空局、国家发改委联合下发《关于进一步完善民航国内航空运输价格政策有关问题的通知》,宣布自2014年12月15日起放开民航国内航线货物运输价格,进一步放开相邻省份之间与地面主要交通运输方式形成竞争的部分短途航线旅客运输票价,由现行政府指导价改为实行市场调节价。航空公司可以根据生产经营成本、市场供求和竞争状况等自主确定具体价格水平。旅客运输票价实行市场调节价的国内航线目录,由民航局商国家发改委根据运输市场竞争状况每年调整、公布。

2014年12月1日,国家发改委下发《关于放开部分服务价格的通知》,宣布自2015年1月1日起,下放代办外国领事认证签证服务费、证件密钥服务费、海关统计资料及数据开发服务费、商标注册等认证服务费、涉外经济

---

① 《李克强:民之所望,施政所向,对老百姓负责的事情,就是政府应当履行的职责!》,中国政府网,2015年5月6日。
② 《李克强:以改革创新驱动中国经济长期持续健康发展——在第七届夏季达沃斯论坛上的致辞》,中国政府网,2013年9月11日。

贸易争议调解费、土地价格评估费、房地产价格评估费 7 项专业服务价格,实行市场调节价。

2014 年 12 月 2 日,国家发改委下发《关于下发和放开部分交通运输服务价格的通知》,宣布下放省内短途管道运输价格管理权限,放开铁路旅客、货物运输延伸服务收费和邮政延伸服务收费,由相关经营者根据用户需求以及生产经营成本、市场供求和竞争状况、社会承受能力等情况,自主确定具体收费项目和收费标准。

2014 年 12 月 17 日,国家发改委同国家烟草专卖局下发《关于放开烟叶收购价格的通知》,宣布自 2015 年度起放开烤烟、白肋烟、香料烟等各品种、各等级烟叶收购价格,实行市场调节。中国烟草总公司可根据种烟成本收益、工业企业需求和行业发展需要,自主确定烟叶收购价格。随着烟叶价格的放开,标志着我国农产品领域已经没有政府定价项目,全部放开由市场形成价格。此后,国家只能通过最低收购价、目标价格等方式引导市场价格合理形成,保护农业生产者利益,保障国家粮食安全,促进农业发展。

2014 年 12 月 17 日,国家发改委下发《关于放开部分服务价格意见的通知》,宣布放开会计师事务所提供的审计服务收费、资产评估机构提供的法定资产评估收费、税务师事务所提供的涉税鉴证服务收费、律师服务收费、房地产经纪人接受委托进行居间代理服务收取的佣金、非保障性住房物业服务费、住宅小区停车服务费 7 项收费。

2014 年 12 月 23 日,国家发改委下发《关于放开部分铁路运输产品价格的通知》,宣布对铁路散货快运价格、铁路包裹运输价格,以及社会资本投资控股新建铁路货物运价、社会资本投资控股新建铁路客运专线旅客票价实行市场调节价,铁路运输企业可以根据生产经营成本、市场供求和竞争状况、社会承受能力等,自主确定具体运输价格。

2014 年 12 月 25 日,国家发改委、工信部、公安部联合下发《关于放开民爆器材出厂价格有关问题的通知》,宣布放开民爆器材出厂价格,具体价格由供需双方协商确定。同时,取消了对民爆器材流通费率管理,要求各地价格主管部门要结合当地实际,尽快取消对民爆器材流通费率的管理,流通环节价格由市场竞争形成。

第十四章
理论探索中的创新与"论战"

"问渠那得清如许？为有源头活水来。"建立和完善中国特色社会主义市场经济是一个前无古人的伟大创新事业，伟大的事业需要得到理论创新之光的烛照引领。经济社会"黄金发展期"带来的令人应接不暇的发展机遇以及随之而来的"矛盾凸显期"形成的一系列挑战性现实问题层出不穷，使得从中央领导集体到广大的工作人员、研究人员都需要更多投入对现实的研究。理论密切联系实际的研究工作，也涉及对主流经济学理论框架的反思，形成理论创新的思考和成果。那么，需要构建什么新的理论？如何去破去立？不经意间，新一轮"百家争鸣"的局面出现在人们眼前。

供给侧结构性改革为主线

在党的十八届五中全会通过《中共中央关于制定国民经济和社会发展第十三个五年规划的建议》后，2015 年 11 月 10 日，习近平总书记主持召开了中央财经领导小组第十一次会议，专题研究经济结构性改革和城市工作。习近平发表重要讲话强调，推进经济结构性改革，是贯彻落实党的十八届五中全会精神的一个重要举措。他提出要"在适度扩大总需求的同时，着力加强供给侧结构性改革，着力提高供给体系质量和效率，增强经济持续增长的动力，推动我国社会生产力水平实现整体跃升"[①]。

[①] 《习近平主持召开中央财经领导小组第十一次会议》，新华网，2015 年 11 月 10 日。

这是习近平代表党中央首次提出供给侧结构性改革这个概念,一经提出,很快就引起各方重视,成为热词。以后,这一重要概念被称为我国的战略方针和构建现代化经济体系的主线。

习近平关于供给侧结构性改革的讲话,概括一下是五句话,表现出十分清楚的逻辑联结。

第一句话是继续适度扩大总需求,这句话的意思显然是首先表明,供给侧改革并不是否定需求侧,并不排斥原来在需求侧管理方面的有益经验。

第二句话强调要着力推进供给侧结构性改革——这句话的主题是落在"改革"上,也意味着"供给侧结构性改革"概念并不是一下子全新出世,它与当年邓小平所强调的"生产关系自我革命"的改革是承前启后、继往开来的关系,是其在当年邓小平确立的改革轨道上攻坚克难。它内涵明确地表示了改革的是制度供给问题,要从供给侧掌握好复杂的制度供给结构优化问题,也就是在改革深水区触动和改造利益格局,"冲破利益固化的藩篱"。这就是"供给侧""结构性""改革"三个词语有机地连在一起的完整表达,体现着具有中国特色社会主义政治经济学学理支撑的内在逻辑。

第三句话强调由改革所带动出来的是着力提高整个供给体系质量和效率,这就将制度供给和其他供给侧各种要素的供给及其复杂的组合,作为一个整体的供给体系来把握,进而要提高质量和效率——实际上是对接打造新常态、追求经济高质量升级发展。2010年后我国经济增长速度告别两位数高速增长状态,而增速回调的"新"早已明朗,而"常"尚未实现,如何实现由"新"入"常"?(如果稳定在一个增长质量提高而时间尽可能长久的中高速增长平台上,那就"常"了),需要引领新常态,从而实现经济增长方式的转变和升级版的发展。

最后两句话,是表明实现高质量发展,需提升经济可持续增长的动力,实现新旧动能转换,在这个进一步解放生产力的过程中,实现我国社会生产力的整体跃升。这和中央之前看到矛盾凸显以后要追求可持续发展的科学发展观的思路,是一脉相承的。在问题导向下,注重"黄金发展期"特征并没有完全消退的同时,却出现了越来越有威胁性的矛盾凸显特征,可持续性在经受考验(如果不能经受这个历史考验,中国就有可能会陷入"中等收入陷阱")。面对矛盾累积、隐患叠加问题，这里的一大新意，是把实现可持续"科学发展"必须完成动力体系转型升级之意直接表述出来了。而这个表述的内在逻辑最后落在要实现我国社会生产力整体跃升，就是要继续追求超常规发展。中国现代化的发展不是一般的循着常规轨道的增长，是带有超常规特征的"阶跃式"，即一段段整体跃升式的发展。经过此前多年的改革开放，总体来说，我国已实现了邓小平勾画的"三步走战略"的前两步，而且是提前实现的。在"大踏步跟上时代"的增长过程中，中国必须追求的，也已表现出的，是从追赶到赶超的态势。中国从改革开放初期人均 GDP 很低的水平进入到中等收入阶段，在经济总量上已经成为世界第二，并希望这种超常规发展的态势能够继续，因为中国是在工业革命之后明显落伍了，没有这种超常规的发展，还只能是跟在别人后面。这也就使中国在传统的需求管理还有一定优化提升空间的同时，迫切需要改善供给侧环境、优化供给侧机制，通过改革形成有效制度供给，大力激发微观经济主体活力，提升整个供给体系绩效，增强我国经济实现长期稳定高质量发展的新动力，在客观的"波浪式"发展中，争取每隔一段时间上一个新台阶。

2015 年 12 月，习近平在中央经济工作会议上进一步强调要推进供给侧结构性改革，指出这是适应国际金融危机发生后综合国力竞争新形势的主动选择，是适应经济新常态的必然要求。

2016 年 1 月 18 日，习近平在省部级主要领导干部学习贯彻党的十八届五中全会精神专题研讨班上，对供给侧结构性改革这一重大的理论创新进行了较为全面而系统的阐述。

习近平首先强调了我国的供给侧结构性改革同西方经济学的供给学派不是一回事，不能把供给侧结构性改革看成是西方供给学派的翻版，更要防止有些人用他们的解释来宣扬"新自由主义"，借机制造负面舆论。习近平指出，西方供给学派兴起于 20 世纪 70 年代。当时凯恩斯主义的需求管理政策失效，西方国家陷入经济"滞胀"局面。供给学派强调供给会自动创造需求，应该从供给着手推动经济发展；增加生产和供给首先要减税，以提高人们储蓄、投资的能力和积极性。这就是供给学派代表人物拉弗提出的"拉弗曲线"，亦即"减税曲线"。此外，供给学派还认为，减税需要有两个条件加以配合：一是削减政府开支，以平衡预算；二是限制货币发行量，稳定物价。供给学派强调的重点是减税，过分突出税率的作用，并且思想方法比较绝对，只注重供给而忽视需求、只注重市场功能而忽视政府作用。

习近平强调，我国提出的供给侧改革，完整地说是供给侧结构性改革。"结构性"3个字十分重要，简称"供给侧改革"也可以，但不能忘了"结构性"3个字。供给侧结构性改革，重点是解放和发展社会生产力，用改革的办法推进结构调整，减少无效和低端供给，扩大有效和中高端供给，增强供给结构对需求变化的适应性和灵活性，提高全要素生产率。这不只是一个税收和税率问题，而是要通过一系列政策举措，特别是推动科技创新、发展实体经济、保障和改善人民生活的政策措施，来解决我国经济供给侧存在的问题。

习近平又强调，我国提出的供给侧结构性改革，既强调供给又关注需求，既突出发展社会生产力又注重完善生产关系，既发挥市场在资源配置中的决定性作用又更好发挥政府作用，既着眼当前又立足长远。从政治经济学的角度看，供给侧结构性改革的根本，是使我国供给能力更好满足广大人民日益增长、不断升级和个性化的物质文化和生态环境需要，从而实现社会主义生产目的。供给和需求是市场经济内在关系的两个基本方面，是既对立又统一的辩证关系，二者你离不开我、我离不开你，相互依存、互为条件。没有需求，供给就无从实现，新的需求可以催生新的供给；没有供给，需求就无法满足，新的供给可以创造新的需求。

习近平指出，供给侧和需求侧是管理和调控宏观经济的两个基本手段。需求侧管理，重在解决总量性问题，注重短期调控，主要是通过调节税收、财政支出、货币信贷等来刺激或抑制需求，进而推动经济增长。供给侧管理，重在解决结构性问题，注重激发经济增长动力，主要通过优化要素配置和调整生产结构来提高供给体系质量和效率，进而推动经济增长。纵观世界经济发展史，经济政策是以供给侧为重点还是以需求侧为重点，要依据一国宏观经济形势作出抉择。放弃需求侧谈供给侧或放弃供给侧谈需求侧都是片面的，二者不是非此即彼、一去一存的替代关系，而是要相互配合、协调推进。

习近平还指出,当前和今后一个时期,我国经济发展面临的问题,供给和需求两侧都有,但矛盾的主要方面在供给侧。比如,我国一些行业和产业产能严重过剩,同时大量关键装备、核心技术、高端产品还依赖进口,国内庞大的市场没有掌握在我们自己手中。又如,我国农业发展形势很好,但一些供给没有很好适应需求变化,牛奶就难以满足消费者对质量、信誉保障的要求,大豆生产缺口很大,而玉米增产则超过了需求增长,农产品库存也过大了。再如,我国一些有大量购买力支撑的消费需求在国内得不到有效供给,消费者将大把钞票花费在出境购物、"海淘"购物上,购买的商品已从珠宝首饰、名包名表、名牌服饰、化妆品等奢侈品向电饭煲、马桶盖、奶粉、奶瓶等普通日用品延伸。据测算,2014年我国居民出境旅行支出超过1万亿元人民币。事实证明,我国不是需求不足,或没有需求,而是需求变了,供给的产品却没有变,质量、服务跟不上。有效供给能力不足带来大量"需求外溢",消费能力严重外流。解决这些结构性问题,必须推进供给侧改革。

习近平在讲话中,还回答了应该怎么干的问题。他指出,从国际上看,当前世界经济结构正在发生深刻调整。国际金融危机打破了欧美发达经济体借贷消费,东亚地区提供高储蓄、廉价劳动力和产品,俄罗斯、中东、拉美等提供能源资源的全球经济大循环,国际市场有效需求急剧萎缩,经济增长远低于潜在产出水平。主要国家人口老龄化水平不断提高,劳动人口增长率持续下降,社会成本和生产成本上升较快,传统产业和增长动力不断衰减,新兴产业体量和增长动能尚未积聚。在这个大背景下,我们需要从供给侧发力,找准在世界供给市场上的定位。从国内看,经济发展面临"四降一升",即经济增速下降、工业品价格下降、实体企业盈利下降、财政收入下降、经济风险发生概率上升。这些问题的主要矛盾不是周期性的,而是结构性的,供给结构错配问题严重。需求管理边际效益不断递减,单纯依靠刺激内需难以解决产能过剩等结构性矛盾。因此,必须把改善供给结构作为主攻方向,实现由低水平供需平衡向高水平供需平衡跃升。

习近平强调,推进供给侧结构性改革,要从生产端入手,重点是促进产能过剩有效化解,促进产业优化重组,降低企业成本,发展战略性新兴产业和现代服务业,增加公共产品和服务供给,提高供给结构对需求变化的适应性和灵活性。简言之,就是去产能、去库存、去杠杆、降成本、补短板。他指出,近年来,我国一些企业在推进供给侧结构性改革方面进行了成功探索。比如,前些年我国市场上各类手机争奇斗艳,既有摩托罗拉、诺基亚等国外品牌,也有国内厂商生产的手机,竞争十分激烈,一些企业破产倒闭。在这种情况下,我国一些企业从生产端入手,坚持自主创新,瞄准高端市场,推出高端智能手机,满足了人们对更多样的功能、更快捷的速度、更清晰的图像、更时尚的外观的要求,在国内外市场的占有率不断上升。世界手机市场竞争也十分激烈,名噪一时的摩托罗拉、诺基亚、爱立信手机如今已风光不再,甚至成了过眼烟云。他说,元旦过后,他到重庆参观了一家公司,他们生产的薄膜晶体管液晶显示器就是供给侧改革的成功案例。这几年,重庆笔记本电脑等智能终端产品和自主品牌汽车产业成长也很快,形成了全球最大电子信息产业集群和国内最大汽车产业集群,全球每 3 台笔记本电脑就有 1 台来自重庆制造。这说明,只要瞄准市场推进供给侧改革,产业优化升级的路子是完全可以闯出来的。

习近平提出,从国际经验看,一个国家发展从根本上要靠供给侧推动。一次次科技和产业革命,带来一次次生产力提升,创造着难以想象的供给能力。当今时代,社会化大生产的突出特点,就是供给侧一旦实现了成功的颠覆性创新,市场就会以波澜壮阔的交易生成进行回应。2015 年世界经济论坛新兴技术跨界理事会上,18 位科学家选出 2015 年十大新兴技术榜单,包括燃料电池汽车、新一代机器人、可循环利用的热固性塑料、精准基因工程技术、积材制造、自然人工智能、分布式制造、能够感知和避让的无人机、神经形态技术、数字基因组。习近平介绍他在访问英国时,在曼彻斯特大学国家石墨烯研究院,诺贝尔物理学奖获得者康斯坦丁·诺沃肖洛夫教授和安德烈·海姆教授给他介绍了石墨烯研发情况和开发利用前景。石墨烯是一种新材料,发展前景十分广阔,所以英国政府和欧洲研究与发展基金会都给予了大力支持。这些科技创新带来了科技的飞跃,也将为经济发展提供强劲动力。习近平提出,推进供给侧改革,必须牢固树立创新发展理念,推动新技术、新产业、新业态蓬勃发展,为经济持续健康发展提供源源不断的内生动力。①

2015年以后,连续几年的中央经济工作会议都会就深化供给侧结构性改革进行研究,并提出阶段性任务。2015年12月18日召开的中央经济工作会议提出了"去产能、去库存、去杠杆、降成本、补短板"的"三去一降一补"五大任务,以提高供给体系质量和效率,提高投资有效性,加快培育新的发展动能,改造提升传统比较优势,增强持续增长动力,推动我国社会生产力水平整体改善。"十三五"规划的全面启动后,供给侧结构性改革成为推进现代化发展的主线。2016年12月14日召开的中央经济工作会议提出2017年要继续以"三去一降一补"五大任务为抓手,深化供给侧结构性改革,最终目的是满足需求,主攻方向是提高供给质量,根本途径是深化改革。2017年12月18日召开的中央经济工作会议提出2018年要继续深化供给侧结构性改革,要推进中国制造向中国创造转变、中国速度向中国质量转变、制造大国向制造强国转变,提出深化要素市场化配置改革,重点在"破""立""降"上下功夫。会议要求大力破除无效供给,把处置"僵尸企业"作为重要抓手,推动化解过剩产能;大力培育新动能,强化科技创新,推动传统产业优化升级,培育一批具有创新能力的排头兵企业,积极推进军民融合深度发展;大力降低实体经济成本,降低制度性交易成本,继续清理涉企收费,加大对乱收费的查处和整治力度,深化电力、石油天然气、铁路等行业改革,降低用能、物流成本。

供给侧改革的全面深入推进,为实体经济发展注入了新的活力,经济结构不断优化,高科技新兴产业更是得到高速发展。

应运而生的新供给经济学

在党的十八届三中全会闭幕不久,2013年12月8日,华夏新供给经济学研究院、中国新供给经济学50人论坛成立大会暨十八届三中全会精神研讨会在京召开。华夏新供给经济学研究院由贾康、白重恩、王庆、姚余栋、黄

---

① 《推进供给侧结构性改革》,《习近平谈治国理政(第二卷)》,外文出版社,2017年版,第252-256页。

剑辉等12位学者于当年4月发起，首次提出新供给经济学理论框架思路，致力于在打造经济学中国学派的理论联系实际的创新努力中，以智库定位为现代化事业作出贡献，当年较快得到政府管理部门批准正式成立。

新供给经济学的提出，正值中国经济进入了一个新的发展阶段，很多潜在的问题和风险必须予以高度重视，不仅总需求方面的变动明显，而且供给侧如何解决结构失衡的矛盾问题更受到越来越大的挑战与压力。中国经济经过几十年的改革开放后，需要有理论密切联系实际的创新、提升和突破。特别是2008年世界金融危机爆发以后，相关问题日益凸显，有多位学者提出要重视供给侧的应对方略，努力增强企业创新活力，激发民营经济活力，这必须依靠推进结构优化调整来实现。新供给经济学的出现，可以说是对时代的呼唤与诉求的回应。

七位作者署名的新供给经济学研究群体的开山之作《中国需要理论创新的新供给经济学》一文，勾画了以理论创新服务现实生活的意旨。过去三十多年，中国经济实现了年均近10%的高速增长，在世界各国的排名由第十位上升到第二位，占全球经济总量的比重由极低比重上升至10.5%，2011年人均GDP达到5 430美元，列世界第84位，约为世界均值的一半。此种巨大规模经济体的长期高速增长，在人类经济史上罕见，堪称中国奇迹。这一成就的取得，主要是在以经济建设为中心的基本路线指导下，中国在总供给管理方面（制度供给与结构调整）开创性地实现了从计划经济向市场经济转轨，极大地释放了供给潜力，同时也较有效地对总需求进行了管理。但是我国未来10年至30年的发展将面临来自内部和外部两方面的减速压力，经济可持续快速发展的难度显著加大。从内部因素看，高速增长是后发经济体在特定追赶时期的一种增长形态，随着与前沿国家技术差距和其他相关要素、机制差别的缩小，中国经济增长速度将规律性地向成熟经济体的水平收敛。这种意义上的收敛虽然将横跨较长时期，但增长速度由峰值水平转折性地回落，很可能已经开始①。从外部因素看，自2008年世界金融危机爆发以来，尽管美国、欧洲、日本等经济体采取了以宽松货币政策为核心的宏观

---

① 刘世锦等：《陷阱还是高墙：中国经济面临的真实挑战与战略选择》，中信出版社，2011年版，第250页。

经济政策,在局部及个别时段有一些积极信号,但总体形势依然复杂严峻,一方面表明欧美近几十年的主流经济学派从需求端入手调控经济的思路已步入穷途末路,另一方面也表明我国以欧美日需求驱动出口,进而带动经济顺利发展的模式在可预见的未来将不可能再现。

增长速度回落时期既有严峻挑战和风险,也蕴藏着重大的机遇。一方面,倘若不能正确认识潜在增长率的应有水平而一味通过政策刺激追求经济高速增长,则很可能重蹈日本泡沫经济的覆辙,特别是这一过程还可能与矛盾凸显期的"中等收入陷阱"风险叠加。另一方面,更要看到这个时期,尤其是未来十年,中国所面临的重大历史机遇仍与供给方面的特殊国情、特定转轨、特色化结构变迁有关,即以生产关系的自我调整继续解放生产力,在结构优化、经济发展方式转变中充分激发全体社会成员参与发展进程的活力,在中等收入阶段培育起以创新为主的持续增长动力,继续促进全要素生产率稳步而持续地提升。以改革为核心带动中国经济总供给的质量上升,同时促进总供需平衡,建设一个较完善的社会主义市场经济体制,这将为中国经济持续、长期的繁荣和发展及现代化战略目标的实现奠定基础。

没有"对症下药"的经济理论作指导,就不能保证正确的改革路径。新供给经济学研究群体提出,改革是人心所向,但怎样改革,在很大程度上需要有较充分的理论准备。中国应该按照邓小平同志"发展是硬道理"的核心思想,以改革统领全局,构建促进总供需平衡和结构优化、增长方式转变的新供给经济学,作为烛照中国未来可持续发展的经济理论创新。

在当前全球应对经济危机的对策乏善可陈(欧美日主要依靠宽松货币政策促进经济发展但成效不明显)的情况下,新供给经济学着重从供给方发展实体经济、促进就业的核心理念,不仅对中国有重要意义,对促进亚非拉发展和欧美走出危机也有一定程度的积极意义。欧美等国可以考虑适应全球经济一体化以后形成的新的国际经济格局,通过加快经济体制改革构建有效提升国际竞争力的新型经济体制机制,进而发展实体经济来扩大就业、增加需求,而不能再寄希望于回避实施有难度的必要改革而仅依赖于无限期的量化宽松货币政策。

改革开放以来的"中国奇迹"是依靠全面开放、利用人口红利参与全球分工和竞争，但更主要的是靠改革调动了相关经济资源的积极潜力。市场经济在逐步替代计划经济、降低交易成本、提高经济效率的同时，其制度优化进程还存在不对称的地方。当前，中国一般产品市场已基本完全放开，但要素市场和大宗基础能源、资源市场仍然存在一定扭曲现象，人为压低要素价格，从而粗放地促进经济增长。但也正是如此，对生产者和投资者的补贴，使得经济严重依赖投资和出口，经济结构失衡的矛盾越来越突出。因此，中国必须在实质性推进"顶层规划"下的全面配套改革中对经济结构进行调整，从而合理地运用市场和政府力量的结合，顺利实现向较高水平的常规经济增长路径和可持续增长路径的转变。

根据未来一个时期中国面临的内外部形势，宏观调控政策一方面要在总需求管理上稳健审慎且能预调微调，避免在稳增长努力下通胀轻易抬头；但更重要的是，应考虑从根本上通过一系列的改革化解制约中国长期发展和重要素生产率进一步提升的深层制度因素。虽然在中长期内，中国面临外部经济环境恶化和老龄化等问题，势必告别高增长奇迹，但这也并不意味着中国经济没有继续保持10～20年较快增长的可能。中国还有很多深层次改革仍在努力推动，如新一轮价税财改革、资源型产品价格形成机制改革、中小企业融资渠道改革、减少行政审批、打破垄断的改革以及户籍制度改革等，这些改革都能够帮助企业对冲成本上升的压力，增加总供给，从而提高经济活力，既有利于控制住物价，又有利于保住增长的可持续性。"制度红利"是中国未来10年、20年最需要着力争取的因素，也是超越西方的凯恩斯主义、供给学派两端的偏颇，正确发挥出"供给管理"优化结构、促进转轨的合理政府作用而成功使我国实现现代化的前提条件。

因此，未来中国的经济发展迫切需要凝聚改革的共识，也强烈呼唤能促进改革的新供给经济学，并在这个理论框架下探讨"顶层设计"和"系统改革"。改革开放以来我国经济社会发展取得了举世瞩目的成就，同时也遗留诸多问题，种种问题很难通过制定一两条政策来解决，必须进行全面、系统的改革"顶层设计"。改革的全面、协调推进将是今后决定中国现代化命运的重心与关键。为提升全面改革的可操作性，从土地制度、人口流动、公共资源配置、改善民生等重大现实问题入手，需要理论的烛照与指导，呼唤着把政治经济学、制度经济学、转轨经济学等熔于一炉的中国特色的新供给经济学。

总之,中国宏观调控中无论作何种具体的政策组合的选择,客观上都需要以改革为基本依托,中国的改革攻坚和配套推进,需要以改革为核心的新供给经济学的理性认知思路引领。从中长期可预见的通胀因素与增长速度下降的因素合在一起,已使中国经济运行面临某种"滞胀式"的可能威胁,调控当局的操作空间正明显收窄。劳动力成本的变化和潜在增长率的下降等,使经济很难维持以往的高速增长。特别是与大宗商品成本的周期性冲击不同,劳动力成本冲击属于持久性冲击。只有以实质性的结构优化和增长质量的提升,形成全要素生产率的支撑作用,在以可持续的上行因素对冲各种下行因素之后,保持增长率居于上方而通胀水平居于下方的基本格局相对稳固,才能化解这种潜在"滞胀式"威胁。而这些又需要实质性地推动配套改革。

再上"莫干山"

1984年9月3日至10日,在国务院技术经济研究中心(国务院发展研究中心的前身)朱嘉明和黄江南、浙江经济研究中心刘佑成、《经济学周报》负责人张钢的发起下,第一次全国范围内的中青年经济科学工作者讨论会在浙江省德清县莫干山上召开。参加会议的正式代表有124人,他们是由会议筹备组根据来自全国29个地方的1 300余篇应征论文挑选出来的。在选拔过程中,不讲关系、不讲学历、不讲职称、不讲职业、不讲"名气",凭论文水平确认代表资格。这,也构成了莫干山会议的辉煌①。

2012年9月,中国经济学人在"2012中青年改革开放论坛"的召唤下再聚莫干山,修竹如海的寂静莫干山再次沸腾。如28年前释放的激情再次被点燃,在莫干山芦花荡饭店86号楼三层多功能厅里,200多位经济学人中的先进分子汇聚一堂围绕经济体制改革进行激辩。2012年9月,中国经济学

---

① 柳红:《八〇年代:中国经济学人的光荣与梦想》,广西师范大学出版社,2010年版,第200页。

人再次齐聚莫干山。从1984年第一次莫干山会议至此时，头发已然花白的著名经济学者常修泽几步就跨到麦克风前，自称是清华大学出来的"老三届"。面对青年经济学者的提问，原任国家开发银行副行长的刘克崮来不及拿话筒就高高举起手臂，喊着"我来回答你的问题"，时任财政部财科所所长的贾康面对来"打擂"的青年学者，也几次抓起话筒抢着回应，或为某一个问题而激辩。会议提出了"推车论""一条腿论""起点公平论""价税财利联动论""政改关键论"等主张，为中国深化改革提供思想理论参考。

"推车论"由王小鲁教授在论坛开幕大会发言时提出，即我们的改革开放事业现在仍然处在艰难上山的坡路，而且越来越陡，需要大家共同推车，需要凝聚各方面的智慧和力量，不能光靠顶层设计，需要上下结合、各方面同心协力。虽然改革开放已经取得世人瞩目的伟大成就，但是面临的国内外环境也日益复杂困难。如果改革这辆车大家不共同往前推，任凭利益分化和价值冲突，那么不进则退，就可能滑向权贵资本主义，或者退回极"左"的计划经济。高尚全会长的开幕致辞和第一天大会演讲提出的"三个坚持"，也正是这个意思，与会代表高度认可。他提出要坚持改革开放、市场经济取向不动摇，要坚持国有经济的主导地位，但不一定要占主体地位。我们执政党的基础不是主要依靠国有经济，而是民生、民意和民心。

"一条腿论"由时任中国体改研究会秘书长石小敏在大会讨论时提出，他用形体语言比喻表达了中国加入全球化目前还仅仅是经济一条腿，社会管理、政治体制和价值观都还没有现代化，非经济领域的改革严重滞后。中国在加入WTO以后，经济这条腿便跨过了全球化的门槛，搭上了高速发展的快车。但是另一条腿（社会发展）没有跟上，而且特别是脑袋（政治体制）还关在门内。代表们认为，我们应该真心实意地参与全球化和全方位推进对外开放。中国作为崛起的大国，当今已经不再可能韬光养晦，需要认真谋划积极参与全球化的战略包括全球治理以及经济、外交、政治和军事各个方面。这是对外开放组讨论的最主要共识。国务院原副总理曾培炎牵头组建中国国际经济交流中心，目的之一就是试图通过智库来支持中国更好地加入全球化。国家发改委国际合作中心在当年博鳌亚洲论坛召开前夕发布了中国区域对外开放指数，新闻发布会的致辞引用和拓展了秦晓讲过的一个观点，即在中国现阶段坚持开放可能比改革更为重要。因为开放是改革的保障，坚持开放和加入全球化才能够使我们的市场化改革取向不可逆转，促进中国经济社会可持续发展和在世界民族之林的负责任崛起。

"起点公平论"主要是对收入分配组和城市化组的讨论所做的概括。举国上下都在关注收入分配改革的方案，中国国际经济交流中心的部分研究人员做了一个收入分配改革的课题，主报告提交这次会议交流，罗勇教授是主要执笔人之一，核心观点是收入分配改革设计要从关注结果公平更多转向关注起点公平、机会均等。这次会议上，华生教授主持的关于城市化与土地制度的深入讨论，以及收入分配组关于"平权"等的讨论，核心都是在建言加快消除城乡二元经济，构造起点公平的机制，诸如公共服务的均等化、统一城乡社会保障、实现农村土地流转、创造向上流动的社会通道等。此外，不少代表还提出，对于高收入阶层，我们不应该一概而论归入特殊利益集团。一方面我们要坚决反对依靠垄断和寻租的腐败行为；另一方面，我们也应该保护、尊重和鼓励那些依靠个人能力、勤奋、创新所取得的合法财产和收入，这两个方面恰好是市场经济秩序的基础。

"价税财利联动论"是指筹备实施价格、税收、财政和利率的配套改革，这是理论与宏观组讨论的主要成果。参会的贾康教授说当年莫干山会议后就触及过价税财联动的思路，但相关方案在后来的真正实行过程中一波三折。这次会议可以再讨论新形势、新阶段、新一轮的价税财联动。有学者建议还可以加上利率市场化联动。

"政改关键论"提到，与1984年莫干山会议召开的时代背景不同的是，当时面临的许多问题，并不是单纯的经济问题，很多经济问题事实上是政治问题和社会问题。各组讨论都谈到，进一步深化改革开放的关键是要推进政治体制改革。有代表表达希望，党的十八大以后我国的政治体制改革应该制定一个明确的路线图。与经济体制改革的市场化取向相类似，我们的政治体制改革是否也应该提出明确的取向？

2012年后，每年一次的新莫干山会议又成为中国经济学界的盛会。

2017年9月17日，莫干山研究院成立。

在 2016 年 9 月 24 日的莫干山会议上,作为出席新莫干山会议为数不多的当年莫干山会议代表,贾康特别谈到了"莫干山精神",他概括为以下五个方面:

第一,"天下兴亡,匹夫有责"的使命感和责任感。现在讲社会责任感、历史使命感似乎有"唱高调"之嫌,但是在 20 世纪 80 年代参加莫干山会议的人看来,无不认为这是天经地义的。当时人们看到了农村改革欢欣鼓舞的进展,也在刚刚开启大幕的城市改革中看到一系列难题,欣逢大时代,意气论兴亡。这样一种"天下兴亡,匹夫有责"的使命感和责任感,在新的历史条件下,仍然有它的重大价值。

第二,朝气蓬勃的创新精神。他参加莫干山会议的时候已经 30 岁了,那个时候,30 来岁的人在会议上一般只有坐在后排听会的份,但是莫干山会议将各种各样的创新因素凑在一起,使得新生代的众人可以在这样的场合一起纵论天下兴亡。这样一种创新精神的融汇,当下仍可让公众直接对应中央所说的创新驱动以及作为"第一动力"的创新发展。

第三,理论密切联系实际的建设性。抨击、批判、发牢骚非常容易,但大家看重的应是在理论指导之下如何创新,才能尽力落到务实的层面。在深化认识过程中,通过对问题导向的研讨,对接到思路和操作。当年的莫干山会议在这方面形成了颇有分量的成果,而且显然其建设性仍是最应重视的。

第四,百花齐放、平等争鸣的学术自由和独立人格。当年莫干山会议的参加者,是通过全国范围征文产生的。征文中,有一位作者来自西藏交通局,他的论文是讨论推进交通体系的改革,虽然未必成熟,但是作为一个二十岁出头的年轻人,已能够在自己独立思考的基础上,提出改革的探讨性思路和要领是难能可贵的,最后大会也邀请他参加了会议,而且特别拨出款项解决他的路费问题。可见,"莫干山精神"就是所有参加者不论资格高低,都可以平等地参加争鸣讨论。

第五,"功成不必在我"的团队意识和奉献精神。当时所有参加者除了白天的会议,晚上还会通宵达旦地"挂牌"专题讨论,大家并不计较每个人在这方面会留下什么知名度,只是满腔热情地、不计个人得失地通过团队的研讨,要为这个时代和这个社会做一点贡献。这种奉献精神、团队精神,应该继续得到发扬。①

守正出奇的 PPP 创新探索

首先在西方世界形成明确概念的公私合作伙伴关系(Public-Private-Partnership, PPP),是政府与非政府市场主体,在法规框架下自愿形成契约的项目建设合作机制的创新。它可以使政府、企业、专业机构以各自的相对优势合成"1+1+1＞3"的绩效提升机制,它既是融资规模的创新,更是管理治理规模依据"有效市场+有为、有限政府"逻辑实施的创新。中国改革开放后,20世纪80年代便有外资进入而兴办的PPP项目案例(如广西来宾电厂),90年代又涌现了以福建泉州刺桐大桥项目为代表的本土民营企业与地方政府合作的PPP案例。2014年后,在国务院领导高度重视和有关政府综合部门积极推动下,出现了PPP的发展高潮,在中国官方文件中将其表述为"政府与社会资本合作"模式。PPP总体而言属于在中国创新发展中方兴未艾的新生事物,方向正确,意义重大,有广阔的应用空间和创新发展的前景,然而初期的不成熟特点也毋庸讳言,防控相关风险的问题值得高度重视。

所谓PPP,是指政府与非政府主体合作。在中国,这包括各类市场主体,既有国企,也有民企,在合作过程中,让市场主体所掌握的资源参与提供公共产品和服务,从而实现政府公共部门职能,同时也为市场主体带来利益。市场主体做事的内在动力是获取利益或利润,而利润的获得一般有两个主要途径,并且这两个途径可以相互结合:一个是政府直接付款给企业(被称为政府付费和"可持续性缺口补贴");另一个是企业通过向用户收费(被称为"使用者付费")。第一个很容易理解,为政府做事,必然由政府付费;而第二个途径更属于一般市场行为中经过用户认可的交易规范,就是说所做事情对用户而言是有益的,用户能够从中获得好处,于是用户便愿意付费,PPP的起源正是从西方国家民营部门修路和私人企业参与供水等类型的建设项目开始的。

---

① 贾康:《为什么要坚守"莫干山精神"》,《彼岸情怀此岸言(上册)》,商务印书馆,2018年版,第208-209页。

广义 PPP 是指政府与非政府主体为提供公共产品或服务而建立的合作关系，以政府方面以签约（签署协议）方式给予企业特许经营权为特征。按广义概念，从管理角度看，PPP 是指政府公共部门与市场主体合作过程中，让后者所掌握的资源参与提供公共产品和服务，从而实现政府公共部门职能，同时也为后者带来利益。其管理模式包含与此相符的诸多形式，如 BOT 所指的"建设—运营—移交"，TOT 所指的"移交—运营—移交"和 ROT 所指的"重整—运营—移交"等。通过这种合作和管理过程，可以在与市场资源配置机制兼容和对接的情况下，在不排除并适当满足市场主体投资盈利目标的同时，通过合作伙伴的优势互补，为社会更有效率地提供公共产品和服务，使有限的资源发挥更大作用。

PPP 具有三大特征。第一个特征是伙伴关系，这是 PPP 最为首要的特征。PPP 中市场主体与政府部门的伙伴关系与其他关系相比，独特之处就是项目目标一致。公共部门之所以和民营部门合作并形成伙伴关系，核心问题是存在一个共同的目标：在某个具体项目上，以最少的资源，实现最多最好的产品或服务的供给。民营部门是以此目标实现自身利益的追求，而公共部门则是以此目标实现公共福利和利益的追求。形成伙伴关系，首先要落实到项目目标一致之上。但这还不够，为了能够保持这种伙伴关系的长久与发展，还需要伙伴之间相互为对方考虑问题，具备另外两个显著特征：利益共享和风险分担。所以，第二个特征是利益共享。需明确的是，PPP 中政府部门与企业部门并不是简单分享利润，还需要控制企业可能的高额利润，即不允许企业在项目执行过程中形成超额利润。其主要原因是，任何 PPP 项目都是带有一定程度公益性的项目，不以利润最大化为目的。如果双方想从中分享更多利润，其实是很容易的一件事，只要允许提高价格，就可以使利润大幅度提高。不过，这样做必然会带来社会公众的不满，甚至还可能会引起社会混乱。既然形式上不能与民营部门分享利润，那么，如何与民营部门实际地共享利益呢？在此，共享利益除了共享 PPP 的社会成果，还包括使作为参与者的私人部门、企业或机构取得相对平和但长期稳定的投资回报。利益共享显然是伙伴关系的基础之一，如果没有利益共享，也不会有可持续的 PPP 类型的伙伴关系。第三个特征是风险分担。伙伴关系作为与市场经济规则兼容的 PPP 机制,利益与风险也有对应性,风险分担是利益共享之外伙伴关系的另一个基础。如果没有风险分担,也不可能形成健康而可持续的伙伴关系。无论是市场经济还是计划经济、无论是私人部门还是公共部门、无论是个人还是企业,没有谁会喜欢风险。即使最具冒险精神的冒险家,其实也不会喜欢风险,而是会为了利益千方百计地避免风险。在 PPP 中,公共部门与民营部门合理分担风险的这一特征,是其区别于公共部门与民营部门其他交易形式的显著标志。例如,政府采购过程,之所以还不能称为公私合作伙伴关系,是因为双方在此过程中是让自己尽可能小地承担风险。而在公私伙伴关系(PPP)中,公共部门却是尽可能大地承担自己有优势方面的伴生风险,而让对方承担的风险尽可能小。与此同时,民营部门会按其相对优势承担较多的,甚至全部的具体管理职责,而这个领域,却正是政府管理层"官僚主义低效风险"的易发领域。由此,风险得以规避。如果每种风险都能由最善于应对该风险的合作方承担,毫无疑问,整个基础设施建设项目的成本就能最小化。PPP 管理模式中,更多是考虑双方风险的最优应对、最佳分担,而将整体风险最小化。事实证明,追求整个项目风险最小化的管理模式,要比政府和社会资本公私双方各自追求风险最小化更能化解准公共产品供给领域的风险。所以,PPP 所带来的政府与企业"1 + 1 > 2"(考虑到中介机构,还可表述为"1 + 1 + 1 > 3")的机制效应,需要突破简单化的"融资模式"理解,上升到从管理模式创新的层面理解和总结。除了在基础设施建设、保障房建设等许多方面的基本应用,PPP 模式还有利于中国化解地方债务压力以及推动中国城乡建设和区片综合开发等方面的超常规发展。

PPP 有助于化解地方政府债务压力。基础设施形态一般表现为三种形式:一是已经建成的基础设施;二是需要改造和扩建的基础设施;三是新建基础设施。一般来讲,已有债务存量发生在已有基础设施项目上,而新债务是发生在将要建设或需要改造和扩建的基础设施项目。

在 PPP 模式推动城镇化投融资发展的进程中,公私合作模式需要制度与政策的配合。第一,完善法制体系提高法治化水平。中国目前采用的是部委发"通知",制定"政策"的方式来规范,其法律效力较低,而 PPP 的特殊性决定了要对项目公司、招投标和税收优惠等问题作出特别的法律规定,这就意味着PPP立法与一般的部门法规必然存在一些冲突或需要衔接之处。国务院各主管部门在各自管理范围内做出的规定,只能适用于一部分行业,且都是从自身管理角度出发,很多时候不能相互衔接,缺乏全局性和系统性。人们需要通过立法方式来保证在PPP项目中的各方利益不受损害,特别是公众利益,同时要明确PPP应用的领域与方式。第二,加强机构建设。在财政部下设立专门的管理部门负责公私合作项目的相关工作,并培育发展PPP项目采购、合同管理指导、法律服务、融资支持等方面的经济咨询机构,利用行业部委下属的以及社会上竞争产生的具有专业知识的技术性咨询机构,满足PPP模式在各行业的应用需求。第三,明确政策指导。支持运营周期长的PPP项目政策,需同时充分发挥市场机制作用与政府作用,降低政府在PPP项目中的成本和风险,针对项目本身经济性的强弱,采用不同的激励政策。第四,提高项目开发和储备能力。所设立的相应管理部门,需负责PPP项目库的开发与储备,依据"物有所值"的理念和定量计算等方法来确定具体项目是否适合采用PPP模式。第五,促进能力建设。PPP项目涉及金融、法律、会计等多个领域的专业技术,需要一大批既有理论又有实践经验的复合型人才。要加强相关人员的培训,并加大相关专业人才和管理技术的引进力度。第六,完善并加强合同管理。在中国现有的合同管理政策中,包括《城市供水特许经营协议示范文本》《城市污水处理特许经营示范文本》等,虽然对相应的定价、风险、标准等做出了规定,仍然在诸如价格调整、风险控制等方面出现不少问题,有待尽早完善并规范化管理。第七,提升监督管理力度。需要在不同阶段实施不同的监督举措,在招投标阶段、运营阶段和资产转让阶段都应有相应的监督管理依据与措施。第八,加强风险管控。凡是PPP项目都属于政府投资公共项目,特别是私人融资项目,虽然在有产出后才向投资者付款,但是,未来每年支出的现值总额便是政府的或有债务。如果PPP项目规模过大或总额过大,则可能给政府带来财政风险。国际货币基金组织(IMF)认为财政部门在PPP项目立项上应有否决权,以此防范项目带来的财政风险。

党的十八届三中全会通过《中共中央关于全面深化改革若干重大问题

的决定》，提出"允许社会资本通过特许经营等方式参与城市基础设施投资和运营"的重大改革举措。按照党中央、国务院的统一部署，2014年之后，我国在基础设施及公共服务领域大力推广运用PPP模式，并从制度建设、机构能力、政策扶持、项目示范等方面开展了一系列工作。2014年11月，国务院发布《关于创新重点领域投融资机制鼓励社会投资的指导意见》，关于如何建立健全PPP机制，这是在公开的国务院文件层面首次较详细地作出阐述和指导。同年，财政部印发《关于政府和社会资本合作示范项目实施有关问题的通知》，公布30个PPP示范项目清单，国家发改委印发《关于开展政府和社会资本合作的指导意见》。此后，有关的各部门多次颁布指导PPP创新发展的文件，并在积极准备制定PPP条例与进一步升级编制PPP法。

PPP在中国实践中的积极探索与发展，体现了社会主义市场经济中政府与市场、企业关系从"划清边界，各司其职"的前期认识，又进一步升华为"有效市场＋有为、有限政府"的守正出奇式超常规发展取向，政府和市场主体可以走到一起，群策群力优化公共资源的配置机制。

第十五章

宏观经济：认识、适应、引领"新常态"

世界著名未来学家约翰·奈斯比特曾这样比喻中国："中国是一只刚刚破茧的蝴蝶，但因为翅膀还是湿的，还要经历抖动、晾干以后再起飞的阶段。"① 进入 21 世纪，新一轮科技革命和产业变革蓄势待发，新经济的基因已经在中国经济体内孕育生长，开始发挥越来越重要的影响。经过几十年的发展，中国的国家综合实力有了极大增强，已经在改革开放中登上世界大舞台而且表现了超常规发展的"中国奇迹"，但也面临着"中等收入陷阱"的挑战，粗放型投资驱动的高速度增长模式难以为继，动力转换十分迫切。

新常态：多方关注、多维解读

2013 年 12 月 10 日，习近平在中央经济工作会议上作出中国经济发展需进入新常态的重大判断。他曾指出，中国经济面临增长速度换挡期、结构调整阵痛期、前期刺激政策消化期"三期叠加"的状况，要注重处理好经济社会发展各类问题，既防范增长速度滑出底线，又理性对待高速增长转向中高速增长的新常态。2014 年 5 月，习近平在河南考察工作时指出，"我国发展仍处于重要战略机遇期，我们要增强信心，从当前我国经济发展的阶段性特

---

① 《中国也变成一个"美梦成真"的地方》，《21 世纪经济报道》2009 年 11 月 19 日。

征出发,适应新常态,保持战略上的平常心态"。① 2014年7月,习近平在党外人士座谈会上,再次强调要正确认识我国经济发展的阶段性特征,进一步增强信心,适应新常态。2014年11月,习近平在亚太经合组织工商领导人峰会上,系统阐述了新常态的三大特点,即新常态下,中国经济从高速增长转为中高速增长;中国经济结构不断优化升级,第三产业、消费需求逐步成为主体,城乡区域差距逐步缩小,居民收入占比上升,发展成果惠及更广大民众;中国经济从要素驱动、投资驱动转向创新驱动。面对三大特点,习近平指出,新常态将给中国经济发展带来新的机遇:一是中国经济增速虽然放缓,但实际增量依然可观,无论是速度还是体量,在全球也是名列前茅的;二是中国经济增长更趋平稳,增长动力更为多元,中国经济的强韧性是防范风险的最有力支撑;三是中国经济结构优化升级,发展前景更加稳定,中国经济结构正在发生深刻变化,质量更好、结构更优;四是中国政府大力简政放权,市场活力进一步释放。习近平强调,能不能适应新常态,关键在于全面深化改革的力度。②

新常态一经提出,就受到各方高度关注,也有了多方解读。有人甚至联想到美国也曾出现过"新常态"的概念。那是美国太平洋投资管理公司前首席执行官埃尔·埃里安等投资专家提出的,他们针对的是欧美经济持续20多年相对稳定的发展后,出现了发端于美国的全球金融危机。美国、欧洲和日本,都在长期稳定发展后出现了低增长、高失业和高债务的所谓"一低两高"现象。国际货币基金组织前总裁拉加德甚至用了"新平庸"这样的词汇来概括。但中国政府提出的"新常态",显然与此不同。

习近平提出的"新常态",是指我国面临经济运行状态的一个阶段性改变,即原来的状态需要转变到一种新的相对稳定的常态。首先它对应的是学术界和相关方面已经共同讨论了一段时间的中国潜在增长率明显要下一个台阶的问题。改革开放后的30多年总结下来,年均GDP增速这一指标代表的经济运行态势,是在9.8%左右的水平,有一些学者认为,如果处理得

---

① 《习近平在河南考察时强调:深化改革发挥优势创新思路统筹兼顾 确保经济持续健康发展社会和谐稳定》,《人民日报》2014年5月11日。
② 《习近平在亚太经合组织工商领导人峰会开幕式上的演讲》,《人民日报》2014年11月10日。

好,即如果中国把自己一些需要做的事情基本做到位的话,还有望实现20年8%左右的增长表现;另外一些学者则强烈表示不认同,认为当时7.5%的状态还要继续往下走,继续跌到7%以下,甚至有人说再过几年我们可能只能在5%~6%这个区间状态,一时间众说纷纭,没有形成一个基本共识。

在这一探底过程中,面临的现实状态已经有"三期叠加"等说法。增长速度换挡期、结构调整阵痛期和前期刺激政策消化期,都是不可否认的。在这几期叠加上,需要加上一个"改革攻坚克难的推进期"。在这一时期,能够选择的最关键变量,就是制度供给变量。这要伴随着中国打造经济"升级版"的种种努力:优化结构,提高质量,再落到稳增长、惠民生、调结构、促改革。其中,"促改革"则是非常值得看重的、可选择的、要把文章做足的变量。如果把"促改革"处理好,新常态演变过程的宏观调控能够和"改革进行时"形成良性互动,那么,经济增速的表现虽然可能还有一个完成探底的过程,但它应该能够相对顺利地"趋稳",之后再结合着把各种上行因素调动出来对冲下行因素,通过这些努力应该能够完成一个"蓄势"向"趋稳"的过程,"蓄势"之后,中国经济追求的是长期的中高增长速度。

这个中高增长速度,虽然并没有一个研究主体可以拿出全套的模型处理实证数据并往前预测,来得到一个很精确的、取得共识的判断,但是中国经济应该有望在5%左右的增长区间运行相当长一个时期。中国现阶段在城镇化和老龄化等演进特征面前,潜力、活力的释放空间仍然是清晰可见的。

在2014年12月11日举行的中央经济工作会议上,习近平对中国经济新常态又进行了系统阐述,从九个方面论述了新常态下中国经济的趋势变化,为中国经济走向平稳可持续发展指明了方向:

从消费需求看,过去中国消费具有明显的模仿型排浪式特征,现在模仿型排浪式消费阶段基本结束,个性化、多样化消费渐成主流,保证产品质量安全、通过创新供给激活需求的重要性显著上升,必须采取正确的消费政策,释放消费潜力,使消费继续在推动经济发展中发挥基础作用。

从投资需求看,经历了30多年高强度大规模开发建设后,传统产业相对饱和,但基础设施互联互通和一些新技术、新产品、新业态、新商业模式的投资机会大量涌现,对创新投融资方式提出了新要求,必须善于把握投资方向,消除投资障碍,使投资继续对经济发展发挥关键作用。

从出口和国际收支看,国际金融危机发生前国际市场空间扩张很快,出口成为拉动中国经济快速发展的重要动能,现在全球总需求不振,中国低成本比较优势也发生了转化,同时中国出口竞争优势依然存在,高水平引进来、大规模走出去正在同步发生,必须加紧培育新的比较优势,使出口继续对经济发展发挥支撑作用。

从生产能力和产业组织方式看,过去供给不足是长期困扰我们的一个主要矛盾,现在传统产业供给能力大幅超出需求,产业结构必须优化升级,企业兼并重组、生产相对集中不可避免,新兴产业、服务业、小微企业作用更加凸显,生产小型化、智能化、专业化将成为产业组织新特征。

从生产要素相对优势看,过去劳动力成本低是最大优势,引进技术和管理就能迅速变成生产力,现在人口老龄化日趋发展,农业富余劳动力减少,要素的规模驱动力减弱,经济增长将更多依靠人力资本质量和技术进步,必须让创新成为驱动发展新引擎。

从市场竞争特点看,过去主要是数量扩张和价格竞争,现在正逐步转向质量型、差异化为主的竞争,统一全国市场、提高资源配置效率是经济发展的内生性要求,必须深化改革开放,加快形成统一透明、有序规范的市场环境。

从资源环境约束看,过去能源资源和生态环境空间相对较大,现在环境承载能力已经达到或接近上限,必须顺应人民群众对良好生态环境的期待,推动形成绿色低碳循环发展新方式。

从经济风险积累和化解看,伴随着经济增速下调,各类隐性风险逐步显性化,风险总体可控,但化解以高杠杆和泡沫化为主要特征的各类风险将持续一段时间,必须标本兼治、对症下药,建立健全化解各类风险的体制机制。

从资源配置模式和宏观调控方式看,全面刺激政策的边际效果明显递减,既要全面化解产能过剩,也要通过发挥市场机制作用探索未来产业发展方向,必须全面把握总供求关系新变化,科学进行宏观调控。[1]

---

[1] 习近平:《经济工作要适应发展新常态》,《习近平谈治国理政(第二卷)》,外文出版社,2017年版,第229-233页。

这些趋势性变化说明,中国经济正在向形态更高级、分工更复杂、结构更合理的阶段演化,经济发展进入新常态,正从高速增长转向中高速增长,经济发展方式正从规模速度型粗放增长转向质量效率型集约增长,经济结构正从增量扩能为主转向调整存量、做优增量并存的深度调整,经济发展动力正从传统增长点转向新的增长点。认识新常态,适应新常态,引领新常态,是当前和今后一个时期我国经济发展的大逻辑。

习近平指出,经济发展进入新常态,没有改变我国发展仍处于可以大有作为的重要战略机遇期的判断,改变的是重要战略机遇期的内涵和条件;没有改变我国经济发展总体向好的基本面,改变的是经济发展方式和经济结构。要更加注重满足人民群众需要,更加注重市场和消费心理分析,更加注重引导社会预期,更加注重加强产权和知识产权保护,更加注重发挥企业家才能,更加注重加强教育和提升人力资本素质,更加注重建设生态文明,更加注重科技进步和全面创新。①

创新引领新常态,质量升级版的"中高速"

1979—2012 年,中国经济实现了年均 9.8% 的快速增长,但 2010 年接近年末的中央经济工作会议就提出了"稳中求进"方针,意在牺牲一些速度而追求可持续、高质量的发展。2011 年,我国经济增速从 2010 年 10.3% 降到 9.5%,2012 年降到 7.7%,2015 年再降到 6.9%,已降到了 7% 以下。2016 年,降到 6.7%,2017 年上半年,又回到了 6.9%。有经济学家发现,2017 年上半年和 2015 年的两个数据惊人的一样,都是 6.9%,但指出背后的含金量则不同,虽然两个 6.9% 都产生于经济向新常态演变背景下,但前一个是经济持续下行过程中市场预期较为悲观条件下形成的,更多反映出经济周期性回落、调速不失势,而后一个则是经济企稳回升过程中市场信心增强条件下形成的,更多体现为经济恢复性反弹、量增质更优。工业增速回升,服务经济开始成为经济增长的主要动力。供给侧结构性改革推动过剩

---

① 习近平:《经济工作要适应发展新常态》,《习近平谈治国理政(第二卷)》,外文出版社,2017 年版,第 234-235 页。

行业加快市场出清,传统产业加速改造提升,大众创业、万众创新持续升温,新增市场主体方兴未艾,"四新"经济蓬勃发展,工业机器人和电子商务、在线医疗、共享单车等"互联网+"新动能加快集聚扩散,规模比重明显提高。新旧动能持续转换步伐加快,各显其能、共同发力推动经济增长。①

习近平强调"科技是国家强盛之基,创新是民族进步之魂"。在十八届中央政治局第九次集体学习时,习近平指出,"创新驱动是形势所迫。我国经济总量已跃居世界第二位,社会生产力、综合国力、科技实力迈上了一个新的大台阶。同时,我国发展中不平衡、不协调、不可持续问题依然突出,人口、资源、环境压力越来越大。我国现代化涉及十几亿人,走全靠要素驱动的老路难以为继。物质资源必然越用越少,而科技和人才会越用越多,因此我们必须及早转入创新驱动发展轨道,把科技创新潜力更好释放出来"。②

2014年11月9日,习近平在亚太经合组织(APEC)工商领导人峰会开幕式上发表了题为《谋求持久发展 共筑亚太梦想》的主旨演讲,再次强调新常态将给中国带来新的发展机遇。能不能适应新常态,关键在于全面深化改革的力度。我们全面深化改革,就要激发市场蕴藏的活力,就要为创新拓宽道路,就要推进高水平对外开放,就要增进人民福祉、促进社会公平正义。

党的十八大上就首次明确提出了创新驱动发展战略,要求将其摆在国家发展全局的核心位置。这是我们党在我国改革发展的关键时期,放眼世界、立足全局、面向未来作出的重大战略指导。《中华人民共和国国民经济和社会发展第十三个五年规划纲要》将创新发展列为"十三五"时期五大发展理念之首,提出了"创新是引领发展的第一动力",要求要"让创新贯穿党和国家一切工作"。

党的十八大后,中国创新驱动发展战略取得重要进展。一批具有标志性意义的重大科技成果涌现,载人航天、探月工程、量子通信、射电望远镜、载人深潜、超级计算机等实现重大科技突破。

2016年的中国进出口商品交易会(广交会)上,海尔展区一位约60厘米

---

① 杜飞轮、邢伟、洪群联:《两个不一样的6.9%:当前这个6.9%的含金量更高》,《中国产经》2017年第10期。
② 吴晓波:《激荡十年,水大鱼大》,中信出版社,2017年版,第4-5页。

高、有一双大大的"黑眼睛"的名叫 Ubot 的机器人，可以帮人们开空调、定闹钟、报天气，还可以跳舞说笑，甚至查看家里有没有漏水；在外远行不放心家里的孩子，小米的安防系统可以让人随时打开手机，"点击"家里每个角落；行李多出门担心打不到车，各种打车 App 可以在输入目的地、发出指令后，迅速调派专车上门迎接；不用多久，无人驾驶汽车也可以充当专职司机，安全精准地把人送到目的地。这些应运而生的新技术、新模式、新业态，不仅极大改变了人们的生活方式，而且开拓了市场，带动了产业结构的调整，激活了当时经济发展的一池春水。

有人用高铁速度来形容创新驱动的"中国速度"。1978 年 10 月 26 日，正在国外访问的邓小平，坐上了当地的高速列车，在他乘坐的列车车厢屏幕上显示：时速 210 千米。而当时中国一般列车的时速还停留在 60 千米的水平，多数新建线路的时速还不足 40 千米。随行记者向他提问："据了解，您是第一次乘坐高速列车，您有什么感觉？"邓小平回答说："就感觉到快，有催人跑的意思，所以我们现在更合适了，我们现在正合适坐这样的车。"他接着补充道："我们现在很需要跑！"①高速列车在飞驰，邓小平看着窗外，目光坚定而沉着。两个月后，党的十一届三中全会在北京召开，开启了中国改革开放的进程。

到了 21 世纪的第二个十年，中国已经形成了具有世界先进水平和自主知识产权的高速铁路技术体系，不仅建成了营业总里程居世界首位的高速铁路网，还成为中国"走出去"的重要品牌，并从单一的产品输出，向产品、服务、技术、品牌、管理和资本的全产业链输出的转变。

水大鱼大

2017 年 4 月，在杭州举办的一场"互联网+"峰会上，著名财经作家吴晓波正好和北京大学国家发展研究院的周其仁教授坐在一起。吴晓波向周其仁教授请教，能用一个什么简洁的词来描述刚刚过去的这十年的中国经济。

---

① 《习近平主持中央政治局第九次集体学习》，新华网，2013 年 10 月 1 日。

周其仁沉思之后，说了四个字——水大鱼大。

在这十年里中国的经济总量得到增长，一跃超过日本、居于世界第二，人民币的规模总量增长了326倍、汽车销量增长了3倍、电子商务在社会零售总额中的占比增长了13倍、网民数量增长了25倍、高铁里程数增长了183倍、城市化率提高了12个百分点、中国的摩天大楼数量占到了全球总数的七成、中产阶层人口数量达到205亿以上、每年出境游人口数量增加了27倍，中国的消费者每年买走全球70%的高端时尚品，而他们的平均年龄只有39岁。

急速扩容的经济规模和不断升级的消费能力又如同恣意泛滥的大水，在焦虑地寻找疆域的边界，被水浪冲击的部分，则同样焦虑地承受着激变的压力和不适。

这些变化，既体现在国内各社会阶层之间、各利益集团之间的矛盾与妥协上，也体现在中国与美国、日本、欧盟以及周遭各国之间的政治及经济关系上。

大水之中，必有大鱼。

在这十年里，中国公司的体量也发生了巨大的变化，在《财富》世界500强（2017）的名单中，中国公司的数量从35家增加到了115家，其中，有4家进入了前十大的行列。在互联网及电子消费类公司中，腾讯和阿里巴巴的市值分别增加了15倍和70倍，闯进全球前十大市值公司之列；在智能手机领域，有4家中国公司进入前六强；而在传统的冰箱、空调和电视机市场上，中国公司的产能均为全球第一；在排名前十大的全球房地产公司中，中国公司占到了7家；全球资产规模最大的前四大银行都是中国的。

也是在这十年里，中国公司展开了激进的跨国并购，它们买下了欧洲最大的机器人公司、曼哈顿最豪华的五星级酒店、好莱坞的连锁影院、比利时的保险公司和日本的电器企业，还在世界各个重要的枢纽地带拥有了起码30个港口和集装箱码头。

世界乃至中国的商业投资界发生了基础设施级别的巨变，如巴菲特所言，"今天的投资者不是从昨天的增长中获利的"，以互联网为基础性平台的生态被视为新的世界，它以更高的效率和新的供需互动关系，重构了商业的基本逻辑。

中国人的信息获取、社交、购物、日常服务以及金融支付等方式都发生了令人难以置信的改变。甚至在文化趣味上,中国式的自信也正在复苏,国学和"中国风"重新受到追捧,人们回顾更值得回味的过去,并呼唤一些传统的内在精神回归。很多人觉得"天"变得比想象的快,旧有的人文环境和商业运营模式正在迅速式微,人们所依赖的旧世界在塌陷而新的世界露出了它锋利的牙齿,我们要么被它吞噬,要么骑到它的背上。大鱼的出现,造成了大水的激荡,并在鱼群之间形成了新的竞合格局,它同样是让人不安的。①

不期而至的中美关系变局

自 2015 年下半年一直到 2018 年上半年,中国经济运行出现了长达 12 个季度在 6.7% 到 6.9% 很窄区间内波动的中高速平台状,本来这是表明引领新常态的"L 型转换"有望随之得到确认。但 2018 年二季度后,从贸易摩擦升级开始,中国和美国间这一被称为"当今世界最重要的双边关系",不期而至地向世人展现了若干年前只有少数战略研究学者曾讨论过的冲突变局。这使中国的年度经济增速向下击穿 6.7% 的平台底线,再次显著下行。2019 年,出现 6.1% 的年度新低。

数十年间经济的快速发展和生产技术水平的持续提高,使中国开始向全球产业链中高端迈进,引起世界头号强国美国方面的高度关注,开始考虑和部署战略性遏制与防范举措。早在 2009 年,美国奥巴马政府就提出了"重返亚太""亚太再平衡"战略。2009 年 11 月 14 日,美国时任总统奥巴马在其亚洲之行中,正式宣布美国将参与跨太平洋伙伴关系协议(TPP)谈判,要将 TPP 作为遏制中国发展的重要战略安排。2015 年,美国富商特朗普宣布参选总统,从竞选时起,特朗普就把"打中国牌"作为主要策略。他张口闭口提"中国占美国便宜",称中国抢走美国制造业工人工作,扭曲中美贸易逆差的真相,指责中国操纵汇率促出口。他提出"让美国再次伟大""让制造业重返

---

① 王雄:《中国速度:中国高速铁路发展纪实》,外文出版社,2016 年版,第 2 页。

美国""帮美国人把工作找回来"等口号,都把矛头指向中国。特朗普甚至指责奥巴马遏制中国的 TPP 协议,是为中国而设计的,恩惠了中国却欺负了其他国家。一时间已显得山雨欲来风满楼。

2017 年 1 月 20 日,特朗普正式宣誓就任美国第 45 任总统。4 月 6 日,中国国家主席习近平访问美国,在佛罗里达州海湖庄园同特朗普会晤。习近平主席指出:"我们有一千条理由把中美关系搞好,没有一条理由把中美关系搞坏。"①但是,4 月 20 日,特朗普要求美国商务部对中国进口钢铁、铝产品启动"232 调查"。8 月 9 日,特朗普指示美国贸易代表办公室(USTR)对中国开展"301 调查",实际上由此拉开了新一轮中美贸易摩擦的序幕。2017 年 11 月 8 日,特朗普开始盛大的访华之行,短短三天,满意地收获 2 500 亿美元商贸大单,创下了中美经贸合作史上的纪录,也刷新了世界经贸合作史上的新纪录。但就在全世界为中美贸易摩擦缓解而松了一口气时,特朗普却在回国后很快就抛弃了自己缓和彼此紧张关系的承诺,提出不合理的新要求,再次加剧中美紧张关系。

2018 年 2 月 16 日,美国商务部发布"232 调查"结果。3 月 8 日,特朗普签署命令对自中国进口的钢铁、铝产品全面征税,税率分别为 25% 和 10%。3 月 23 日,USTR 公布"301 调查"报告,指控中国"利用各种手段实施强制性技术转让""促成导致技术转让的收购""支持对美国的网络入侵以获取有价值的商业信息"。4 月 10 日,博鳌亚洲论坛 2018 年年会在海南开幕,中国国家主席习近平发表讲话,释放出积极信号。第二天,特朗普在推特发文感谢习近平主席。就在外界以为中美关系会缓解的时候,美国在 4 月 16 日宣布制裁中国中兴公司。4 月 27 日,USTR 又公布了针对国外知识产权保护情况的年度报告——《特别 301 报告》,将中国列入"优先观察名单"。5 月 3 日,美国财政部前部长姆努钦访问中国,与中国国务院时任副总理刘鹤磋商双边经贸问题。5 月 15 日,习近平主席特使、国务院副总理刘鹤率领中方经贸团抵达华盛顿与美方进行磋商。

2018 年 5 月 29 日和 7 月 10 日,美国以"301 调查"结果为依据,先后宣

---

① 《有一千条理由把中美关系搞好》,人民网,2018 年 1 月 4 日。

布对产自中国的价值 500 亿美元的商品加征 25% 的关税和价值 2 000 亿美元的商品加征 10% 的关税;后又于 2018 年 8 月 1 日宣布对产自中国的价值 2 000 亿美元的商品加征关税的税率由 10% 提升至 25%。2018 年 9 月 18 日,美国似乎是特地选择了这个日子,宣布对价值 2 000 亿美元的中国商品先后征收 10% 和 25% 的关税。

2018 年 4 月 4 日,中国首先就美国在其"301 调查"项下的增税举措在 WTO 框架下启动争端解决程序,在未取得效果的情况下,2018 年 6 月 16 日,中国宣布对产自美国的价值 500 亿美元的商品加征关税。2018 年 7 月 6 日,中国开始对产自美国的价值 340 亿美元的商品加征 25% 的关税。8 月 8 日,中国宣布对价值 160 亿美元的美国商品征收 25% 的关税。此后,中国先后于 2018 年 8 月 23 日和 9 月 18 日,就美国对中国产品加征关税的行为向 WTO 提出起诉。

其间中美两国经过多轮磋商,忽而柳暗花明,忽而横生变故。2018 年 12 月 1 日,中美元首终在二十国集团(G20)布宜诺斯艾利斯峰会得以会晤,重点磋商一年多来两国在经济贸易领域的分歧。会晤再次释放出积极信号,全世界都对中美贸易摩擦在下一阶段的发展拭目以待。2018 年 12 月 14 日,中国宣布从 2019 年 1 月 1 日起对原产于美国的汽车及零部件暂停加征关税 3 个月。2019 年 3 月 31 日,中国宣布从 2019 年 4 月 1 日起继续对原产于美国的汽车及零部件暂停加征关税。4 月 29 日美国前财政部部长姆努钦表示,再经过两轮谈判,与中国的贸易谈判可能于下周末结束。不想此后令世界充满期待的第 11 次中美贸易谈判仍以失败而告终。5 月 10 日,美国宣布对从中国进口的 2 000 亿美元清单商品加征的关税税率由 10% 提高到 25%,并利用出口管制措施将华为等公司列入出口管制"实体清单"。作为回应,中国两分钟后发表声明,几乎同步宣布自 2019 年 6 月 1 日 0 时起,对已实施加征关税的 600 亿美元清单美国商品中的部分,提高加征关税税率,分别实施 25%、20% 或 10% 加征关税,对之前加征 5% 关税的税目商品,仍继续加征 5% 关税。2019 年 8 月 15 日,美国宣布对从中国进口的约 3 000 亿美元商品加征 10% 关税,分两批自 9 月 1 日、12 月 15 日起实施。作为回应,中国宣布即日起对原产于美国的汽车及零部件恢复加征 25%、5%

关税,并对原产于美国的 5 078 个税目、约 750 亿美元商品加征 10%、5% 不等关税,分两批自 9 月 1 日、12 月 15 日起实施。

谈谈打打、打打谈谈,几经反复,2020 年 1 月 15 日,中美第一阶段经贸协议在美国白宫东厅签署。艰苦的贸易谈判可谓一波三折,特朗普政府反复无常,一次次极限施压。贸易摩擦也从关税摩擦逐步向投资摩擦、技术摩擦、汇率摩擦以及金融摩擦扩展。即使签署了第一阶段的协议,但 2020 年第一季度过后,随着新冠疫情在美国的失控,特别是特朗普这样的政治人物将对新冠疫情的解说和与中国的关系作为选举策略之后,前景就显得更加扑朔迷离。

中美贸易摩擦很快引起了全世界的担忧。2018 年 7 月 8 日,日本《每日新闻》刊文指出,中美贸易摩擦是第二次世界大战后美国构筑的自由贸易体制的重大转折点,最令人担心的是美国强硬的保护主义将使世界的混乱扩大。对于中美贸易摩擦的前景,很多人持悲观看法,认为要有长期性的准备。《中国经济学人》问卷调查结果显示,多数经济学家判断未来五年内中美经贸摩擦很难消失,甚至还有四成的经济学人认为中美经贸摩擦会进一步恶化。2019 年 1 月 13 日,日本《朝日新闻》就曾发表社论,认为两大经济大国发动的制裁与报复战争正跨越国界威胁着世界经济。三菱综合研究所主任经济学家高田创认为,中美贸易摩擦可能要持续到 21 世纪的整个 20 年代。但也有学者认为中美两国"你中有我,我中有你,谁也离不开谁",最终还是能建立起相互平衡的规则,一切终会归于相对平静。

在世界市场冲浪的中国企业家

2018 年 12 月 1 日,媒体报道,加拿大应美国当局要求拘押了华为公司首席财务官孟晚舟。孟晚舟是华为公司创始人任正非的女儿,时任华为公司高层管理人员。美加这一行动,立刻引起了世界范围内各界人士的关注。紧接着,美国司法部在华盛顿举行的记者会上,一下集体亮相式出现了 20 多位高级官员,包括代理司法部部长马修·惠特克、国土安全部部长克尔斯滕·尼尔森、商务部部长威尔伯·罗斯、纽约东区联邦检察官理查德·多诺霍、联邦调查局局长克里斯托弗·雷、负责司法部刑事处的助理部长布莱恩·本茨科夫斯基和负责司法部国家安全处的助理部长约翰·德默斯等。可以说美国是动员了举国之力来"全面封锁"和"全面打击"华为公司。美国总统和国务卿甚至亲自出马，在国际上四处游说其他国家拒绝使用华为公司设备或更换掉华为公司设备。因为美国的打击，将使全球170多个国家使用华为公司产品建设的数千亿美元网络的扩容、维护、持续运行受到冲击，使用华为公司产品和服务的30多亿人口的信息通讯也受到影响。

美国以如此大阵仗来对付一家中国的公司，也突然让许多人发现，中国科技企业实力已经如此强大，似乎直接威胁到了美国的全球科技霸主地位，使世界头号强国不惜一切代价地来打击和扼杀。2020年2月6日，美国司法部部长威廉·巴尔应华盛顿智库"战略与国际研究中心"邀请，参加了"中国行动计划会议"，并做了主题演讲。威廉·巴尔在演讲中解释了美国为什么必须绞杀华为公司，他说："毫无疑问，中国的技术攻势对美国构成了前所未有的挑战。自19世纪以来，美国在创新和技术方面一直处于世界领先地位。正是美国的科技实力使我们繁荣和安全。我们的生活水平、我们为年轻人和子孙后代扩大的经济机会以及我们的国家安全都取决于我们持续的技术领导地位。5G技术处于正在形成的未来技术和工业世界的中心。据估计，到2025年，以5G为动力的工业互联网可能创造23万亿美元的新经济机会。如果中国继续在5G领域独占鳌头，他们将能够主导一系列依赖5G平台并与之交织的新兴技术带来的机遇。随着5G领域的深入发展，我们将看到的不仅仅是智能家居、智能恒温器，还有智能农场、智能工厂、智能重型建筑项目、智能交通系统等，以及一系列新兴技术。除了人工智能，我们还将与5G和工业互联网交织在一起并依赖它们，例如机器人技术、物联网、自动驾驶车辆、3D打印、纳米技术、生物技术、材料科学、储能和量子计算。中国已经抢滩，现在5G领域处于领先地位。5G是一项基础设施业务。它依赖于无线接入网、无线局域网和各种设备。华为现在是除北美以外所有大陆的领先供应商。美国没有设备供应商。中国的主要竞争对手是芬兰的诺基亚公司，市场份额17%，以及瑞典的爱立信公司，占14%。5G依赖于一系列技术，包括半导体、光纤、稀土和材料。中国已经开始将所有这些元素国产化,所以现在它将不再依赖外国供应商(华为果然国产化成功)。未来 5 年内,5G 全球版图和应用主导地位格局将成。问题是,在这个时间窗内,美国和我们的盟国是否能够与华为展开足够的竞争,以保持和占领足够的市场份额,从而维持足够长期和强劲的竞争地位,避免将主导权拱手让给中国。时间窗很短,我们和我们的盟友必须迅速采取行动。"

有评论说,特朗普以举国之力来打击华为公司,一个国家对一个企业,一个总统对一个董事长,特朗普成了华为的最佳广告员,而且广告效果良好。原本华为公司还只是一家隐藏在全球众多企业里沉睡的巨龙,现在成了享誉全球的科技大企业。

在向华为公司动手之后,美国又盯上了中国制造的无人机。2019 年 5 月 20 日,美国有线电视新闻网(CNN)援引国土安全部文件称,中国制造的无人机存在数据风险问题,对国家安全构成"风险"。这些无人机可能会将敏感信息传递给制造公司,而这些数据可能会提供给中国政府机构。这一"警告"文件并没有具体点名哪家中国公司,但 CNN 提到,美国和加拿大使用的无人机中有近 80% 来自总部位于深圳市的大疆创新科技有限公司。巧的是,美国之前打击的中兴公司、华为公司,和这次打击的大疆公司,总部都位于中国深圳市南山区粤海街道办。于是网上戏言中美贸易摩擦其实是美国和深圳南山区一个街道办的战争。

在特朗普不遗余力扑杀华为公司的同时,特朗普的前任奥巴马却忙着投拍另一个中国企业在美国发展的纪录片,这就是曹德旺的福耀玻璃。这个中国第一、世界第二的汽车玻璃供应商——福耀玻璃,2015 年出资买下了美国通用汽车俄亥俄州代顿工厂。曹德旺说这一决定是他对美国政治、文化、市场观察了 20 年后作出的。他说去美国开厂有三个原因:一是他已经在国内开了很多厂。二是汽车玻璃配件运输困难,靠近客户方是更明智的选择,生产汽车玻璃的主要耗材,比如说电和燃气那边更具性价比。三是他的企业综合中外的企业环境比较,运输费和税费等,在美国开厂比在国内开厂的利润高 40% 左右。这部揭示曹德旺在美国创业的艰辛历程、中西文化与思想在企业中博弈的纪录片——《美国工厂》喜获第 92 届奥斯卡金像奖最佳纪录长片奖。

改革开放的 40 多年,中国经济已经与世界深度融合。就连来自贵州的辣椒酱品牌"老干妈"也已经登上了国际舞台,"老干妈"的创始人陶华碧,一个没上过学、连自己名字都写不好的贵州农妇,却凭借"老干妈"将中国品牌推向了全世界。2012年7月,美国奢侈品电商Gilt把"老干妈"奉为尊贵调味品,限时抢购价11.95美元两瓶,要比国内的售价高上数倍。2004年,联想以175亿美元收购了美国IBM公司的全球个人电脑业务。2013年,万达以26亿美元收购了美国第二大院线AMC,以35亿美元收购了美国传奇影业。2016年6月,苏宁以27亿欧元购买了意大利国际米兰足球俱乐部约70%的股份。

据经济合作与发展组织(OECD)统计,中国的对外直接投资从2005年的137亿美元激增至2016年的1 878亿美元,增长了1 271%。2016年,中国企业的海外投资并购交易达到438笔,累计交易金额达到2 158亿元,比2015年又增长了148%。

华为公司更把研发机构办到国外,在别人家门口吸引人才。1991年,华为公司就积极建立海外研发中心,先后在美国、瑞典、加拿大、俄罗斯、印度等国设立了15所研发中心,也与国际上14个运营商建立了28个联合创新部。这些遍布全球的研发中心帮助华为公司跟踪全球范围内最先进的技术,整合全球技术资源,吸纳全球各地的顶尖人才。任正非强调要树立全球合作理念,充分利用全球优质资源和技术优势。他说搞芯片光砸钱不行,要引进数学家、物理学家等。光靠一个国家恐怕不行,虽然中国人才济济,但还是要全球寻找人才。完全依靠中国自主创新很难成功,为什么我们不能依靠全球人才来创新?同时,华为公司先后与3COM、西门子等在国际通信传媒领域内处于领先地位的企业建立长期的合作、合资关系。华为公司通过充分利用合资企业的先进技术,大大降低了公司的研发成本。同时为华为公司打入国际市场、开通分销渠道打下了坚实的基础。

随着中国经济的发展,中美产业分工也从互补走向竞争,贸易摩擦和科技竞争将不可避免。愈演愈烈的中美贸易摩擦也让我们认识到在科技创新、高端制造、金融服务等领域还存在诸多短板。新一轮的改革,不仅要聚力国内,更要放眼全球。

在华为公司生死存亡之际,几乎从不在媒体露面的任正非,终于主动出击,一年中,接受了全球数百家媒体的采访,上演了教科书级的辩论自救。在接受美国媒体采访的时候,最后说了一句意味深长、不乏悲壮含义的话:"如果你们明年还来中国,华为还活着,欢迎你们再来。"①

"一带一路"成为推动人类命运共同体建设发展的新动力

2008年以来,世界深陷金融危机,迟迟没有走出来。美国重拾贸易保护主义的沉渣,而中国高举自由贸易的大旗。2013年3月23日,习近平在俄罗斯莫斯科国际关系学院发表演讲,指出"这个世界,各国相互联系、相互依存的程度空前加深,人类生活在同一个地球村里,生活在历史和现实交汇的同一个时空里,越来越成为你中有我,我中有你的命运共同体"。2014年11月15日,习近平在二十国集团布里斯班峰会上呼吁建设开放型世界经济。他说,世界贸易扩大了,各国都受益。世界市场缩小了,对各国都没有好处。我们要继续做全球自由贸易的旗手,维护多边贸易体制,构建互利共赢的全球价值链,培育全球大市场,要继续反对贸易和投资保护主义。

2013年9月7日,中国国家主席习近平在哈萨克斯坦纳扎尔巴耶夫大学发表演讲时,提出共同建设"新丝绸之路经济带"的合作倡议;10月3日,习近平在印度尼西亚国会发表演讲,提出了共同建设"21世纪海上丝绸之路"的合作倡议。"新丝绸之路经济带"和"21世纪海上丝绸之路"两大合作倡议并称"一带一路"倡议。古代的陆上丝绸之路和海上丝绸之路,曾是中国连接亚洲、非洲和欧洲的重要商业贸易路线,因当时最重要的商品是产于中国的丝绸而得名,是东方与西方之间在经济、政治、文化等诸多方面进行交流的主要道路。"一带一路"倡议是借用古代丝绸之路的历史符号,高举和平发展的旗帜,依靠中国与有关国家既有的双多边机制,借助既有的、行之有效的区域合作平台,积极发展与共建国家的经济合作伙伴关系,共同打造政治互信、经济融合、文化包容的利益共同体、命运共同体和责任共同体。

2013年11月党的十八届三中全会通过的《中共中央关于全面深化改革

---

① 《任正非对话华尔街日报:如果华为还活着欢迎你们再来!》,搜狐网,2018年4月21日。

若干重大问题的决定》,提出要构建开放型经济新体制,提出"加快同周边国家和区域基础设施互联互通建设,推进丝绸之路经济带、海上丝绸之路建设,形成全方位开放新格局"。12月10日,习近平在中央经济工作会议上讲话指出,"建设丝绸之路经济带、21世纪海上丝绸之路,是党中央统揽政治、外交、经济、社会发展全局作出的重大战略决策,是实施新一轮扩大开放的重要举措,也是营造有利周边环境的重要举措"。

2015年3月28日,国家发改委、外交部、商务部联合发布了《推动共建丝绸之路经济带和21世纪海上丝绸之路的愿景与行动》,提出"一带一路"建设是一项系统工程,要坚持共商共建共享原则,积极推进共建国家发展战略的相互对接;明确以政策沟通、设施联通、贸易畅通、资金融通、民心相通为主要内容,重点在这些方面加强合作。2014年底中国出资400亿美元成立丝路基金,为"一带一路"共建国家基础设施、资源开发、产业合作和金融合作等与互联互通有关的项目提供投融资支持。2015年由中国发起的亚洲基础设施投资银行正式成立,以促进亚洲区域的建设互联互通化和经济一体化的进程为宗旨,重点支持基础设施建设。"一带一路"的影响不仅在中国,更是连接参与国乃至世界的桥梁,中国领导人明确提出要打造整个"人类命运共同体"。因此,"一带一路"的倡议和规划,要按照人类命运共同体的哲理来指导。

其后几年,"五通"①扎实推进,取得了明显成效,一批具有标志性的成果开始显现,参与各国得到了实实在在的好处,"一带一路"不仅为世界各国发展提供了新机遇,也为中国市场经济发展开辟了新天地。截至2019年4月底,中国政府已与127个国家和29个国际组织签署"一带一路"合作文件。中国政府进一步放宽外资准入领域,营造高标准的国际营商环境,设立了面向全球开放的十多个自由贸易试验区,并部署建设海南自由贸易港。中国平均关税水平从加入世界贸易组织时的15.3%降至7.5%,并同东盟、新加坡、巴基斯坦、格鲁吉亚等国家和地区签署或升级了自由贸易协定,与欧亚经济联盟签署经贸合作协定,与共建国家的自由贸易区网络体系逐步形成。

---

① 政策沟通、设施联通、贸易畅通、资金融通、民心相通。

第十六章
社会主要矛盾的历史性变化

在千年之交之后的第二个十年,我国经济改革已处于深水区、疲劳期或某种胶着状态,经济社会发展在延续前面"黄金发展期"部分态势的同时,也面临诸多矛盾凸显、各种挑战日趋严峻的新问题。经济社会的整体转轨正在经受历史性的考验。只有于顶层规划的大思路上把握好短期利益与长远利益、物质条件的提升与机制的转变、发展中的战略与策略、基本民生与综合民生、惠民生与强民权、经济改革与全面配套改革等基本关系,妥善处理好影响经济社会发展的重大现实问题,才能使中华民族复兴伟业沿着正确的路径不断前进。

黄金增长期与矛盾凸显期

改革开放几十年来,我国的经济社会发展取得了巨大成就,被世人誉为"中国奇迹"。在中国各地稍作些调研就可以感受到,我们仍然处于"可以大有作为的战略机遇期",但在高速增长、成为中等收入经济体后,正合乎一般规律地转向"新常态"的新起点,经济增长在基数今非昔比的"大规模"特征下,速度不可能延续两位数高速增长状况,正在转为中高速。然而中国继续发展的底气和市场成长的巨大潜力,仍在世界上各大经济体中首屈一指。国内不论是大城市,还是中小城镇和农村区域,建设场景触目可及,给人印象深刻。

但与此同时,来自资源、环境的矛盾制约和来自人际关系的矛盾制约,更是日趋明显:雾霾持续蔓延,地方上某些扩大建成区的拆迁和新上马的重化工项目,一而再、再而三遇到民众的强烈反对,且往往演变成震动全局的群体事件;进入"中等收入阶段"后,收入分配问题更为凸显,差距扩大、分配不公问题不可忽视。中国经济潜在增长率已在"下台阶",从改革开放前面30年的10%左右下行到2015年前后的6.5%～7%,"新常态"的"新"已明确,而"常"还有待达到,即还未像模像样地完成触底企稳。相关的下行因素,包括劳动力成本上升,人口红利即将迅速消失,老龄化社会压力正迅速到来,以及较高基数上投资报酬递减的影响,实体经济升级换代的难度加大,等等。

但可以对冲下行因素的若干上行因素,是最值得我们重视与争取的,这些上行因素包括新型城镇化红利("动力源"需求释放引发的"成长引擎"效应)、科技创新红利(走创新型国家道路、跟上"第三次产业革命"大潮激发科技"第一生产力"的乘数效应)、社会管理红利(在社区治理、非营利机构和志愿者组织成长等方面的基层自治、社会和谐、兴利除弊效应),而使所有这些红利能够如愿释放出来的关键,是实质性"攻坚克难"的改革能否不停留于口号而变为现实,进而可综合性地凝聚成提升和保持全要素生产率、化解种种矛盾制约的"改革红利"。

已经受一系列改革洗礼但仍存在艰巨改革任务的国有企业和业已壮大的民间资本、社会资金,以及可随之调动的民间智慧的潜能、活力,必须依托改革摆脱羁绊而更多贡献其能量。新一轮价税财联动改革、投融资改革、国企国资体系改革和行政、司法改革等,实在无可回避。在下行因素和上行因素对冲之后,我们应该可以在今后尽可能长的时间实现中高速的增长,打造出结构优化的增长质量高的"升级版"。

党的十九大重要判断

党的十九大顺应时代前进潮流,从把握发展大势的高度,对中国当时发展阶段所处历史方位作出了准确判断,认为中国特色社会主义已经进入了新时代，标示了中国前行的时代坐标。会议指出，我国社会主要矛盾已经发生重大变化，现阶段的社会主要矛盾已经转化为人民日益增长的美好生活需要和不平衡不充分的发展之间的矛盾。

唯物辩证法告诉我们，只有准确把握社会主要矛盾，才能找到破解难题的关键，其他问题才能迎刃而解。关于我国社会主要矛盾的新判断和新分析，意义重大。党中央在发展过程中始终善于抓住主要矛盾来制定路线方针政策。在土地革命战争时期，主要矛盾是代表中国人民利益的中国共产党与代表大地主、大资产阶级的国民党反动派之间的矛盾；抗日战争时期，主要矛盾就变成了中华民族同日本帝国主义之间的矛盾；解放战争时期，主要矛盾是中国人民同美帝国主义支持的国民党反动派之间的矛盾。1956 年，我国社会主义改造任务基本完成，进入全面建设社会主义时期，党的八大作出了国内主要矛盾已经是人民对于建立先进的工业国的要求同落后的农业国的现实之间的矛盾，已经是人民对于经济文化迅速发展的需要同当前经济文化不能满足人民需要的状况之间的矛盾，矛盾的实质，是先进的社会主义制度同落后的社会生产力之间的矛盾。在其后经历"大跃进"和"十年动乱"的曲折过程、确立实事求是的思想路线实现改革开放之后，纠正了阶级斗争为纲的错误，1981 年党的十一届六中全会在最高决策层面形成的文件里，所表述的对于中国社会主要矛盾的认识，回归了党的八大的认识框架，进一步提炼为"人民日益增长的物质文化需要同落后的社会生产之间的矛盾"。这里并不直接讲生产关系、生产力，而是强调社会主义发展生产力是要使人民日益增长的文化需要得到满足，而这个满足，同我们落后的社会生产之间存在着不容忽视的矛盾。所以，我们必须紧紧抓住经济建设为中心去克服这个矛盾，这是党的基本路线的学理支撑。基于进入新时代的历史方位的判断和相关分析，党的十九大报告明确提出这个社会主要矛盾又转化为人民日益增长的美好生活需要和不平衡不充分的发展之间的矛盾，这个新表述、新判断，对于我们在新时代继续推进社会主义现代化事业，具有统领和指导全局的理论支柱作用。

认识社会的基本矛盾，在基础理论层面来说要联系到我们以人为本的社会主义生产目的：社会主义解放和发展生产力是为了最大限度地满足人民群众不断增长的物质文化生活需要——党的十一届六中全会形成的矛盾认识的表述,已经抓住了这个供需的对立统一关系,进而要坚定地以经济建设为中心推进"三步走"现代化战略;而党的十九大形成的关于社会主义矛盾的新判断、新表述,是在延续原来需求与供给间对立统一认识框架基础上,顺应时代变化,明确地把原来定义的需要表述转化为需求侧更综合、更具有概括性的"人民日益增长的美好生活需要"。这方面的内涵是非常丰富的,原述的物质需要,是解决生存、温饱问题,及进一步发展与享受的资料的供给问题,但物质需要还绝对不是达标的边界,文化的需要就更丰富得多,包括人们的精神生活需要与物质文明、精神文明的结合发展,这些在原来的表述中已经有了,现在则进一步强调了综合性更高的"人民日益增长的美好生活需要"。什么是美好生活?按照学理上所分析的人的需求层次,生存、温饱、发展、享受、精神文明之上,还要有生活质量的进一步提升,以及社会的政治文明,法治化环境中人权、人的尊严,还要有人的更全面的发展。这种美好生活诉求在新的表述里得到了很好体现,同时,与之相对应,供给侧怎样回应这种需求?我们必须在目标导向和问题导向的结合下,强调所要解决的问题,是发展的不平衡、不充分。

进一步具体分析,发展充分与否,是动态变化中偏于总量描述的概念,而平衡与否,主要强调动态变化中直指结构状态的更偏于质量的描述。新表述是把原来的表述中关于"落后"的问题,以"不充分"的表述延续下来,原来讲的落后的社会生产,实际上也可以理解为就是不充分,而新的表述中是把不充分问题放在了从属于不平衡的位置上,即不平衡不充分的问题中,最关键的就是不平衡问题,这是新时代我们在必须追求的"质量第一,效益优先"发展中,应牢牢把握的矛盾的主要方面。

显然,习近平总书记反复强调抓住矛盾的主要方面,而矛盾的主要方面已经认定为就是在供给侧,所以供给侧结构性改革就是要以解决结构优化问题为主,来实现总体的更优化的平衡状态。这个关于我国社会主要矛盾的新表述的政策含义是十分清晰的,是与最高决策层已经反复强调、党的十九大报告称为建设现代化经济体系之"主线"的供给侧结构性改革战略方针内在契合、一脉相承的。

"中等收入陷阱"的考验

所谓的"中等收入陷阱"①,是指当一个国家的人均收入达到中等水平后,在向高收入经济体的发展中,由于种种矛盾突然显现、集中爆发,导致经济增长动力不足,使原本良好的发展势头转变轨迹,运行失速,就像掉入陷阱一样,最终出现经济与收入停滞困局。"中等收入陷阱"最典型的表现是20世纪后半期在拉美的若干国家,以及20世纪90年代亚洲金融危机爆发后的"亚洲四小虎"(菲律宾、泰国、印度尼西亚和马来西亚)。作为一种全球的统计现象,"中等收入陷阱"也是我国人均国民收入节节提高而向高收入经济体迈进的阶段上,必须要高度重视的一个重大问题。

研究者们的分析中指出,进入中等收入阶段之后,存在着一个公众对于生活境况与福利待遇越来越好、迅速走高的心理预期,与实际公共服务体系相对滞后的矛盾,往往使公众对福利改善的诉求压力,明显超过政府公共服务供给能力。这个滞后的矛盾可能表现为公众心理不满意程度较普遍地持续强化,即公众总觉得政府做得不够。20世纪六七十年代,为提高政府满意度或兑现选举承诺,一些拉美国家出现了所谓"民粹主义基础上的福利赶超"。在福利赶超进行到一定程度之后,经济的实体层面的支撑力无法跟上,使福利水平很快又由云端跌落尘埃,随之跌落的更有整个经济社会发展的后劲,从而使社会矛盾进一步激化。结果在南美的一些国家就出现了剧烈的"打摆子"状态:先是民选政府领导人,民选之后是福利赶超,福利赶超没有可持续性而掉下来,掉下来再导致矛盾激化,引发社会严重紊乱,一些强势集团开始起作用,甚至出现军事政变,使经济增长和社会发展出现大幅波动或陷入停滞。

有学者指出,从我国实际情况来看,避免"民粹主义基础上的福利赶超"误区和"中等收入陷阱",关键是要做好两点。

一是要把回应公众福利诉求,放在一个短期利益和长期利益合理设

---

① 按照世界银行使用的现行可比标准,超过人均3 000美元就开始进入中等收入阶段。

计、动态平衡的框架内,通过通盘考虑,使政策设计更具理性。其中最为重要的是,要做好短期利益与中长期利益的衔接问题。如果这一问题处理不好,改进福利、惠及民生、增加收入这方面就有可能走偏,吊高胃口而不可持续,公众的心理落差就会变大,甚至会导致"民怨沸腾",极易引发各种矛盾。如果我们动用现有的资源一次性地增加民生质量、改善福利,这比较容易做到,但是如考虑到化解既得利益的阻碍,实质性地调结构、促改革、转方式,而在中长期可持续地真正惠民生,其难度就会大大地增加。这是进入中等收入阶段后亟需考虑的一个微妙而棘手的问题,需要谨慎权衡、合理掌控。

另一个重要问题就是,如何为福利提升提供持续的物质支持、为经济增长提供新的动力。福利提升最终要靠发展来解决,这也是避免"中等收入陷阱"的一个重要原则。美国和日本的发展经历中,也清晰地表明了这一点。第二次世界大战以后,随着美国经济的发展,福利政策曾不断加码,特别是在约翰逊总统之后约十年的时间里,美国每年工资水平的增长速度大都在10%以上,到了20世纪70年代,经济即出现了"滞胀"。幸亏20世纪80年代以后,美国的硅谷开始发力,加上"里根经济学"概念下的其他政策调整举措,逐步带领美国走出了"滞胀"泥潭。正是依靠这种创新型经济,美国才得以继续保持世界头号强国地位,并且逐步摆脱所谓福利赶超带来的拖累。反观日本,经历了20世纪50年代至70年代的高速增长之后,经济发展趋势急转直下,这虽与人们所分析的汇率陷阱及其他一些问题有关,但缺少新的经济增长动力,无疑是其中一个最直接的因素。中国要在战略思维层面居安思危、防患未然地避免"中等收入陷阱",也必须以此为鉴,以制度创新打开科技创新和管理创新的潜力空间,注重提升全要素生产率,优化产业结构和国民经济结构,形成对经济增长和福利提升的持续支持。

房地产业将何去何从

随着我国经济的成长、社会与体制的转型,房地产领域的重要性、复杂性和敏感性已前所未有地凸显出来。由于城市中心区和周边城乡结合部土地稀缺、城镇化推进及其他相关因素的综合作用,主要倾向是供不应求的土地使用权"卖方市场"和"价高者得"的不动产市场交易机制,加上可能运用的购房贷款等金融杠杆的作用,已使不少城市出现房地产(特别是老百姓极为敏感的住房)的过度投机炒作和价格迅速上升(往往被称为"泡沫化"),对房地产市场的平稳健康发展产生了较为严重的影响。

在计划经济时代,住宅由国家兴建分配,但是远远无法适应当时人民的实际需求。到 1978 年,开始实行改革开放时,中国人均住房面积仅为 3.6 平方米。2011 年 10 月 25 日,温家宝在天津市南开中学和师生座谈时,曾回忆在上小学、中学时,一家五口人挤在一间不到 9 平方米的小屋子里的窘况①,真实反映了当时我国城镇居民住房水平极其低下的现实。改革开放的大幕拉开之后,尽快改善人民群众住房困难的状态也就提上了议事日程。1980 年 4 月,邓小平在与中央领导同志谈长期规划时,就谈到建筑业和住宅问题。邓小平指出,"从多数资本主义国家看,建筑业是国民经济的三大支柱之一,这不是没有道理的。过去我们很不重视建筑业,只把它看成是消费领域的问题。但是这种生产消费资料的部门,也是发展生产、增加收入的一个重要产业部门。要改变一个观念,就是认为建筑业是赔钱的。应该看到,建筑业是可以赚钱的,是可以为国家增加收入、增加积累的一个重要产业部门。建筑业发展起来,就可以解决大量人口的就业问题,就可以多盖房,更好地满足城乡人民的需要。随着建筑业的发展,也就带动了建材工业的发展。在长期规划中必须把这个问题放在重要地位"。接着,邓小平就提到住宅问题,他说:"要考虑城市建筑住宅、分配房屋的一系列政策。城镇居民可以购买房屋,也可以自己盖。不但新房子可以出售,老房子也可以出售,可以一次性付款,也可以分期付款,十年、十五年付清。住宅出售以后,房租恐怕要调整,要联系房价调整房租,使人们感到买房合算。不同地区的房子,租金应该有所不同。将来房租提高了,对低工资的职工要给予补贴。这些

---

① 《温家宝谈教育》编辑组:《努力成为一个对国家和人民有用的人》,《温家宝谈教育》,人民教育出版社,2013 年版,第 210 页。

政策要联系起来考虑。"①1980年10月,国家建委在北京召开第一次全国城市规划工作会议,参加会议的有各地建委和城市规划、城市建设部门的负责同志,部分城市主管副市长,国务院有关部门和有关高等院校、设计科研单位的代表和专家学者,共290多人。会议通过了《城市规划法(草案)》,也由此打开了房地产市场化改革道路,通过发挥市场作用提高效率和资源优化配置,调动各方建房积极性,切实改善广大人民群众对解决住房困难的期望。这次会议提出,要积极进行综合开发和征收土地使用费的试点。要对新建工业城市、卫星城和现有城市的新工业区、新住宅区和旧城成片改造地区实行综合开发。有条件的地方还可以包建住宅生活服务设施、公共建筑。建成后成套出售建筑物,并按土地面积向使用单位收取开发费。要逐步征收城镇土地使用费。作为今后城镇建设和维护的一个固定资金来源。土地使用费开始成为地方预算外收入的重要来源。

和其他改革一样,住房制度改革也经历了双轨制阶段,并逐步走向市场化。起初国家一方面鼓励有条件的单位自建住房加快住房脱困;另一方面开启商品房试点,先是外销房示范小区。当时商品房价格虽然只有每平方米3 000～4 000元,但相对当时普通老百姓的工资而言,简直就是天价了。在改革开放之初,如果在住宅极其匮乏的情况下,直接放开市场,必然导致房价突然上涨,当时采取了逐步释放的双轨制的办法,通过多种办法增加供给,逐步引导向市场化方向发展。也由此,逐步改善了广大干部职工的住房。在这个过程中,又逐步建立和完善了相关法律建设,为住房商品化创造了条件。1998年,单位停止福利分房,逐步实行住房分配货币化,住房制度改革全面展开。在福利分房退出之后,各地政府也开启了经济适用房建设的"康居工程"。如北京的西三旗、回龙观、天通苑等小区集中修建了可容纳几十万人的大规模的经济适用房住宅区。与此同时,多样化、多层次的商品房小区也开始大量涌现,满足了不同人群对住房的多元需求。2003年,市场化配置全面取代非市场化配置,商品房开始成为人民住房需求的主要供给渠道,住房的或者说土地的市场化价值开始逐步显现。住房制度改革有利

---

① 中共中央文献研究室:《邓小平年谱(一九七五——九九七)(上)》,中央文献出版社,2004年版,第614-615页。

于改善广大居民的住房条件，但也加快了房屋价格的迅速攀升。伴随着2016年年底中央经济工作会议首次提出"房子是用来住的，不是用来炒的"，房地产在中国经济中的定位再次面临调整，房地产作为投资品的属性被要求淡化。

研究者的讨论和舆论场的众说纷纭中，有一种观点认为，中国的房地产价格不断上升只是因为地方政府对土地实行了垄断——这种地方土地垄断抬高了地价，进而抬高了房价。有待商榷的观点也很快出现：如果按该观点看，治本之策将很简单，就是打破政府对于土地的垄断，实行充分竞争，地价便不会再往上抬高，房价也会随之而降。或者由政府把地价限死，低地价可以带出低房价。这些看似有道理，实际上却是伪命题。因为土地使用权是自然垄断的，设想一下，如果我国政府体系中不是地方政府代表国家所有的终极所有权来实施对土地批租的管理，而是由土地私有化或所有权多元化所形成的非政府主体管理，其结果也一定是张三占了地，李四便不能占，好地段的地皮谁占了谁垄断，无充分竞争可言。在城镇化过程中，中心区土地资源稀缺性程度日趋强化这一情况下，商业性的房地产开发项目，在政府—开发商—消费者三者利益博弈之中，假如政府是以行政手段压低地价，其实并不能带来房价的合理回归，无非是扩大了开发商的暴利空间而已。实际上，这里真正的问题是：面对土地的自然垄断，如何在政府牵头的高水平国土开发合理规划之下，更好地、结构优化地组织有效住房供给，于改革中实施支持供需动态平衡的不动产相关基础性制度安排，形成引导和适应各社会阶层需求的有效供给体系，打造好房地产领域健康发展运行的长效机制。

如果没有有效的制度建设，仅靠在政策层面调来调去，就只能越来越偏重"限贷""限购"乃至"限价"等行政手段，至多治标而不可能治本，难以真正解决问题，还可能使矛盾积累起来。为此，需要有一个住房供给结构的合理化考虑，积极建立"双轨统筹"的制度框架，即在合理的国土开发通盘规划之下，让由政府负责的保障房这一"保障轨"与由市场调节的商品房、产权房这一"市场轨"，得到合理有效的并行与衔接，从而优化土地资源配置，实现所有居民"住有所居"和社会和谐。

在这个制度框架内，最高端层面，应该是由政府统筹管理，组织专家、吸收民间智慧,设计一个总体的全部国土开发的"顶层计划"。具体到某一个地方政府,在整个辖区规划中要对住宅建设通盘考虑,从棚户区改造、廉租房和公租房,再到一般商品住宅乃至高端住宅,还要配之以各种基础设施与公共服务条件,这是由市场主体怎样试错也试不出来的,"一盘棋"式结构,必须由政府牵头做好这种顶层的规划。接下来,在保障轨上,政府首先要管托底。理论上讲,这个"底"首先从廉租房、公租房托起,进而托到适应收入夹心层①、年轻白领需要的公租房(平价长租房)和"共有产权房"。如果能满足居民收入低端和收入夹心层"住有所居"的保障性需求,那么政府在市场轨上就不用紧盯着房价问题,就不必使用那么多的手段去对付房产交易均价这么一个指标。政府还应引导民间资本和社会资金进入建设领域,同时也包括在政策上引导民间资金参加建设低端的保障房。对于在市场轨上运转的商品住宅、产权房,政府主要是在管规划之下管规则,让相关主体公平竞争做开发,让有经济实力、支付能力的人通过运用消费者主权由自己做出选择。

另外,这一制度框架还有一重要内容——在不动产保有环节形成财产税制度的调节和制约,即除了在交易环节征税,同时还要在保有环节征收房地产税,而这恰恰是我国现有制度的一项缺失。上海和重庆的房产税改革试点值得肯定,具有制度创新破冰试水的意义。

2011年1月27日,上海市印发《上海市开展对部分个人住房征收房地产税试点的暂行办法》,决定于1月28日起在上海市开展对部分个人住房征收房地产税试点。2011年,上海房地产税试点的主要措施如表16-1所示。

上海市房地产税调节的主要方向是增量房而不是存量房,所以调节的范围并不太大。通过上海的试点,我们看到这套房地产税方案对刚需并没有产生太大的影响,虽然规定的是如果总面积超过60平方米,新买住房超出的平方米数就要缴纳房地产税,但是真正需要的人还是会继续买第二套,而靠房地产来投资的人,如果达到纳税的条件,必然不会再考虑继续买房,可以说它在控制继续进行房地产投机行为方面发挥了很好的作用。当然,上

---

① 既不符合买经济适用房条件也无力购买商品房。

海市房地产税试点也存在一些问题,从现在暴露的问题来看,由于税率较低,以目前力度还只能调节到中端收入水平的投资者,对于真正有大资本的投资者而言,由于存在对房产保值增值的预期,往往并不在乎每年缴纳很少一部分的房地产税。

表 16-1 上海市房地产税试点主要措施(2011 年)

试点范围	上海市行政区域
征收对象	上海市居民家庭在上海市新购且属于该居民家庭第二套及以上的住房(包括新购的二手存量房和新建商品房)和非上海市居民家庭在上海市新购的住房
纳税人	应税住房产权所有人
计税依据	应税住房的房地产市场价格评估值
评估机制	在市政府领导下,由地税、财政、住房等部门共同组织实施
适用税率	税率为 0.6%;应税住房每平方米交易价格低于上海市上一年度新建住房平均销售价格 2 倍的,税率减为 0.4%
税收减免	应税住房人均面积不满 60 平方米(含 60 平方米)的新购住房免征;人均面积超过 60 平方米的,对超出部分的面积按照规定征收
收入用途	用于保障性住房建设等支出
征收管理	由住房所在地地方税务机关负责征收;自纳税人取得住房产权的次月起计征

2011 年 1 月 27 日,重庆市印发《重庆市开展对部分个人住房征收房地产税试点的暂行办法》,决定于 1 月 28 日起在重庆市部分区域开展对部分个人住房征收房地产税试点。2011 年,重庆市房地产税试点的主要措施如表 16-2 所示。

重庆市主城 2011 年 4 月高档商品住房建筑面积占批准上市商品住房比例为 10.38%,开征房地产税后,这一比值下降到 6.65%,换句话说,房地产税为重庆市房地产开发降了温。与上海市不同,重庆市房地产税试点显然是将限制高端市场作为调整的主要方向之一,这种扭转消费者买大房、买贵房的调节作用在重庆市是比较明显的。与上海市试点所面临的问题类似,由于税率较低并且存在对房地产保值增值的预期,许多特别有经济实力的买大房、买贵房的自住者或者投资者并不在乎每年缴纳极少部分的房地产税,但客观上,重庆试点方案因为触及独栋别墅存量,触及高端富裕群体的既得利益,比上海方案要相对"激进"。

表16-2 重庆市房地产税试点主要措施(2011年)

试点范围	重庆市渝中区、江北区、沙坪坝区、九龙坡区、大渡口区、南岸区、北碚区、渝北区、巴南区(即主城九区)
征收对象	个人拥有的独栋商品住宅;个人新购的高档住房(指建筑面积交易单价达到上两年主城九区新建商品住房成交建筑面积均价2倍及以上的住房);在重庆市无户籍、无企业、无工作的个人新购(指重庆房地产税试点暂行办法实施之日起购买的住房)的第二套及以上的普通住房
纳税人	应税住房产权所有人;产权人未成年的,由法定监护人缴纳;产权出典的,由承典人缴纳;产权有纠纷的,由代管人或使用人缴纳
计税依据	应税住房的房产的交易价格
适用税率	独栋商品住宅和高档住房建筑面积交易单价在上两年主城九区新建商品住房成交建筑面积均价3倍以下的住房,税率为0.5%;3倍至4倍的,税率为1%;4倍及以上的,税率为1.2%;在重庆市同时无户籍、无企业、无工作的个人新购第二套及以上的普通住房,税率减为0.5%
税收减免	农民在宅基地上建造的自有住房,免征收;重庆市同时无户籍、无企业、无工作的个人满足任一条件,从当年起免征收
收入用途	用于公共租赁房的建设和维护
征收管理	由住房所在地地方税务机关负责征收;自纳税人取得住房产权的次月起计征

房地产税改革,从学理而联系实际做分析,对以下五个突出问题产生不可忽视的正面效应:一是缓解中国税制中直接税比重过低、间接税比重过高使大众"税收痛苦"程度较高的问题;二是改变地方税体系不成型的省级以下财政体制未进入真正分税制状态并使"土地财政"走偏的局面;三是使房地产调控新政体现治本的高水准;四是以作为直接税的不动产税制度建设,来抑制收入差距和财产差距扩大;五是培养和强化社会公众从基层社区开始作为纳税人的公共事务参与意识和机制,进而促进社会的民主化、法制化进程。

在大方向明确之后，中国的房地产税改革仍相当典型地体现了在改革深水区的步履维艰：党的十八届三中全会所要求的"加快房地产税立法并适时推进改革"迟迟不能贯彻落实，"加快立法"的表述后来在有关部门的文件中变成了"稳步推进立法"，又变成了更审慎的"稳妥推进立法"。有学者建议：应注重试点突破与渐进推动。在改革的推动过程中，管理部门应该更开明，及时向社会披露一些信息（如前些年的"物业税模拟评税"试点的基本情况），并尽可能就政府关于未来改革的一些基本考虑予以必要的信息披露，给社会公众吃定心丸（即明示此税在中国侧重于调节高端，严格贯彻支付能力原则，让住豪宅、有多套产权房的"先富起来"的阶层，适当地多对公共财政收入作贡献；与住房相关的土地使用权 70 年到期后，将按照《物权法》的规定"自动续期"，等等）。同时，理性地回应反对意见，尊重不同角度的诉求，承认所有的诉求都有充分表达的必要性，按照"共和"的精神使博弈过程理性化，寻求最大公约数，从而寻求到一个社会可接受的初始方案，并在各地获得授权可因地制宜分步实行的过程中，相对从容地寻求对房地产税法规的动态优化。

如何建设美丽中国

中国经济在起飞的过程中，很遗憾地又以粗放型发展重走了过去明确说过要避免的其他不少经济体"先污染，后治理"的老路。以雾霾等为代表的资源环境危机因素在过去几年凸显，除了雾霾这种大气污染，还有较普遍发生的水流的污染、土壤的污染，以及由这些引发的食品安全问题等。经济增长、民生改善和环境保护之间如何协调亟待解决，如何把生态环境压力和污染影响控制在可接受区间、实现可持续增长，已经是必须回答的重大现实问题了。怎样应对好这个具有挑战性的问题，又是困难重重的。经过几十年的发展，我们已经成功跨越了"盼温饱""求生存"的阶段，进入了"盼环保""求美好"的阶段。社会的主要矛盾已经由人民日益增长的物质文化需要同落后的社会生产之间的矛盾，转化为人民日益增长的美好生活需要和不平衡不充分的发展之间的矛盾，人民的需求已经由简单的物质文化发展到美好生活，"绿水青山"的自然和谐、环境优美,成了人民幸福生活重要的新内涵。

面对我国资源约束趋紧、环境污染严重、生态系统退化的严峻形势,党的十八大报告把生态文明建设放在突出地位,纳入社会主义现代化建设总体布局之中,融入经济建设、政治建设、文化建设、社会建设的全过程。党的十八届五中全会,将"绿色"发展纳入五大发展理念。党的十九大将污染防治列为三大攻坚战之一。早在 2005 年,习近平在任浙江省委书记时就提出"绿水青山就是金山银山"。2013 年 9 月 7 日,习近平再次强调,"宁要绿水青山,不要金山银山,而且绿水青山就是金山银山"。① 绿水青山就是金山银山的理念,其后很快深入人心,成为绿色发展和生态文明建设的指导思想,但真正贯彻好这一理念,还必须构建好与制度机制相关的若干位于"绿水青山"与"金山银山"之间的中项。

2013 年 5 月 24 日,习近平在中共中央政治局第六次集体学习时指出,保护生态环境必须依靠制度、依靠法治。只有实现最严格的制度、最严密的法治,才能为生态文明建设提供可靠保障。2014 年 4 月 24 日,十二届全国人大常委会第八次会议通过《中华人民共和国环境保护法(修订)》。2015 年 4 月,中共中央、国务院印发《关于加快推进生态文明建设的意见》,对健全生态文明制度体系作出明确规定。2015 年 9 月,中共中央、国务院印发《生态文明体制改革总体方案》,明确实施自然资源资产产权制度、国土空间开发保护制度、空间规划体系、资源总量管理和全面节约制度、资源有偿使用和生态补偿制度、环境治理体系、环境治理和生态保护市场体系,以及生态文明绩效评价考核和责任追究制度八个方面的改革。

财政、环保等部门在支持生态环境建设、建设美丽中国方面作出了积极努力。一是持续加大国家重点生态功能区转移支付力度,逐步将限制开发区和禁止开发区全部纳入支持范围;二是建立起覆盖新能源汽车、运营、基础设施建设研发等全方位的财政补贴体系,倡导绿色生活方式;三是推动矿产资源权益金制度改革,营造公平的矿业市场竞争环境;四是逐步完善绿色税制。2014 年 12 月 1 日起,我国在全国范围实施煤炭资源税从价计征改

---

① 《弘扬人民友谊共同建设"丝绸之路经济带"——习近平在哈萨克斯坦纳扎尔巴耶夫大学发表重要演讲》,《人民日报》2013 年 9 月 8 日。

革。2015年5月1日起,比照煤炭资源税改革原则和方法,我国在全国范围内实施稀土、钨、钼3个矿产资源税从价计征改革。2016年7月1日起,全国推开矿产资源税从价计征方式,清理规范涉及矿产资源的收费基金。2016年12月25日,十二届全国人大常委会第二十五次会议审议通过《中华人民共和国环境保护税法》,于2018年1月1日起开始实行。2018年3月30日,国税总局[①]颁布《资源税征收管理规程》。

这些进步的取得都非常不容易,是在攻坚克难,冲破利益固化藩篱中一步步地达到的。但是也要看到,我国当前生态环境保护形势依然严峻,在发展社会主义市场经济时,必须牢固树立绿色发展理念,摒弃"GDP崇拜"与"GDP挂帅",努力转变发展方式,在绿色发展道路上做出长期不懈的努力。

"太湖美呀太湖美,美就美在太湖水;水上有白帆,水下有红菱;水边芦苇青,水底鱼虾肥;湖水织出灌溉网,稻香果香绕湖飞……"一曲《太湖美》唱响大江南北,描绘了美丽的自然风光和鱼米之乡的美丽富饶,也道尽了生态环境与人民的生活息息相关。2007年一场突如其来的污染风暴将这一和谐的美景打破,将"水体污染控制与治理"这一难题摆在了人民面前,市场经济的快速发展,多年以来积压的生态环境问题已经到了必须解决的时候了。由于长期污染,江苏太湖里滋生了大量的蓝藻,终致爆发了严重蓝藻污染,湖水散发出阵阵恶臭,大量鱼虾死亡。很快无锡全城自来水也被污染,人民的生活用水和饮用水出现严重短缺。水污染引起了民众的恐慌和愤慨,在此背景下,一个强化地方党政主要负责人治河责任的河长制也就应运而生了。2007年8月23日,中共无锡市委办、市政府办联合印发《无锡市河(湖、库、荡、氿)断面水质控制目标及考核办法(试行)》,提出实行属地行政首长负责制下的"河(湖、库、荡、氿)长制",制定"一河(湖、库、荡、氿)一策"的综合整治方案。而其实,类似的制度在浙江省长兴县等地也有探索。发展中的环境问题已经日益突出,已经成为各地发展中面临的必须尽快解决的问题。在当前国情下,强化当地党政主要负责人的责任成了必然选择,也就是"治湖先治河、治河先治人、治人先治官"的思路,就是将河流等分段,由各段

---

① 2018年,省级和省级以下国税地税机构合并,实行以国家税务总局为主与省(区、市)人民政府双重领导管理体制。

地方党政主要负责人担任河长，实行河道管理责任包干。因为治水管理涉及多个部门，这种治水包干制度有利于避免各相关部门的"踢皮球"现象，由所在河段的行政领导承担相应责任，统筹协调，并通过公示责任牌的办法，接受人民监督。这一办法很快取得了一些成效，产生了扩散效应。2012 年，江苏省决定在全省范围内推广河长制。2016 年 12 月 13 日，中国水利部、环境保护部、发展改革委、财政部、国土资源部、住建部、交通运输部、农业部、卫计委、林业局等①十部委在北京召开视频会议，部署在全国全面推行河长制，并提出 2018 年年底前全面建立河长制的目标任务。在首都北京，2017 年全面推行河长制，建立市、区、乡镇（街道）、村四级河长体系。由于河长制的实施，不仅许多水道被清理，而且有水的河流长度增加了大约 427 千米，出现了一批河清景美的河道。古老的护城河两岸如今植被茂盛，长出"水下森林"，铺上了塑胶跑道。在悬挂着河长责任公示牌的牌子旁，每天都有不少市民早晚沿河遛弯、健走。一个生活在北京的德国人乐柏拍了个视频在网上流传。他在 2006 年搬到北京时，办公室就在亮马河边上，水几乎不能自己流动，经常有一种不太好的气味，现在那里变成了一个非常受欢迎的公园，城市的压力和喧嚣已经很远了。亮马河就是非常好的例子，可以说明北京过去几年付出了多大的努力来给城市做绿化和改善，吸引着来自世界各地的人们来这里投资和工作。

中共中央、国务院把生态文明建设作为统筹推进"五位一体"总体布局和协调推进"四个全面"战略布局的重要内容，以"绿水青山就是金山银山"理念为先导，推动我国生态环境保护发生历史性、转折性、全局性的变化。2013 年 11 月，党的十八届三中全会将生态文明体制改革纳入全面深化改革的目标体系。2014 年 4 月 24 日，十二届全国人大常委会第八次会议修订通过《中华人民共和国环境保护法》。新《环保法》被称作史上最严环保法。2015 年，中共中央、国务院先后印发《关于加快推进生态文明建设的意见》和《生态文明体制改革总体方案》，对生态文明建设进行了全面系统部署安排。

---

① 2018 年，国务院机构改革方案决定，组建自然资源部，不再保留国土资源部；组建农业农村部，不再保留农业部；设立国家卫生健康委员会，不再保留国家卫生和计划生育委员会；组建国家林业和草原局，不再保留国家林业局。

由此,生态文明制度建设全面展开并不断向纵深推进。

本来一直相较弱势的国家环保部门却每每以重拳出击的强硬姿态走进公众视线,掀起一轮轮"环保风暴"。2015年以来,国家环保部门先后组织完成了两轮中央生态环保督察工作。2015年年底开始试点,到2018年完成第一轮督察,并对20个省(区)开展"回头看";从2019年启动第二轮督察,分六批完成了对31个省(区、市)和新疆生产建设兵团、2个部门和6家中央企业的督察。中央生态环保督察是始终坚持问题导向,奔着问题去,奔着责任去,根据各省不同的特点,紧盯生态环境领域的突出矛盾和重大问题进行切入,始终保持从严的基调,敢于动真格、啃硬骨头。从长江岸线保护到洞庭湖非法矮围整治,从祁连山生态修复到秦岭违建别墅整治,查处一大批重大典型案件,形成强大的震慑,取得了很大成效。在根治污染严重的"痼疾",中央生态环保督察紧盯不放、一盯到底。辽宁省沈阳市城市污水处理厂产生的约150万吨污泥曾被存放在荒山凹地,恶臭熏天。2017年中央生态环保督察期间,附近村民把问题反映到督察组。在2018年的"回头看"过程中,督察组发现沈阳市将部分污泥不作处理直接装车外运,整改工作变成了"污染搬家"。对此,督察组再度给出反馈意见,要求全方位抓实问题整改。经过努力,曾经困扰周边群众的污泥全部得到妥善处置。"废料"污泥经专家论证试验,成为参与发电、生物堆肥、掺烧制砖的资源;回填覆绿后的泥坑金榆璀璨,绿柳悠然。在督察的有力推动下,当地不仅剜除了久拖不治的污泥"恶瘤",还迈出了宜居乡村建设的新步伐。

各地政府也在生态环境保护这一关系民生的重大问题上,保持高压态势,用最严格的制度最严密的办法保护生态环境。如河北省多次对区域内工业散煤、民用散煤、柴油车等问题进行集中治理。推动工业和居民生活煤改气、煤改电,并实现全覆盖。虽然京津冀生态环境质量改善程度距离老百姓对美好生活的期盼、距离美丽中国建设目标还存在一定的差距,但是生态环境已经有了明显改善。

在改革开放之初,我们曾经想努力避免重走西方发达国家"先污染,后治理"的老路,但是随着我们的工业化、城镇化的推进,却是不得不走上了这条老路,这已经是一个没有办法的既成事实,治理任务还非常艰巨。但是治理的过程也是一个非常痛苦的过程,它将不可避免地影响地方经济的发展和底层人民的生计。加上连续遇到中美贸易冲突、新冠疫情的多重影响,经济出现暂时的困难,使人们在环保治理上有了更多纠结。如何坚持供给侧结构性改革目标,来破解这个非常之局,是当前的一个重要问题。

美国经济学家根据发达国家工业化进程的历史经验提出了"环境库兹涅茨曲线"假说,认为环境质量开始随着收入增加而退化,收入水平上升到一定程度后,随着收入增加,市场机制不断完善,自我调节的市场机制会减缓环境的恶化,即环境质量与收入为"倒 U 型"关系。"环境库兹涅茨曲线"假说提出后,批评声不断,各种实证研究的结果出现多样化,有的支持"倒 U 型",也有结论显示两者呈"U 型"、"N 型"、单调上升型、单调下降型。"环境库兹涅茨曲线"假说的出现只是表象,归根结底还是一个国家经济发展方式和生活方式的转变。众多实证研究都证实"倒 U"的前半部分曲线是成立的,但拐点是否会出现,后半部分会呈现什么样的形状,最终还是要看发展方式的转变。然而,经济发展方式的自发性变化是极为漫长的过程,还需要国家政权的环保政策的转变来推动。越是在转型艰难的时刻,越是要紧守供给侧结构性改革的方向不动摇,加快形成绿色发展方式。

党的十八届三中全会以来,中国实行资源总量和强度双控制度,严守水资源红线,严控新增建设用地规模,全面节约资源有效推进,能源资源消耗强度大幅下降。特别是推动能源生产和消费革命,能源结构调整不断加快,当前我国已经成为世界利用新能源和可再生能源第一大国。近年来,我国的风电、光伏发电等新能源发展成效显著,装机规模稳居全球首位,发电量占比稳步提升。数据显示,2022 年前四个月,全社会用电量增量中,有接近六成来自新能源发电量的增量。2022 年以来,我国新能源、氢能、新型储能等新产业发展提速,大型风电光伏基地、先进核电等一批重大项目陆续开工建设。2021 年刚刚投产的国内首个百万千瓦级海上风电场——三峡阳江沙扒海上风电场,已累计安全生产清洁电能 10 亿千瓦时,可替代标准煤 30.76 万吨。过去十年,光伏作为新能源的代表,在各项政策支持下有了迅猛发展,无论规模还是技术,都处于全球领先地位,度电成本大幅下降,正在进入"无补贴"时代。2013 年至 2019 年中国新能源汽车年销售量增长了

68.52倍,而作为重要配件的动力电池年装机量增长了89.11倍。近十多年来,我国煤炭消费量占能源消费总量的比重持续下降,由2012年的68.5%降至2021年的56%,下降12.5个百分点;可再生能源消费比重从2012年的近9%提高到2021年超过14%;装机规模突破10亿千瓦大关,占全国发电总装机容量的比重超过40%。2021年,在全球能源供应紧张、欧洲多国重启煤电的形势下,我国非化石能源发展保持力度不减,占能源消费总量比重提高了0.7个百分点,就是从15.9%提高到16.6%,保持了党的十八大以来的年平均增速。

20世纪80年代以来,全球气温不断升高,气候问题引发全球关注。1997年12月在日本京都召开的《联合国气候变化框架公约》缔约方第三次会议通过了《联合国气候变化框架公约的京都议定书》(以下简称《京都议定书》),其目标是"将大气中的温室气体含量稳定在一个适当的水平,进而防止剧烈的气候改变对人类造成伤害"。《京都议定书》于1998年3月16日至1999年3月15日开放签字,共有84国签署,条约于2005年2月16日开始生效,到2009年2月,一共有183个国家通过了该条约。但美国和加拿大等排放大国先后在签署后退出。美国人口仅占全球人口的3%至4%,而排放的二氧化碳却占全球排放量的25%以上。美国曾于1998年签署了《京都议定书》。但2001年3月,美国政府以"减少温室气体排放将会影响美国经济发展"和"发展中国家也应该承担减排和限排温室气体的义务"为借口,宣布拒绝批准《京都议定书》。

2015年12月12日,第21届联合国气候变化大会在巴黎通过《巴黎气候变化协定》(以下简称《巴黎协定》)。这是继《京都议定书》后第二份有法律约束力的气候协议,为2020年后全球应对气候变化行动作出了安排。其长期目标是将全球平均气温较前工业化时期上升幅度控制在2摄氏度以内,并努力将温度上升幅度限制在1.5摄氏度以内。2016年4月22日,《巴黎协定》高级别签署仪式在纽约联合国总部举行。时任联合国秘书长潘基文宣布,在《巴黎协定》开放签署首日,共有175个国家签署了这一协定,创下国际协定开放首日签署国家数量最多纪录。时任中国国务院副总理张高丽作为习近平主席特使在《巴黎协定》上签字。同年9月3日,全国人大常委会批准中国加入《巴黎气候变化协定》，成为完成了批准协定的缔约方之一。2020年11月4日，美国正式退出了《巴黎协定》。2020年12月12日，美国当选总统拜登宣布将在39天后重回《巴黎协定》。2021年1月20日，美国总统拜登签署行政令，美国将重新加入《巴黎协定》。2月19日，美国方面宣布，正式重新加入《巴黎协定》。《巴黎协定》签订之后，法国、英国、日本、韩国、加拿大、南非、阿根廷、墨西哥等国先后作出承诺，将在2050年实现净零温室气体排放。在2020年召开的第七十五届联合国大会上，习近平主席提出"中国将提高国家自主贡献力度，采取更加有力的政策和措施，二氧化碳排放力争于2030年前达到峰值（碳达峰），努力争取2060年前实现碳中和"的目标。这既是中国对世界各国的庄严承诺，彰显了中国始终坚持以世界眼光、全球视野构建人类命运共同体的大国担当，也是我国在"十四五"期间坚定不移贯彻新发展理念，构建新发展格局，实现高质量发展的必由之路。

碳达峰指的是一个组织的二氧化碳排放量进入平台期的过程，平台期指的是二氧化碳排放量稳定在某个水平，年均增速接近于0，不会发生明显波动。碳达峰是二氧化碳排放量由增转降的历史拐点，标志着碳排放与经济发展实现脱钩。碳中和指的是一个组织，利用二氧化碳吸收技术抵消一年内二氧化碳的排放量，简单来说就是让二氧化碳排放量与二氧化碳吸收量实现对等。自碳达峰碳中和目标提出之后，党中央、国务院相继出台一系列相关政策，积极履行国际义务，为全球环境治理作出持续努力。《中华人民共和国国民经济和社会发展第十四个五年规划和2035年远景目标纲要》中明确提出，推动绿色低碳发展，推动社会经济发展方式发生深刻变革，向着绿色低碳的方向转型发展。

2021年，国家市场监管总局成立碳达峰碳中和工作领导小组及办公室，旨在深入贯彻党中央、国务院关于碳达峰、碳中和的决策部署，统筹推进市场监管领域相关工作，将充分发挥计量、标准、认证认可、价监竞争、特种设备等多项监管职能作用，按照职责开展碳达峰、碳中和有关工作，为如期实现碳达峰、碳中和目标提供重要支撑和保障。5月26日，碳达峰、碳中和工作领导小组第一次全体会议在北京召开。这标志着中国"双碳"目标迈出了重要一步。国家发改委、生态环境部、交通运输部、工业和信息化部、科技部等各部委积极响应,围绕"双碳"目标作出了工作部署。各地方政府也相继制定了碳减排目标和行动计划。"双碳"目标的完成,还需要多部门、各行业共同努力,创造良好的制度环境、政策环境和市场环境,特别是科技领域的突破式创新,还需要多种市场机制共同发挥作用。

第十七章

通往中国梦的新"两步走"

从"三位一体"到"五位一体"

回顾改革开放之初,我们党确立了社会主义初级阶段基本路线,其核心是"坚持以经济建设为中心"。1986年党的十二届六中全会提出"以经济建设为中心,坚定不移地进行经济体制改革,坚定不移地进行政治体制改革,坚定不移地加强精神文明建设"的发展布局。在改革和发展过程中,党团结带领全国人民紧紧围绕经济建设这个中心,努力实现经济、教育、科技、文化的繁荣和发展,使人民生活水平快速提高,政治文明和精神文明建设不断推进。党的十三大、十四大、十五大、十六大延续了经济建设、政治建设、文化建设"三位一体"的总布局,成为很长一段时间中国特色社会主义建设的重要战略部署和基本框架设计。

随着改革开放深入推进,中国在经济活力得到激发、"黄金发展期"特征显现的同时,出现了收入差距拉大、社会分层凸显、社会结构变化等新情况。对此,2006年党的十六届六中全会提出构建社会主义和谐社会的重大任务,以社会管理创新为核心的社会建设被提到新的高度,中国特色社会主义事业总布局由"三位一体"扩展为经济建设、政治建设、文化建设、社会建设"四位一体"。

随着经济规模不断扩大,粗放型经济发展方式的弊端凸显,经济发展中高耗能、高污染、高成本问题以及由环境恶化引发的种种社会问题成为制约经济社会持续发展、影响社会和谐稳定的重要方面。党和国家一贯重视生态环境保护,2012年党的十八大报告进一步把生态文明建设摆在中国特色社会主义事业全局的高度,明确提出经济建设、政治建设、文化建设、社会建设、生态文明建设"五位一体"的总布局。这是适应发展阶段变化、顺应人民群众期待的重大理论和实践创新,是对治国理政理念的极大丰富。

经济发展水平越高、关系越复杂,经济建设就越需要政治、文化、社会、生态文明等方面建设的协同配合。从"三位一体""四位一体"到"五位一体"总体布局,我们党不断总结社会主义建设经验,深化对社会主义建设规律的认识,不断提高驾驭经济社会发展的能力,丰富了治国理政的方针与思路,优化了推进社会主义现代化事业的实践。从提高人民生活水平到丰富百姓的精神世界、文化生活,再到建设生态文明、改善人居环境,执政为民的理念始终蕴含其中并不断升华。从全能型无限政府转向服务型有限政府,从粗放增长转向集约增长,从强调GDP的龙头指标作用到告别"GDP崇拜"、倡导和推进全面协调可持续发展,中国的发展导向更加适应于人的全面发展,政府的职责更加明晰、工作更加高效,党的执政能力稳步提升。在应对国际金融危机冲击中,中国成为全球表现最好的主要经济体之一。这固然得益于中国处于经济快速发展阶段多种力量的综合支撑、城镇化空间较大以及市场回旋空间大等因素,但更关键的是由于中国经济发展有社会主义建设总布局为依托,因而更为稳固、坚韧。

从"三位一体"到"四位一体"再到"五位一体",这生动表明了中国共产党在中国特色社会主义市场经济规律认识上的不断深化。"坚持以经济建设为中心",绝不是孤立地搞经济建设。正是因为我们没有只搞经济建设,而是从"三位一体"到"四位一体"再到"五位一体",在经济发展水平不断提高的同时推动中国特色社会主义事业全面发展,才创造了令世人惊叹的经济奇迹。

党的十八大以来,党和政府直面"三期叠加"的新形势,坚持"五位一体"的总体布局,以创新、协调、绿色、开放、共享的新发展理念来引领五大建设,既要金山银山,也要绿水青山。忍受改革转型的阵痛,相信市场的力量,坚持发展经济的同时,做到稳增长、防通胀、控风险,切实提高增长的质量和效益,开创了中国经济建设、政治建设、文化建设、社会建设、生态文明全面进步的新局面,打造出中国经济的升级版。

2017年10月18日,党的十九大在人民大会堂开幕。习近平代表第十八届中央委员会向大会作了题为《决胜全面建成小康社会 夺取新时代中国特色社会主义伟大胜利》的报告。2 300多名代表济济一堂,共谋党和国家发展大业,同绘通往中华民族伟大复兴的中国梦的壮丽画卷。习近平在报告里明确指出,"经过长期努力,中国特色社会主义进入了新时代,这是我国发展新的历史方位"。这个新时代的显著标志,是中国共产党领导人民历经近百年的奋斗,终于使近代以来久经磨难的中华民族,迎来了从站起来、富起来、到强起来这一历史飞跃。我们比历史上任何时候都更接近、更有信心和能力实现中华民族伟大复兴的目标。习近平新时代中国特色社会主义思想,是马克思主义中国化的最新成果也是党与人民实践经验和集体智慧的结晶,成为全党全国人民为实现中华民族伟大复兴而奋斗的行动指南。

新"两步走"

党的十九大在原来"三步走"的现代化推进方略基础上,提出了新"两步走"的战略部署,描绘出在新时代全面建设社会主义现代化国家的宏伟蓝图,那就是在全面建成小康社会的基础上,从2020年到2035年,用15年基本实现社会主义现代化;从2035年到2050年,再奋斗15年,把我国建成社会主义现代化强国。

回顾既往,1987年10月,在党的十三大上,中央对我国社会主义现代化建设作出了"三步走"的战略安排:第一步目标是1981年到1990年实现国民生产总值比1980年翻一番,解决人民的温饱问题;第二步目标是1991年到20世纪末国民生产总值再增长一倍,人民生活达到小康水平;第三步目标是到21世纪中叶基本实现现代化,人均国民生产总值达到中等发达国家水平,人民过上比较富裕的生活。前两步目标已经提前完成,在这个基础上,党在十九大提出了新"两步走"的战略部署。

2020年中国实现的全面小康,意味着中华民族伟大复兴的目标,在"三步走"的第三步中,如愿达到了一个重要的中间节点。邓小平改革开放之初高瞻远瞩放眼七十年规划的"三步走"战略目标,在其"经济总量翻两番"的前两步提前实现之后,党中央决策层又为第三步这个横跨半个世纪的战略步骤,明确规划了2020年达到"全面小康"的节点目标——它前承2000年的初步小康,后接党的十九大进一步勾画的"新的两步走",即2035年要基本实现社会主义现代化,本世纪中叶要建成社会主义现代化强国。中华民族要实现中国梦的现代化新征程,由全面小康的实现,树立起一座新的继往开来的里程碑。

这也意味着中国为全世界的减贫事业和全人类的物质文明提升,作出了无与伦比的巨大贡献。中国是世界人口第一大国,也由于历史等方面的原因,过去长期成为贫困人口大国。新中国成立之后,于"一穷二白"基础上致力于国家工业化和经济发展,一向把减贫作为重大目标。改革开放四十年中,随着生产力的解放和人民生活水平的提高,终于走到了"十三五"时期的七千万农村贫困人口(年人均收入低于人民币2011年不变价的2 300元水平)脱贫的历史新境界。从全球看,按照世界银行标准,占世界极度贫困人口比重前三位的地区与国家,原来是撒哈拉以南非洲、印度和中国,而近30年来,撒哈拉以南非洲和印度的贫困人口占世界贫困人口的比重有所上升,同期中国的比重则大幅下降,已从1981年的43%下降到了10%以下。中国为人类减贫事业所做出的贡献令全球瞩目,并且较快地进一步减少国内于世界银行标准贫困线以下的人口数。前面几十年间,世界减贫贡献之最,中国首屈一指。

这还意味着中国作为当今世界最大的发展中国家,有望在新的起点上去跨越"中等收入陷阱",经受历史性考验成长为高收入经济体。随着全面小康的实现,中国的年人均国民收入已超过1万美元,已居于世界银行标准的中等收入经济体上半区的顶部。中国的中等收入群体已达4亿人。但按照前面大半个世纪全球范围内的统计现象,有比喻式的"中等收入陷阱"之说，反映着一种历史性考验：达到中等收入的经济体，绝大多数不能如愿继续上升为高收入经济体。然而中国按照近些年的发展态势，尽管有告别"高速"增长阶段的"新常态"到来，但仍有相当大的可能性以"中高速"的5%～6%水平延续收入增长。这种"中高速"，其实将是与世界上较大经济体比较而言的"高速"。我们面对中美贸易摩擦升级等带来的不确定性因素，只要把握好中国可选择的确定性——继续以改革开放促进解放和发展生产力，利用中国工业化、城镇化巨大发展空间所带来的发展后劲，可能如愿确立高收入国地位。

这更意味着我们可以对"中国为什么行"，做出进一步的和具有全面性的总结。新中国七十多年风雨兼程，于曲折探索中迎来了经济社会发展的高歌猛进，业已形成"大踏步跟上时代""蓄之既久，其发必速"的上升态势，虽然还有种种矛盾制约与难以避免的艰难险阻，但我们在中国式现代化新征程上，也可以有更丰富的经验和更充足的信心，继续把方向对准、把激励搞对、把相对优势和巨大潜力充分发挥。因为我们有坚定不移贯彻改革开放大政方针、以经济建设为中心的基本路线和在供给侧结构性改革主线上打造现代化经济体系的道路自信，有坚持马克思主义基本原理并在发展中将其中国化来指导创新实践的理论自信，有在改革深水区攻坚克难完成经济社会转轨从而显著提高供给体系质量与效率的制度自信，以及弘扬中华民族几千年传统文化精髓并同时吸收人类文明一切积极成果的文化自信。中国奔向现代化的航船，将更昂扬地树立巨帆"乘长风破万里浪"。

这也意味着我们将更清楚地认知中国现代化之路上"行百里者半九十"、承前启后奋力拼搏进取的要领。中国人经过百多年前赴后继、可歌可泣的努力，终于迈入了从站起来、富起来到强起来的新时代，但是，全面建成小康社会后，如何化解收入差距过大的矛盾而增进社会和谐？如何完成增长方式的转变以实现高质量发展？如何完成体制机制的转变来建成具有高标准法治化营商环境和充分实现社会公平正义的生机勃勃、成熟完善的社会主义市场经济？奋斗正未有穷期，仍然任重道远。我们唯有"思想再解放、改革再深入、开放再扩展、工作再抓实",勇于涉险滩"冲破利益固化的藩篱",在改革的深水区"啃硬骨头",在"历史三峡"的瓶颈期"不忘初心、牢记使命",义无反顾、万众一心,经受住未来关键性的十年和三十年的历史性考验,从而使中国梦在中华民族伟大复兴的现代化征程中梦想成真。

以中国未来的发展空间和潜力看,从全国总体而言,工业化是在从中期向中后期转化,"世界工厂"的制造业大国需要向制造业强国升级发展;工业化必然伴随城镇化,从2020年户籍人口的城镇化率(44%)和常住人口的城镇化率(62%)综合判断,真实水平还仅在50%左右;新经济、新型服务业领域日新月异,但还总体处于模仿跟随、方兴未艾阶段。这些都意味着中国有弥合"二元经济"的巨大的发展空间、市场潜力、韧性与回旋余地。在中国大地上,不论是战略性新兴产业、高新科技创新还是传统产业的升级发展,都蕴含着可观可贵的投资机遇。贸易冲突的外在压力,正是促使我们变压力为动力,变坏事为好事,进一步扩大内需,调动和激发广大工商业界从业人士的爱国热情与创业创新潜力,以政策性投融资的机制创新,支持扩大有效投资,进而带动国人消费潜力的释放,冲抵下行因素,呼应配套改革和结构优化调整,开创高质量发展的新局面。

党的十九大报告提出:"在任何情况下都要牢牢把握社会主义初级阶段这个最大国情,推进任何方面的改革发展都要牢牢立足社会主义初级阶段这个最大实际。"在新时代新阶段我们必须面对发展的不平衡不充分的问题,在经济发展的同时,必须坚持科学的全面的总体布局。在需要以充分战略耐心和战略定力经过几代、十几代甚至几十代人的努力走完社会主义初级阶段的征程上,中国占市场主体总数绝大部分的民营企业,是和国有企业同样构成共产党执政基础的"自己人",这些企业已涌现出大批优秀的企业家,为国家贡献了一半以上的税收,60%以上的GDP,70%以上的创新专利和80%以上的就业,以及90%以上的新增就业。我们有充分的理由,来促进多种所有制企业的共同发展,共赢共荣,进一步把握好中国坚定不移深化改革、扩大开放、和平发展的时代大势。在全面依法治国、保护产权和"竞争中性"取向下,我们将秉持更加坚定执着的发展信心,迎接挑战,抓住机遇,构建无愧于时代、无愧于人生的新业绩!

百年未有之大变局和人类文明发展的主潮流

习近平在 2018 年 6 月中央外事工作会议上提出一个重大论断,当前中国处于近代以来最好的发展时期,世界处于百年未有之大变局。"行百里者半九十",就在中国现代化进入冲关期的当下,某种"百年未有之大变局"的历史考验似乎不期而至。

国际政治经济格局出现了"逆转"式变化。百余年来国际政治经济格局虽然变化过程复杂,但大脉络总体上是伴随工业化、城镇化、信息化等推进的全球化(国际化):经过两次惨烈的世界大战和美苏为代表的"两大阵营"的冷战,以及结束冷战的"东欧剧变",相当清晰地归结于"世界是平的"的全球化,以及很快替代"两极—单极"局面的多方博弈与合作竞争大环境中的"多极化"。中国于千年之交加入世界贸易组织,更是引出了在全球竞争中新一波超常规发展中的亚洲板块"和平崛起"之势。但就在最近几年,国际格局却有了一些以令人几乎目不暇接的"黑天鹅"事件为代表的"逆转"式变化:以美欧的民粹主义思潮为背景,头号强国美国明显转向单边主义和孤立主义;欧盟共同体在经过"一日三惊"的主权债务危机冲击之后,刚刚平缓一些,却出现了英国脱欧这个沉重一击所形成的"一体化"之路上的大倒退;恐怖主义和极端主义在全球不断制造事端;"过度的、狭隘的民族主义"多有抬头;法、德国内右翼势力的不断兴风作浪,与原先多年奉行的"包容性"理念背道而驰;美国在对中国的关系处理上,悍然发起影响全球的中美贸易冲突……中国和平发展的国际环境,显然出现了较严重的与全球化反向的逆流奇袭,原可依仗的一些"推力"因素,不期然转为"阻力"。中美这一当今世界上最重要的双边关系上的美国一方,其在贸易施压背后的战略用意,是对于中国崛起的全面遏制和打压,是守成大国对新兴大国依"丛林法则"采取的某种自然选择,它标志着中美关系已经进入一个"回不到过去"的很可能长期摩擦乃至"打打停停,停停打打"的新阶段。

回顾百多年全球视野内的历史演变,我们已有充分的理论与实践结合的依据,来充分肯定最终由邓小平明确表述的时代主题:和平与发展。这一判断,超越了"战争与革命""谁战胜谁"的原有时代判断而成为我们实事求是、以经济建设为中心贯彻党的基本路线的根本依据。这一主题,完全可以由关于供给侧创新的研究给出严谨的学理论证:一方面,在人类社会供给侧创新推到"共享经济"这个概念的时代进程中,全球各经济体(包括中国和美国之间)的产业链日趋融合,越来越有可能摒弃"你输我赢"的旧思维,在国内、国际实务中推进共赢的"人类命运共同体"式的包容性发展与和平发展;另一方面,在供给侧创新引出"核时代"、早已形成了"核威慑"的国际战略格局均衡制约条件,这也正是邓小平所说的再也不可错失的战略机遇期的关键构成因素。上面时代主题的战略判断和两个角度的学理论证,构成认知中国以经济建设为中心、"一百年不动摇"的党的基本路线的原点,已经并将继续由实践证明,这可成为中国与其他经济体一起寻求人类命运共同体式发展的最为客观的支撑条件、共识催化剂和强有力制约因素。当下我们感受到的"百年未有之大变局",并没有改变这样一种人类文明发展主潮流上的基本趋势和必将走向的主流认同。逆流可以掀起一些浪花甚至是惊涛骇浪,但终究将被主流所压倒,中国在以人为本推进现代化的进程中,要敢于和善于斗争。坚守底线的同时,也仍然有"一千条理由"和美国以及其他的各个经济体搞好关系,求同存异,在中国继续大踏步跟上时代、追赶发达经济体现代化水平的进程中,避免所谓"修昔底德陷阱";并且要坚定不移、攻坚克难地深化改革,形成发展后劲,化解各种矛盾与风险,使中国成功跨越"中等收入陷阱",实现与世界民族之林的共存共荣,迈向中国和整个人类社会更值得期待的美好明天。

中国梦照进社会主义市场经济之路

实现中华民族伟大复兴的中国梦,是随着另一场古老中国守旧之梦的破碎产生的。长期以来,中华文明以其独有的特色和辉煌走在了世界文明发展的前列,为世界文明进步作出过巨大的贡献。然而,随着资本主义生产方式的兴起,随着近代工业革命脚步的加快,中国很快落伍了。故步自封的封建统治者仍然沉浸在往日的辉煌所造就的梦想之中,等待着"万国来朝"。不料,等来的却是西方列强的船坚炮利,等来的却是近乎亡国的灭顶之灾。

1840年爆发的中英第一次鸦片战争,不但打开了中国的国门,也打碎了"天朝之梦"。从此,中国逐步沦为半殖民地半封建社会。历经"师夷长技以制夷"(魏源)、"开制度局而定宪法"(康有为)的失败,我们清醒地认识到"通过自上而下逐步改良的办法来使中国现代化,是绝无希望的"(费正清)。孙中山在1894年11月《兴中会章程》中,第一次提出"振兴中华"的口号,标志着民族意识的觉醒,开启了中华民主革命的篇章,结束了两千多年的封建帝制。经历抗日战争、解放战争,中华民族自1840年起整整走了109年,终于迎来中华人民共和国的成立。新中国从诞生直至成立一百年的奋斗目标则是国家富强、民族振兴、人民幸福。为此,中国共产党的几代中央领导集体带领中国各族人民,又开始了新的探索、新的长征。时代斗转星移,从改变"一穷二白"面貌的艰苦奋斗,到改革开放闯出"中国奇迹"。世界正在从以西方为中心转变为多极化。新的世界权力格局正在形成,新兴国家的力量越来越强大,西方国家衰落越来越明显。但西方守成中的必然衰落需要一个很长过程,至少还要几十年的时间。对于中国和中国人来说,未来的机遇比以往任何时代都要大得多。过好市场经济关和民主法治关,才能做好社会主义市场经济的完善与发展这篇大文章,使我们真正走上追求现代化的中华民族伟大复兴中国梦的康庄大道。

党的十八届三中全会提出了"使市场经济在资源配置中起决定性作用和更好发挥政府作用"这一重大的理论论述。党的十九大将这一理论进一步进行了重申:"使市场经济在资源配置中起决定性作用,更好发挥政府作用。"将中间的"和"改为了逗号。时任中央财经领导小组办公室副主任的杨伟民特别阐述了这一修改的意义:"起草党的代表大会的报告是十分严肃的政治任务,每个字、每标点符号都是反复推敲,一个逗号的修改看起来是很小的改动,但意义重大而深远。"他指出,由"和"改为逗号,这本身就是一个重大的改革,是一项比改革方案还要重要的重大改革。"进一步宣示了我们党坚持社会主义市场经济改革方向的决心和立场。对今后的经济体制改革将带来长远的、深刻的影响。"①

---

① 《杨伟民解读十九大报告:一个逗号彰显党的决心和立场》,凤凰网财经,2017年11月22日。

2013 年李克强在就任总理的当天,就表示要用壮士断腕的决心自我革命,"把错装在政府身上的手换成市场的手"。① 第二天,李克强便主持召开了第一次国务院常务会议,提出将《国务院机构改革和职能转变方案》分解为 72 项任务,逐项明确责任部门和完成时限,正式开启了简政放权改革,要以政府的有所不为来换取市场的大松绑和社会活力的充分释放。李克强在当年 11 月的一次电话会议上号召:"政府职能转变和机构改革是一场自我革命,要民意为先,舍利为公,有敢啃'硬骨头'的勇气,义无反顾、一抓到底。"

党的十八届三中全会提出建立统一开放、竞争有序的市场体系,并围绕建立公开、开放、透明的市场规则提出推进工商注册制度便利化、实行"负面清单"准入管理方式、完善市场监督体系等改革举措。2014 年 6 月 4 日,国务院印发《关于促进市场公平竞争维护市场正常秩序的若干意见》,就完善市场监管体系、促进市场公平竞争、维护市场政策秩序作出重要部署。2015 年 10 月 2 日,国务院印发《关于实行市场准入负面清单制度的意见》,提出按照先行先试、逐步推开的原则,从 2015 年 12 月 1 日至 2017 年 12 月 31 日,在部分地区实行市场准入负面清单制度,积累经验、逐步完善,探索形成全国统一的市场准入"负面清单"及相应的体制机制,从 2018 年起正式实行全国统一的市场准入负面清单制度。2015 年 10 月 12 日,中共中央、国务院下发《关于推进价格机制改革的若干意见》,明确推进价格机制改革的路线图、时间表,将价格改革向纵深推进,大量竞争性领域和环节价格放开。2015 年 10 月 13 日,国务院印发《关于"先照后证"改革后加强事中事后监管的意见》,标志着商事制度改革"放、管、服"三位一体总体框架初步构筑完成。2016 年 6 月,中国国务院印发了《关于在市场体系建设中建立公平竞争审查制度的意见》,要求逐步清理废除妨碍全国统一市场和公平竞争的规定和做法而制定的法规,建立实施公平竞争审查制度。

党的十九大报告提出,全面实施市场准入负面清单制度,清理废除妨碍统一市场和公平竞争的各种规定和做法,支持民营企业发展激发各类市场主体活力。深化商事制度改革,打破行政性垄断,防止市场垄断,加快要素

---

① 《李克强:把错装在政府身上的手换成市场的手》,新华网,2013 年 3 月 17 日。

价格市场化改革,放宽服务业准入限制,完善市场监管体制。2020年4月9日,中共中央、国务院颁布了《关于构建更加完善的要素市场化配置体制机制的意见》,分类提出了土地、劳动力、资本、技术、数据五个要素领域改革的方向,明确了完善要素市场化配置的具体举措。2020年5月18日中共中央、国务院又发出堪称党的十八届三中全会《中共中央关于全面深化改革若干重大问题的决定》姊妹篇的《关于新时代加快完善社会主义市场经济体制的意见》这一重要文件,从九大方面对于全面配套改革和完善社会主义市场经济给以最新指导,改革力度之大,应该说是承前启后而又前所未有的。

以全面配套改革,冲过"历史三峡"

在党的十八届三中全会之后,中国进入全面改革的实施期,中央政治局首先审批通过的是财税配套改革方案,这也是促进更好发挥政府作用的重要举措。2014年6月,中共中央政治局审议通过《深化财税体制改革总体方案》,为新一轮财税体制改革确立了明确的时间表和路线图。党的十八届三中全会将财政的地位提到了"国家治理的基础和重要支柱"的高度,这也要求财政更好发挥好政策工具作用,促进资源配置更高效、更公平、更可持续,更好发挥调节收入分配和维护社会公平的作用,保障社会和谐稳定,实现国家的长治久安。

2014年8月,十二届全国人大常委会第十次会议决定修改《中华人民共和国预算法》(以下简称《预算法》)。新的《预算法》建立了全口径预算体系,健全了闭环式地方政府债务管理制度,系统规范了财政转移支付,将预算管理公开透明正式纳入法制化轨道。预算始终是财政体制的核心,新《预算法》的颁布,为深化财税体制改革全局奠定了法律基础。2014年8月,国务院下发《关于深化预算管理制度改革的决定》,提出要加大政府性基金预算、国有资本经营预算与一般公共预算的统筹力度,加强一般公共预算各项资金的统筹使用,提高政府公共服务水平。其要求划清市场和政府的边界。凡属市场能发挥作用的,财税等优惠政策要逐步退出;凡属市场不能有效发挥作用的,政府包括公共财政等要主动补位。

2015年2月，国务院印发了《关于改革和完善中央对地方转移支付制度的意见》，明确提出改革和完善转移支付制度，要围绕建立现代财政制度，以推进地区间基本公共服务均等化为主要目标，以一般性转移支付为主体，完善一般性转移支付增长机制，清理、整合、规范专项转移支付，严肃财经纪律，加强转移支付管理，充分发挥中央和地方两个积极性，促进经济社会持续健康发展。同年7月，财政部又制定了《革命老区转移支付资金管理办法》，以更好促进为革命作出巨大贡献的革命老区的各项社会事业发展，支持革命老区保障和改善民生。

2015年11月，习近平在中央财经领导小组第十一次会议上提出供给侧结构性改革。2015年年底的中央经济工作会议明确了供给侧结构性改革，"去产能、去库存、去杠杆、降成本、补短板"的"三去一降一补"的五大任务。在去产能方面，国务院先后出台了《关于化解产能严重过剩矛盾的指导意见》《关于钢铁行业化解过剩产能实现脱困发展的意见》《关于煤炭行业化解过剩产能实现脱困发展的意见》。在去库存方面，中央提出"房子是用来住的，不是用来炒的"定位，提出建立适应市场规律的基础性制度和长效机制，既抑制房地产泡沫，又防止大起大落。在去杠杆方面，国务院出台了《关于积极稳妥降低企业杠杆率的意见》，提出采取多种措施，以市场化、法治化方式，标本兼治、综合施策，积极稳妥降低企业杠杆率。在降成本方面，国务院先后出台了《关于多措并举着力缓解企业融资成本高问题的指导意见》《关于降低实体经济企业成本工作方案》。财税部门也进行了大规模减税降费，着力降低企业成本，减轻企业负担。财税部门还推动了以营改增为重点的税收制度改革，推动构建统一简洁的税制和消除重复征税、有效减轻企业负担。在补短板方面，国务院先后出台了《关于加强城市基础设施建设的意见》《"十三五"推进基本公共服务均等化规划》《关于保持基础设施领域补短板力度的指导意见》，出台措施鼓励地方政府采用PPP方式，撬动社会资本特别是民间投资投入补短板重大项目。

党的十八大以来，党中央国务院高度重视统筹推进"五位一体"的总体布局，坚持"四个全面"的战略布局全面推进政治、经济、文化、社会、生态的全面建设，着力推进民生的改善。改革开放以来，随着经济的发展，改善民生的需求也在迅速扩大。中国人民的需求，逐步从对物质文化的需要转向对多方位的美好生活的需求。党的十九大提出，"我国社会主要矛盾已经转化为人民日益增长的美好生活需要和不平衡不充分的发展之间的矛盾"。2020年，是全面建成小康社会的决胜期，民生建设任务异常繁重。中央实施了科教兴国战略、人才强国战略、创新驱动发展战略、乡村振兴战略、区域协调发展战略、可持续发展战略，突出抓重点、补短板、强弱项，全力打好防范化解重大风险、精准扶贫、污染防治的攻坚战。国家财政积极配合民生领域的各项改革，努力做到幼有所育、学有所教、劳有所得、病有所医、老有所养、住有所居、弱有所扶。在精准扶贫方面，各级财政不断加大投入，取得重大成效，现行标准下的农村贫困人口全部脱贫。2018年，全国基本医疗保险已经覆盖13亿多人，基本实现全民医保。基本公共卫生服务年人均财政补助标准得到很大提高，均等化水平也有了很大进展。国家财政性教育经费占GDP比重，自2012年突破4%以来，已经连续8年保持在4%以上，并且逐年上升。财政投入结构不断优化，以多种形式扩大对普惠性学前教育的投入，实现了中等职业教育免费。这一时期，各项社会保障事业都有了很大发展。

虽然面临的风险是多方面的，但是发展形势总体还是好的。党中央、国务院敢于直面问题，勇于攻坚克难，提出一系列新理念、新思想、新战略，出台一系列重大方针政策，推出一系列重大举措，实现现代国家治理之下的包容性发展，以创新驱动带来"动力转型"，以供给侧结构性改革优化供给和制度供给，更有效地支持升级增质，在深化改革中披荆斩棘一路冲过中国现代化"历史三峡"的大关。

疫情冲击下的发展与改革之路

2020年，注定是一个不平凡的年份。这是"两个一百年"奋斗目标的历史交汇期，是全面建成小康社会的决胜之年。但是前进的道路不可能一帆风顺，越是取得成绩的时候，越是要有如履薄冰的警惕性，保持行稳致远的战略定力，面临的风险也是多方面的，不仅有发展中出现的各种问题，也有经济结构转型带来的经济下行，加之国际形势波谲云诡，周边环境复杂敏感。2018年后不期而至的中美贸易冲突愈演愈烈，与外交战、科技战、金融战相交织。接着，又出现了新冠病毒，它对中国与世界经济造成巨大伤害。这些都不是我们所预料的，但是它们来了。作为2020年开年最大的"黑天鹅"事件，新冠疫情于全球范围内的迅速蔓延在威胁全球公共健康的同时，也严重冲击着世界经济运行秩序。国际货币基金组织（IMF）根据当时国际新冠病毒蔓延的态势以及全球经济的表现，对全球经济增长预期进行了大幅度下调，当时预计2020年全球经济下降3%，为20世纪30年代大萧条以来的最大幅度萎缩。IMF当时预计2020年中国经济增长1.8%左右，是全球主要经济体里少数预计为正增长的国家之一。但从2020年上半年中国经济实际运行的表现来看，中国经济在2020年度的增长明显高于IMF的预计，达到了2.3%。

中国在抗击新冠疫情的过程中，市场经济在支持减少病毒感染、恢复生产生活方面发挥了重要作用。在疫情刚刚出现时，由于防疫物资（如口罩等）供不应求，一些零售商借机涨价，有关"发国难财""口罩是否应该涨价"等问题产生了较为激烈的争论，有学者提出"个人需求"与"社会需求"的概念，提出将抗击疫情期间的防护设备列入社会需求范畴。韩国等资本主义经济体开始了口罩管制，并且按照身份证尾号的单双进行配给销售。但是随着生产的恢复和扩大，市场上口罩供应迅速保持平稳，大家在超市就可以轻松买到口罩、酒精等防疫物资，再也没有人讨论口罩等防疫物资该不该管控了。在2022年春，上海抗击新冠疫情最紧张的时刻，京东一周内调集3 000余名一线保供人员增援。一些地方试图通过管控市场的办法来维持运转，却发生了不少问题。事实说明，除了非常时期需考虑的行政性"非常之策"，市场经济机制在可能条件下运转正常，也十分有利于物流基本保持畅通，较好地保障抗击新冠疫情期间居民的正常生活所需。

不仅如此，在美国对中国实施史上最大规模的关税战、科技战的情况下，中国不仅出口规模、国际贸易顺差连创历史纪录，而且进一步强化了中国世界工厂地位，稳定了供应链地位，向全球提供防疫物资和物美价廉的商品，为世界各国经济稳定和社会稳定作出了重大贡献。

面对冲击和压力,中国始终把人民根本利益放在首位,展现了中国共产党领导和社会主义制度显著优势,统筹推进新冠病毒防控常态化和经济社会发展工作。在新冠疫情暴发初期,中国就明确对新冠患者及疑似患者的医疗费用进行财政补助,为患者个人和家庭应对突发性灾难提供有力保障。与此同时,各级财政还对医护人员安排、防疫物资供应、中小企业困难、疫后救助等各种情况采取多轮保障措施。在财政收入大幅下降情况下,政府坚持带头过紧日子,加大减税降费力度,维护和推动经济社会发展,使中国于2020年成功遏制新冠疫情蔓延,顺利实现复工复产,成为当年全球唯一实现正增长的主要经济体。而且当年实现了832个贫困县全部脱贫摘帽,创造了人类社会减贫史上的"中国奇迹",为实现共同富裕迈出坚实步伐。

其后,中国又经历了应对各地局部新冠病毒散点突发的一系列考验,2021年复工复产继续展开,在改革、发展、稳定的综合性掌握中,当年经济同比增长8.1%,使2020—2021年两年平均的复合增长率达到5.2%。2022年,在新冠疫情于长三角、珠三角、京津冀等增长极区域产生"超预期"的压力和负面效应的情况下,宏观政策发力稳经济大盘,使第二季度经济增速明显下行局面在第三季度之后得以掉头向上。

毋庸讳言,种种纠结与压力,也已使"百年变局"的重大挑战与考验施加到中国现代化的冲关期上,不确定性因素增加,甚至包含今后难以预料的"惊涛骇浪"式的突发风险。在以上变局和考验面前,我们应当认清,以人类文明发展主流为"基本面",遏制逆流、砥砺前行,在"不确定性"中把握我们可把握的"确定性",其客观上的支持因素,来自"变中未变"、不可逆转的全球供给侧创新发展大势。和平发展的时代主题没有变,在打造"人类命运共同体"中实现中国现代化"和平崛起",仍是应牢牢把握、可以大有作为的战略主线。

如何力求国内改革取得决定性成果,防止国际贸易与投资规则调整重构中被边缘化,成为双重挑战。使全面配套改革取得决定性成果,是"办好自己的事"、保持中国可持续发展和实现高质量升级发展的关键性与历史性的考验,同时,在近年一系列全球贸易、投资多边体系和原有规则的调整与重构中,中国如何不被边缘化,又成为国际风云变幻中必须坚持以开放促进改革、变压力为动力、变被动为主动的历史性挑战。

2022年4月10日,中共中央、国务院又作出加快建设全国统一大市场的重大部署,力求打破各种制约全国统一大市场建设的显性、隐性壁垒,让企业在高标准法治化营商环境中充分地放开手脚,形成长期行为,得以在"负面清单"下"海阔凭鱼跃,天高任鸟飞"地去试错创新,进而让生产力得到更大的解放。

数字经济的勃兴与整改

在新冠疫情冲击之下,数字经济依然有了迅猛的发展。2021年,我国数字经济发展取得新突破,数字经济规模达到45.5万亿元,同比名义增长16.2%,高于同期GDP名义增速3.4个百分点,占GDP比重达到39.8%,数字经济在国民经济中的地位更加稳固、支撑作用更加明显。①

近年来,数字技术及其衍生的数字经济,正在引领新一轮的科技革命和产业革命。习近平指出,数字经济发展速度之快、辐射范围之广、影响程度之深,前所未有,正在成为重组全球要素资源,重塑全球经济结构、改变全球竞争格局的关键力量。② 与前几轮科技革命和产业革命相比,以云计算、大数据、物联网、人工智能为代表的新一代信息技术推动的数字经济来得更加迅猛,由此带来的国际科技竞争也更加激烈。数字经济正深入渗透到经济社会各领域全过程,成为社会生产方式和生活方式变革进步的强大引领,谁能牵住这个"牛鼻子",谁就能占领先机、赢得优势。美国从20世纪90年代就启动了"信息高速公路"战略,并相继发布了《浮现中的数字经济》《新兴的数字经济Ⅱ》《数字经济2000》《数字经济2002》《数字经济2003》《美国创新战略》《美国创新新战略》《在数字经济中实现增长与创新》《联邦大数据研发战略计划》《国家人工智能研究和发展战略计划》《为人工智能的未来做好准备》《美国机器智能国家战略报告》《2018年国防部人工智能战略摘要——利

---

① 中国信息通信研究院:《中国数字经济发展报告》2022年,http://www.caict.ac.cn/kxyj/qwfb/bps/202207/P020220729609949023295.pdf。
② 《习近平:不断做强做优做大我国数字经济》,《求是》2022年第2期。

用人工智能促进安全与繁荣》《美国人工智能计划》,在发展数字经济方面抢到了先机,并持续领先。日本在 2001 年发布了《e-Japan 战略》,此后又先后推动了《u-Japan 战略》《i-Japan 战略 2015》《ICT 成长战略》《智能日本 ICT 成长战略》《第五期科学技术基本计划(2016—2020)》《集成创新战略》《第 2 期战略性创新推进计划(SIP)》《综合创新战略 2019》《半导体和数字产业发展战略》,有序推进数字经济建设。英国于 2009 年发布《数字英国》,随后相继启动《信息经济战略 2013》《英国数字经济战略(2015—2018)》《产业战略:人工智能领域行动》《国家计量战略实施计划》,推动英国数字经济建设。欧盟先后通过了《人工智能通讯》《欧盟人工智能》《人工智能合作宣言》《人工智能协调计划》《可信人工智能的政策与投资建议》《人工智能白皮书——通往卓越和信任的欧洲路径》,并发布了《欧洲数据战略》《数据治理法案》《数字服务法案(草案)》《数字市场法案(草案)》《2020 数字化指南:实现数字十年的欧洲路径》《数据法案》,不仅希望加速构建单一数字市场,还希望在技术应用、公平竞争、数据安全、隐私保护、低碳发展等领域谋求标准和规则的主导权。

中国曾经在全球的前几轮科技革命和产业革命中,处于落后地位,但改革开放后对已取得先发优势的发达经济体急起直追,千年之交后"互联网+"的创新大潮在中国也已于风起云涌中亮点纷呈,若干头部数字平台企业脱颖而出,很快形成了世界性的影响(如阿里巴巴、腾讯、字节跳动等公司)。在新一轮的科技革命和产业革命的浪潮中,中国已经紧紧跟随美国硅谷代表的第一梯队,拥有了世界第一的网民数量和数字消费市场。截至 2021 年年底,我国互联网普及率达到 73%,上网人数达 10.51 亿人,网络购物用户达 8.42 亿人。2021 年全国网络零售额达 13.1 万亿元,占社会消费品零售总额的 24.5%。

党的十八大以来,党中央高度重视发展数字经济,将其上升为国家战略。党的十八届五中全会提出,实施网络强国战略和国家大数据战略,拓展网络经济空间,促进互联网和经济社会融合发展,支持基于互联网的各类创新。党的十九大提出,推动互联网、大数据、人工智能和实体经济深度融合,建设数字中国、智慧社会。党的十九届五中全会提出,发展数字经济,推进数字产业化和产业数字化,推动数字经济和实体经济深度融合,打造具有国际竞争力的数字产业集群。党的二十大提出,加快发展数字经济,促进数字经济和实体经济深度融合,打造具有国际竞争力的数字产业集群。中国已先后出台了《网络强国战略实施纲要》《数字经济发展战略纲要》,从国家层面部署推动数字经济发展。根据2021全球数字经济大会的数据,中国数字经济规模已经连续多年位居世界第二。

数字经济是建立在高端芯片、操作系统、人工智能等关键核心技术之上的,只有这些关键核心数字技术自主可控,才能赢得数字经济发展的主动权,才能真正奠定数字化发展的基石。虽然中国在关键核心数字技术还存在若干短板,还存在"卡脖子"的问题,但在一些领域已经走在了国际前列,如量子计算的研发等,将为中国数字经济安全发展提供重要支撑。2020年中国科研团队成功构建了76个光子100个模式的高斯玻色取样量子计算原型机"九章",输出量子态空间规模达到了10^{30},处理高斯玻色取样的速度比超级计算机快了100万亿倍,"九章二号"在高斯玻色取样这个问题上的处理速度比最快的超级计算机快10^{24}倍,有效验证了量子计算的优越性。世界首颗量子科学实验卫星"墨子号"初步构建了全球首个天地一体化量子通信网络雏形。世界首条量子通信保密干线"京沪干线",已经建成2 000余千米。近年,中国企业在人工智能语义理解领域取得重大突破,提出业界首个融合场景图知识的多模态预训练模型ERNIE-ViL,首次将场景图知识融入多模态域训练,在5项多模态任务上刷新国际最好效果纪录,并在多模态领域权威榜单VCR上超越微软、谷歌等企业,登顶榜首。

由于数字技术的加持,市场的规模、效率和形态都有了极大的扩展。数字化极大扩展了时空,拓展了人们的消费、收入、生产活动空间。2021年2月,一则"李子柒刷新吉尼斯世界纪录"的消息引发大量关注。短视频博主李子柒以1 410万的YouTube订阅量,刷新了她之前创下的1 140万订阅量,被列入《吉尼斯世界纪录大全2021》。李子柒(本名:李佳佳)是一个1990年出生于四川省绵阳市农村的女孩,以开淘宝店为生。2015年,李子柒为使生意做得更好,开始在网络上发布一些自己拍的视频。她运用古代美食制作元素制作的短视频经网络传播,大获成功。这些含有中华传统文化和自然风光元素也受到很多外国网民的喜爱,很快成为国际品牌。更多的李子柒们,通过网络打开了偏远山区的农产品销路,将城乡更加紧密地结合起来。随着中国数字基础设施的普及,更广阔的农村市场的潜能被发掘出来。2021年,中国"快递进村"比例超过80%,江浙沪等基本实现"村村通快递",新增15.5万个建制村实现邮快合作;电商扶贫累计带动771万农民就地创业就业,带动618.8万贫困人口增收。

从学理视角认识数字经济,其对于生产力传统三要素——生产工具、劳动对象、劳动力,并不是做加法来加上一个科技成果,科技成果是做乘法,是放大,是对于整个经济社会发展的赋能数字经济的蓬勃发展,极大地解放和发展了社会生产力,市场运作效率有了迅猛提升,极大降低了市场摩擦和各类交易成本,让市场机制运行更顺畅。

但是在数字经济异军突起之际,数字经济与传统经济的"数字鸿沟"也在扩大,不同行业、不同区域、不同群体的数字化基础不同,发展差异越来越明显。数字经济带来的规模效应和海量数据也对于市场经济的和谐健康发展提出了挑战性的问题。规模庞大的数字平台公司形成的"寡头垄断"在直观特征上几乎已经是全球现象。如何与时俱进地认识相关问题,应对挑战,推进可持续的创新发展,在中国实践中引出了积极的研讨和发展中的纠偏。一方面,许多研究者指出了数字平台的"寡头垄断"特征在"流量为王"的数字经济时代具有必然性,但已区别于传统的寡头垄断压抑创新、排斥大量中小微企业的负面效应,而是可以带动平台公司上下游为数甚巨的中小微企业形成共享产业链,打造平台经济便捷联通供需双方的集群,产生前所未有的普惠效应(如中国大地上出现的几万个"淘宝村",几千个"淘宝镇"),既有不可忽视的经济价值,又有十分宝贵的社会价值。另一方面,研究者与有关部门也注意到某些需要纠偏的问题:如互联网平台公司的"二选一"规则,应被认定为不当垄断,网上"花钱买排序"的状况,显然会对消费者形成不负责任的误导,利用大数据的"杀熟"式定价机制,具有不合理性质,而且以"科技金融"创新进入本需持牌运营的金融服务领域形成过高杠杆率,也造成金融风险因素。针对出现的问题,以2020年11月蚂蚁金服在上交所科创板和港交所原定的上市被叫停为标志,中国的若干数字经济平台的"头部企业"都经历了纠偏、整改过程。

到 2022 年,纠偏工作基本见眉目,中央给出了平台公司"完成整改"的明确要求。这个指导精神内含重大意义。工业化、城镇化、市场化、国际化、信息化,以及法治民主化是当今世界的六大潮流。中国的现代化需要插上数字经济助力腾飞的翅膀,才能够如愿实现我们现在必须特别强调的在已有发展基础上的高质量升级发展。近两年,中国于数字经济领域进行的必要的整改,是为了推动数字经济健康发展,并更好维护开放公平、竞争有序的市场环境。在充分发挥市场在资源配置中的决定性作用时,注重推动有为政府与有效市场更好结合,提高政府监管和服务效能,保护和激发企业活力,努力纠正和规范发展过程中损害群众利益、妨碍公平竞争的一些行为和做法,防止与消除平台经济中的某些不当垄断因素和资本无序扩张表现,依法查处垄断和不正当竞争行为,都是为了寻求"数字经济产业化"和"产业经济数字化"更好结合的可持续创新发展。

对此,2021 年中央经济工作会议提出,要发挥资本作为生产要素的积极作用,同时有效控制其消极作用,要为资本设置"红绿灯",依法加强对资本的有效监管,防止资本野蛮生长。2022 年 3 月,国务院金融稳定发展委员会召开专题会议。会议明确,有关部门要按照市场化、法治化、国际化的方针完善既定方案,坚持稳中求进,通过规范、透明、可预期的监管,稳妥推进并尽快完成大型平台公司整改工作,红灯、绿灯都要设置好,促进平台经济平稳健康发展,提高国际竞争力。同年 4 月中共中央政治局会议提出,要促进平台经济健康发展,完成平台经济专项整改,实施常态化监管,出台支持平台经济规范健康发展的具体措施。同年 5 月 17 日,全国政协在北京召开"推动数字经济持续健康发展"专题协商会。会议称,企业家是最重要的创新主体,要支持平台经济、民营经济持续健康发展,研究支持平台经济规范健康发展具体措施,鼓励平台企业参与国家重大科技创新项目,要处理好政府和市场关系,统筹制定规划,健全法律法规,增加政府直接投入,提高全民族数字化素质,支持数字企业在国内外资本市场上市。7 月 28 日,中共中央政治局会议指出要推动平台经济规范健康持续发展,完成平台经济专项整改,对平台经济实施常态化监管,集中推出一批"绿灯"投资案例。11 月 28 日,时任国家发展和改革委员会主任何立峰向全国人大常委会作国务院关于数字经济发展情况的报告。在报告里，再次强调支持和引导平台经济规范健康持续发展，完成平台经济专项整改，实施常态化监管，集中推出一批"绿灯"投资案例。他指出，要加强个人信息保护，提升数据安全保障水平，提升防诈反诈技防水平，完善长效治理机制，强化数字经济安全风险综合研判，防范各类风险叠加可能引发的经济风险、技术风险和社会稳定问题。

如何理性看待资本的功能作用来促进其有序发展，确是人们普遍关注的问题。在现实生活中间，已经高度重视"防范资本的无序扩张"，但是怎么样引导和鼓励资本的有序扩张发展？这方面的思路和要领，还需要进一步加以理性的认识。中央和管理部门已经给出了非常重要的概念——"红绿灯"。这个"红灯"当然就是要防范和禁止无序发展，"绿灯"就是要引导和鼓励有序发展。资本虽然只是推动经济发展的供给侧要素中间的一种，但其逐利性附带着可能的无序性，在发挥其要素供给的动力功能、推动作用时，也需要得到合理政策、合理制度安排的引导和调整，不是简单的排斥或否定，而是应该在全面依法治国、现代国家治理的轨道上，以动态优化的良法为准绳，形成"开红灯"或者"开绿灯"的合理调控标准，以促使资本要素的功能作用，在健康有序的扩张中间得到发挥。我们在实践中需要更好地克服一些既得利益的阻碍，打造高标准法治化营商环境，形成高水平的社会主义市场经济体制，来支持高质量发展。中国数字经济领域一些领军企业已经形成较强的国际竞争力，如果能营造好有利于数字企业做强做优做大的高标准法治化营商环境，必然可以在创新发展中，再掀起新的高潮。

二十大的权威指导：坚持深化改革开放，构建高水平社会主义市场经济体制

在迎接党的二十大的时候，中国社会舆论场上实际上出现了一些思想交锋。

党的二十大报告明确重申了我国仍处于社会主义初级阶段和使社会主义市场经济更加完善，既承前启后，重申坚持社会主义市场经济改革方向，

又足具新意地提出"构建高水平社会主义市场经济体制"的指导性的大政方针,旗帜鲜明地指出,"党面临的执政考验、改革开放考验、市场经济考验、外部环境考验将长期存在",我们的党要"时刻保持解决大党独有难题的清醒和坚定"。党的二十大报告明确提出,未来五年是全面建设社会主义现代化国家开局起步的关键时期,主要目标任务是:经济高质量发展取得新突破,科技自立自强能力显著提升,构建新发展格局和建设现代化经济体系取得重大进展;改革开放迈出新步伐,国家治理体系和治理能力现代化深入推进,社会主义市场经济体制更加完善,更高水平开放型经济新体制基本形成;全过程人民民主制度化、规范化、程序化水平进一步提高,中国特色社会主义法治体系更加完善;人民精神文化生活更加丰富,中华民族凝聚力和中华文化影响力不断增强;居民收入增长和经济增长基本同步,劳动报酬提高与劳动生产率提高基本同步,基本公共服务均等化水平明显提升,多层次社会保障体系更加健全;城乡人居环境明显改善,美丽中国建设成效显著;国家安全更为巩固,建军一百年奋斗目标如期实现,平安中国建设扎实推进;中国国际地位和影响进一步提高,在全球治理中发挥更大作用。

在"加快构建新发展格局,着力推动高质量发展"方面,党的二十大报告强调"必须完整、准确、全面贯彻新发展理念,坚持社会主义市场经济改革方向,坚持高水平对外开放,加快构建以国内大循环为主体、国内国际双循环相互促进的新发展格局"。它提出要构建高水平社会主义市场经济体制:坚持和完善社会主义基本经济制度,毫不动摇巩固和发展公有制经济,毫不动摇鼓励、支持、引导非公有制经济发展,充分发挥市场在资源配置中的决定性作用,更好发挥政府作用;深化国资国企改革,加快国有经济布局优化和结构调整,推动国有资本和国有企业做强做优做大,提升企业核心竞争力;优化民营企业发展环境,依法保护民营企业产权和企业家权益,促进民营经济发展壮大;完善中国特色现代企业制度,弘扬企业家精神,加快建设世界一流企业;支持中小微企业发展;深化简政放权、放管结合、优化服务改革;构建全国统一大市场,深化要素市场化改革,建设高标准市场体系;完善产权保护、市场准入、公平竞争、社会信用等市场经济基础制度,优化营商环境,等等。

党的二十大报告以最权威的方式，了结了之前中国舆论场内关于"人民经济取代市场经济"的思路交锋，为在"构建高水平社会主义市场经济体制"之路上排除种种干扰，坚韧不拔，行稳致远，给出了最为明确的大政方针，其意义十分重大而深远。

结 语
完善社会主义市场经济，走向中华民族伟大复兴

上下五千年的中华文明史,其发展变化中的"主潮流",所反映的即是于变化中就共性而言的社会发展规律。我们基本认同著名学者周有光先生所作出的简洁勾画,人类社会各个民族在数千年文明史演变中的共性主线,是社会发展的三大规律:经济上从农业化到工业化再到信息化;政治上从神权到君权再到民权;文化上从神学到玄学再到科学。我们认为,于数千年视野中可总结的这一发展轨迹,受到"地理大发现"和"工业革命"以来的数百年发展的影响,坐标系上的人类文明发展轨迹则可进一步展开为综合性的六大潮流:工业化、城镇化、市场化、国际化(全球化)、信息化(高科技化)和民主与法治化。这六大潮流的汇合是主线,孙中山先生当年海宁观潮后所题写的"世界潮流浩浩荡荡,顺之则昌逆之者亡",这就表达了只能顺应、不能违拗的人类文明发展的主潮流。

中国作为"唯一一个古老文明没有中断"的民族国家,曾有过在世界民族之林中可引以为豪的"汉唐盛世",但在工业革命发生以来,却于告别"康雍乾末日辉煌"后严重落伍,鸦片战争后颓态毕现,一路被动挨打、内忧外患、民不聊生,下滑在被欺凌、被瓜分的危局中,经甲午战争惨败、戊戌维新速夭、八国联军洗劫之后,在20世纪百年间,终于有三件大事先后发生:辛亥革命推翻千年帝制;继救亡图存的抗战胜利而中华人民共和国于1949年

成立；1970年末实行改革开放进入社会主义现代化建设新时期。正是在改革开放进程中，中国人终于得到了一个可以谨慎乐观的前瞻：近两百年来无数志士仁人追求、期盼和为之献身的中华民族伟大复兴的愿景，已经"从未如此接近"，以改革为现代化的"关键一招"，中国的总体发展在"大踏步地跟上时代"，经济总量已从原来的第十几位上升为全球第二，人均国民收入则从原来的极低水平，上升为世界银行可比口径的中等收入经济体的上半区。在全球化推进过程中，中国的综合国力、国际影响力的上升与超常规发展中的成就令全世界瞩目，并且在沿着工业革命以来人类文明主潮流继续发展，已清晰地由邓小平当年勾画的"三步走"战略构想，进一步具体地锁定到2035年基本实现社会主义现代化和本世纪中叶建成社会主义现代化强国的新"两步走"目标，即在未来二十多年，要实现中华民族伟大复兴的中国梦。

2021—2035年，中国人均GDP将步入中等发达国家行列，经济高质量发展取得新突破。但是随着中国经济的增长，城乡之间、地区之间以及要素之间的利益分配差异也不可避免会持续扩大；这一时期，我国进入超老龄化社会也将成为大概率事件；随着市场经济向纵深发展，各种要素市场的放开，土地财政将难以为继，过分依赖土地的举债模式也将难以持续；随着中国经济从劳动密集型向资本密集型和技术密集型的转型，与世界大国和新兴大国的贸易摩擦和科技竞争将成为常态，国际战略机遇期或不可存续。在这一时期，我们要进一步推进国家治理体系和治理能力现代化，达成比较完善的政治体制；进一步理顺收入分配机制，促进基本公共服务均等化，在共同富裕上迈出坚实步伐；进一步鼓励生育政策，逐步优化人口结构；进一步推进经济高质量的发展，使经济保持中速持续健康增长；进一步完善土地产权制度，使土地制度基本适应市场经济要求；进一步提升文化软实力，更加开放地参与和主持国际规则的制定，承担更多的国际责任，推动国际地位及影响力显著提升。我们认为这一时期，我们必能建设更加开放的社会主义市场经济体系，对内开放实现根本突破，形成全国通畅一体的市场体系，对外更加开放，依托"一带一路"倡议、自由贸易区等，形成全方位多层次的开放经济体系。

2036年至本世纪中叶，将是中国实现第二个百年奋斗目标的最后一段征程,是实现中华民族伟大复兴中国梦和中国现代化建设的决胜阶段。这一时期,中国经济规模将位居世界第一,自主创新在经济社会发展中已经居于主要位置,与世界经济联系更加紧密,人均GDP已至少居于世界发达国家的中上水平,居民生活水平得到很大提升。但是在接近这一愿景的过程中,经济保持中速增长仍将遇到很大挑战,科技创新模式依然面临着多重挑战,国际话语权和影响力的提升也将遇到诸多阻挠,贫富分化尚待得到根本扭转,并依然存在社会阶层固化的风险。在这一时期,我们要继续保持具有竞争力的增长速度,科技创新取得积极突破,坚持幸福发展,以促进人民幸福生活为经济发展的首要目标,坚持生态环境友好发展,促进社会安全和谐。这一时期,我们将建成与现代市场经济相适应的现代化行政管理体制,建成现代财政制度,建成现代社会保障制度,人民币成为特别提款权(SDR)货币篮子的重要货币,形成完善的现代化市场经济体系,市场定价将扩展到所有应覆盖的领域。

市场经济已融入中国特色社会主义和中国式现代化这一史无前例的宏伟事业。让我们认清世界大势,保持战略定力,以万众一心的奋斗在深化改革、高质量发展中攻坚克难,继续大踏步地迈向社会主义市场经济的新高度,不负伟大的新时代,迈向几代中国人从未如此接近的中华民族伟大复兴。